"十二五"普通高等教育本科国家级规划教材

U0795109

新编21世纪社会工作系列教材

社区工作

第三版

Community Work

主　编　夏建中

中国人民大学出版社
·北京·

主 编 简 介

夏建中　中国人民大学社会学系教授、博士生导师，中国人民大学社会学理论与方法研究中心专职研究员，欧盟研究中心兼职研究人员，国际社会学会个人会员。主要从事城市社会学与社区研究。曾先后在日本庆应大学、关西学院大学、筑波大学、早稻田大学、立命馆大学，英国伦敦经济学院，美国斯坦福大学、芝加哥大学、休斯敦大学，德国波恩大学等和比利时欧盟委员会进行学术交流或学术研究；并且是美国富布赖特高级访问学者和美中学术交流项目的交流学者。出版和发表多部专著、译著及数十篇论文。

内 容 简 介

本书是“十五”、“十一五”、“十二五”普通高等教育本科国家级规划教材。社区工作是社会工作的三大工作方法之一，本书从理论与实务两方面对社区工作进行了详细的论述，讨论了社区的概念、功能，论述了社区工作的含义、目标、特征以及社区工作的工作模式，介绍了国外社区工作理论与实践的历史和我国社区工作的发展历程，阐述了社区工作的价值体系和基本原则；书中更多的篇幅较详细地介绍了社区发展、社会策划、社会行动、社区照顾、社区服务、社区教育、社区矫正、社区组织以及社区工作的过程与方法。

目　　录

第六章　社会策划

第七章　社会行动

第八章　社区照顾

第九章　社区服务

第十章　社区教育

第十一章　社区矫正

第十二章 社区组织

第十三章 社区工作的过程与方法

第一章

社区工作概述

第一节
社区的概念与功能

一、社区的概念

“社区”是社会学家使用最多的词之一，同时，也是概念上最复杂、歧义最多的词之一，这可以从该概念的产生与发展看出来。学者们普遍承认，“社区”这个概念源于德国社会学家滕尼斯（Tönnies）的贡献，他因此而被誉为社区理论的创建者。1887年，他出版了题为“*Gemeinschaft und Gesellschaft*”的社会学名著。此书被译成英文时，称为“*Community and Society*”，中文将其译为“社区与社会”。费孝通先生在谈到“社区”这个术语的翻译时指出：社会是人际关系的综合，每一个社区都是一个社会，而社会却不是社区；“社区”这个词实际是指在一个地方共同生活的人，是指一群聚集在一个地方分工合作的人，它是具体的，这群人之间的关系，即人际关系，构成社会。

滕尼斯使用的“gemeinschaft”和“gesellschaft”这两个概念，通常也被中文译为“礼俗社会”和“法理社会”，他强调的是这两种理想类型社会的对立。礼俗社会的特征是“亲密无间的、与世隔绝的、排外的共同生活”，其成员由共同的价值观和传统维系在一起，他们有共同的善恶观念、共同的朋友和敌人，在他们中间存在着“我们”或“我们的”意识。而法理社会的特征是更多的理智与工于心计，人们首先关心的是自己的私利，契约和个人主义是至上法则。这应当讲是滕尼斯的原意，类似的论述在社会学大师韦伯（Weber）、涂尔干（Durkheim）的著述中也出现过。例如韦伯认为，基于成员主观的共同感建立起来的关系，包括家、近邻、种族、宗教等都属于礼俗社会；涂尔干则提出了“机械团结”和“有机团结”的概念。

但是，当用“community”来表示“礼俗社会”这个概念时，特别是对“community”进行实证的社会学研究后，就出现了混乱与麻烦。一方面，在英文中“community”的语义很复杂，包括社会学、经济史、社会史甚至政治学的各种用法；另一方面，更主要的是在社会学研究的操作上，这个概念很难把握，因而出现了无数个关于“社区”的定义，而每个定义都是研究者根据自己的需要而进行的解说。1955年，美国社会学家希勒里（Hillery）收集了有关社区的94个定义而作出结论：除了人包含于社区这一概念内之外，有关社区的性质，没有完全相同的解释。16年以后，1971年，社会学家贝尔（Bell）和纽柏（Newby）发现了更多的定义——98个。为此他们进行了归纳分类。通过统计分析，他们认为大多数社会学家同意社区应当包括社会互动、地理区域、共同关系这三个特征。

1968年出版的《国际社会科学百科全书》第3卷在谈到社区时，社会学家伯纳德（Bernard）和桑德斯（Sanders）将社区的定义概括为三种：（1）社区是居住于特定地区范围内的人口；（2）社区是以地域为界并具有整合功能的社区系统；（3）社区是具有地方性的自治自决的行动单位。

1974年出版的《社会学百科全书》认为，“社区”一词在社会学上的主要用法是指空间或地域的社会组织，其次是指心理凝聚力或共同情感下结合于此组织中者。

1979年出版的《新社会学辞典》指出，“社区”一词指称人们的集体，这些人占有一个地理区域，共同从事经济活动和政治活动，基本上形成一个具有某些共同价值标准和相互从属的感情的自治的社会单位，城市、城镇、乡村或教区就是例子。这里包括地理区域、互动关系和共同情感三个特征，或地域性社会组织和共同情感两个特征。

1994年出版的企鹅《社会学辞典》指出，“社区”这个术语，“至少指的是地理区域内人们的集合”。

看起来，绝大多数社会学家都同意，社区的社会学定义应当包括三个共同要素，即地域性、社会互动与共同的联系纽带。

但是，即使承认上述定义，在以下三个方面仍有必要加以明确。

第一，作为地域性社会组织类型的社区与作为社会关系或情感类型的社区经常被混淆，一些人强调前者，而另一些人强调后者。

作为前者，社区主要是指共同拥有一个确定的地理区域的群体，如邻里、城市、村庄等。一些社会学者如帕克（Park）、霍利（Hawley）认为，社区最重要的特征是共同的地域，虽然他们也承认共同联系，但是认为这些联系本身不足以构成社区。

作为后者，社区主要指具有共同特质、归属感，并且维持着形成社会实体的社会联系和社会互动的群体，如种族、宗教团体等。强调后者观点的人否定地缘性的意义，他们更强调共同联系。共同联系、归属感来自对共同历史的信念或共同命运、共同价值观、利益、亲属关系等，这些特征都不以一起生活为前提，其成员在地理上是分散的。虽然持后一种观点的人要比持前一种观点的人遭到更多的批评，但是近些年来，现代科学技术的发展给一些社区居民生活带来的变化，却有力地支持了后者的观点。“社区解放论”的创建人费舍尔（Fischer）强调指出，廉价而高效的通信与交通，使得居住在不同地域的人可以维持初级纽带关系，从而比较接近滕尼斯所指出的那种“礼俗社会”或“社区”的理想状态。

第二，作为社会组织的社区与正式社会组织不应混淆，一些社会学家于20世纪六七十年代撰文作出区分：正式社会组织以专门的、明确的目标为导向，其成员在实现其目标的活动中，都是作为专门角色的承担者而建立相互关系，如公司、学校、教会、军队、职业协会等都是正式组织。社区以泛化的、扩散的目标为首要导向，其成员的关系要松散得多，包括成员之间更多的生活层面，如家庭、种族群体、邻里等都是社区组织。不过，这两者之中都可以包括一些性质对立的亚组织，如工厂中工人的非正式的朋友群体、社区邻里中的志愿者协会这类正式组织等。

第三，确定社区的范围或规模也是争论的热点之一，与正式组织相比，缺乏清楚的范围是社区组织的主要特征之一，但是，在以地缘性为基础的社区中，如没有范围的界限，那么社区的概念可以扩展到整个国家和整个世界（事实上也确实有人将世界看成一个社区）。霍利坚持把社区的规模限制在居民对本区域的日常生活有一种大致的了解范围内，人们对自己的社区十分熟悉，耳闻目睹那些不会引起其他地方的人注意、关心的日常琐事，这样就将全球、国家和巨型城市排除在外了。

但是，另一方面，社区的最小范围有没有呢？比如，一个家庭是不是一个社区？一些社会学家认为，这一问题可根据以下两方面来把握：（1）社区必须发挥一些基本功能，包括提供基本经济需要、社会化、社会控制、社会参与和相互支持的功能。（2）社区是社会的缩影，与其他群体不同，它也是一个社会系统，包括如政府、经济、教育、宗教、家庭等子系统。所以，社区必须具有一定规模。

通过以上叙述，我们可以看出社区概念具有以下几个主要特征：（1）共同性，主要指共同利益、共同文化、共同意识或价值观等；（2）非正式组织性；（3）社区内居民之间互动较多，对社区内的日常生活比较熟悉；（4）具有一些基本社会功能和一定规模；（5）地域性在多数情况下仍是一个必须考虑的因素，但可以确信，非地域性将会越来越重要，今后很长一段时间内，社区将包括地域性社区和非地域性社区两种类型。

最后我们还要注意，如前所述，“社区”这个概念在社会学史上一直存在争论，将来也仍将存在争论。目前，一些社会学家承继前面论述的强调作为地域性社会组织类型的社区与强调作为社会关系或情感类型的社区之间的争论，认为“社区”这个概念同时负载着两个不大相干的社会事实，一是它界定着一定的地域规模或范围（也包括“网络社区”这类空间的规模和范围），二是它象征着“礼俗社会”的意义。他们主张，界定着一定地域规模或范围的社区应当被“地域性”或“地方性”的概念取代，象征“礼俗社会”意义的社区应当被“城市生活方式”这个概念取代。

绝大多数人都与多个社区保持着联系，这一方面是由于我们不会永远固定在一个地方，而是会在地理上不断迁移，或者会通过电子通信技术与更多的人发生着联系；另一方面，我们居住的小社区通常隶属于更大的社区，这些社区同样会影响我们的生活。作为社会工作者，我们需要知道这些规模大小不同的社区。

社区提供给我们丰富多彩的社会和个人生活，影响我们思考和行为的方式，用价值观、行为规范、明确的法律、非文字的行为举止准则包围和塑造我们，用关于现实世界的意义和解释以及对世界的设想滋养我们，为我们的居住、工作、学习、成长、买卖、宗教仪式、娱乐和休息等提供资源、机会和场所。与社会工作的生态学模式强调环境中的个人相一致，社区肯定也是如同个人、家庭和群体一样的社会工作介入的对象。社会工作者可以扩大社区的资源。根据费林（Fellin）的观点，一个令人满意的社区应当是一个“有能力回应广泛的成员需要，解决他们在日常生活中遇到的问题和困难的社区”①。当居民能够（1）对其社区承担义务，（2）自我意识到他们共享的价值观和利益，（3）在相互交往中敞开心胸，（4）广泛参与社区的决策时，社区以上的能力将会得到加强。

二、社区的功能

社区也是一种社会系统，其各个部分相互联系、相互影响，为社区成员履行着各种社会功能。但是，社区作为社会系统与正式组织作为社会系统不一样，它不是被一个中央权威理性地组织起来的，也没有一个非常明确的目标。社区实际上是履行与地方有关的主要社会功能的各社会部分或者各社会子系统的联合体，功能上是一个社会活动的组织，为居民提供他们日常生活所必需的、更广泛的活动区域和活动资源。从这方面讲，一个社区具有地方性，但不一定具有明确的地理边界。社会工作者关心的是人民居住在何处，更关心的是居住地点如何影响他们的居住。社会工作扎根于居民、家庭、社会关系和教育网络、工作网络以及价值体系中，关注人们如何获得和保持他们的社会关系与社会网络。

社会学家沃伦认为，社区可以在以下几个维度上进行相互的比较：（1）社区在履行其五大功能方面，对社区以外的纵向上级组织和机构依赖或者独立的相对程度。这比较的是该社区的自治性程度。（2）当地机构（如商店、教堂、学校等）的服务区域相互吻合的程度。也许，有的社区服务区域中的每个人得到的都是同一社区的各种机构的服务，而有的则相反，根本不存在服务的共同地理区域，因此也不存在社区活动的共同地理中心。（3）对共同地域的心理认同程度。有的社区中的居民相互之间很少联系，很少将社区看做是重要的社会群体，也很少具有属于该社区的意识，而有的社区则可能完全相反。（4）社区内各种当地组织和个人相互之间联系的紧密程度。这比较的是社区水平维度上情感、行为与社会系统相互之间的强弱。②

社区具有五大功能：生产—分配—消费功能、社会化功能、社会控制功能、社会参与功能与相互支持功能。这些功能是社区及其成员的存在所必需的，社区通过正式或者非正式的组织和群体模式来履行这些功能。

作为社会系统的社区系统地进行功能的运转，同时其各功能实体相互作用、相互影响，各功能实体和制度结构作用、影响和贡献于社区共同的目的，相互支持以完成各自的社会功能。系统的每一部分对于社区达到其目的都是必需的，所有这些社会功能和社会结构都是相互依赖的，并且影响着我们的生活。一个贫困的社区对于相互支持和社会福利有更多的需求，而一个富裕的社区有能力提供这些需求，但是，只有其社会化的共同价值观支持公共福利和义务给予才可能。

① P. Fellin, *The Community and the Social Workers*, Itasca, IL, F. E. Peacock, 2001, p. 70.

② See R. L. Warren, *The Community in America*, Chicago, Rand McNally, 1978, p. 13.

（一）生产—分配—消费

生产—分配—消费是组织个人和其他资源进行商品和服务的生产、分配与消费的系统，这是社区经济的功能，也是社区最基本的功能。社区必须能够满足当代及下一代对物品和服务的需求，如果下一代没有可以满足的消费必需品，就不会有生产的继续，也就不会有社区的继续。没有生产和分配，就没有消费，没有相互支持；没有消费也就没有社会化、社会控制和社会参与的能量。所以，这个功能是社区必需的功能。

生产—分配—消费功能并不需要特殊的经济制度或者模式，其组织是高度灵活的。可以是个人自由放任主义的模式，也可以是合作式股份制的公司模式；可以是家庭和家族层次的，也可以是社区层次的。这里的生产—分配—消费功能服务于社区的需要，而不是像目前经常看到的，是社区服务于经济系统的需要。这个道理常常被只认利润的市场所忽略，而这种不被约束的市场对于社区的凝聚力与价值观是一种破坏，甚至是摧毁。随着全球化的发展，生产—分配—消费功能的决策已经越来越远离社区和个人，但是，我们还是应当记住以下几点：（1）经济是社会的创造物，而不是天然地产生的。（2）比起其他系统来，经济系统是最不具有内在道德的，其道德水平是由其服务社区的好坏所决定的。（3）经济服务于社区，不应当是社区为经济而存在。（4）生产—分配—消费功能或者经济系统的结构是社区存在所必需的，但是，只有经济系统并不够，其他的功能必须同样发挥作用。

（二）社会化

社会化是一个过程，通过这个过程，个人学习和获得其社会的知识、共享的价值观和行为模式，学习适合于社会提供的多种社会角色的行为。学习这些社会价值、角色和行为规范是一个人终身的正式和非正式的学习过程，实际上就是我们学习如何思考与行动以及思考什么和做什么的过程。社区是在社会行为特定的结构和评判方面指导人们的最初地点。

社会化是初级和次级群体如家庭、教会、非正式的伙伴群体以及当代才出现的高等学校教育机构的责任。然而，现在这些初级和次级的群体及机构已经失去了它们在社会化方面的部分控制力。当代社区中的社会化的控制已经超越了地方社区，教育、宗教、娱乐和信息已经不再限于社区，而是成为国家甚至全球层面的事情。商业、大众媒体、互联网现在都是社会化的重要工具。但是即使如此，社区在社会化方面仍然起着重要的作用，如社区里的家庭、邻里、教会和学校等正式或非正式的组织，对于青少年的价值观、角色和行为规范的形成具有相当大的影响。人们从幼年开始，在与社区内邻里、小伙伴群体以及社区小学校老师和同学的交往过程中，初步学习了群体和社会的文化，学习了如何承担社会角色。

（三）社会控制

社会控制是这样一个过程，社区通过此过程获得其成员对规定与禁止的社会角色、规范和行为的遵守。社会控制内在于社会或者社区中，这些规范和行为模式进入到组织成员活动的每一个方面。没有社会规范，社会就呈现为一片混乱。这里的问题不是社区是否规范和控制其成员的行为，而是如何规范和控制，出于什么原因。

行为的控制有两种方式：(1) 通过社会化过程发展出来的内在控制；(2) 通过制度化形成的对社区提倡和允许的行为进行奖励以及对社区禁止的行为进行惩罚的外部控制。绝大多数社会机构履行着这些社会控制功能，社会工作和社会福利也是社会控制的一种机制。崔特纽（Trattner）认为，社会控制“是一个社会中使社会生存足以获得支持水平的社会内聚力，包括在社会秩序的范围内使贫困者和无助者能够生存和发挥功能的措施和手段。也就是我们现在叫做社会工作和社会福利的那些工作”①。著名的社群主义理论家埃兹奥尼（Etzioni）指出，社会控制是必需的，但是，它最好是在社区中被初级群体所行使：“我们认为，自由的个人需要社区，因为社区可以做他们的后盾，以反对国家的侵害，维系用于亲属、朋友、邻里和其他社区成员之间的道德，而不是那种政府的控制和对权威的恐惧。……如果一个社会的大多数成员不能经常有良好的行为举止，那么，任何社会都不可能运转顺利。”② 如果社会化和公民社会很弱，那么，在极为异质、分化的社区内就需要对个人更多地强调外部的社会控制结构。当团结受到损害，外部的社会控制为了社会秩序必然被强化。绝大多数的这些控制会被政府的法律系统所执行，超政府的群体会强夺社区的权力。外部的社会控制意味着社会化的失败，说外部社会控制的增长和引入促进了社区共同的价值观是令人怀疑的。

不过，如我们所看到的，社区的社会化正在弱化，正在变得越来越复杂、越来越相互依赖、越来越多样化。契约与法律条款取代了通过社会化进行社会控制的非正式手段，高等教育和纵向的社会控制系统导致了对于个人自由的正式限制，政府和企业扩张，闯入个人生活中合法的社区物品和安全领域。对于个人自由和地方社区权威的强迫，近年来被国家政权所强化。政府通常过于对公共物品的社会责任食言，并且正在放弃其社会化的责任。

(四) 社会参与

社会参与是社区的根本功能，如果社区成员和社区本身是个健康的社会且有权能（competence），就会允许和要求其成员参与社区的生活和治理。按照费林的定义，社区具有权能指的是“社区为了达到其目的而发挥解决问题的能力”③。社区的各个部分进行合作、共享决策权、共同努力以满足社区的需要。当社区广泛地参与决策时，社区权能得到加强。社会参与是社区实践的核心和社会工作实

① W. I. Trattner, *From Poor Law to Welfare State: History of Social Welfare in America*, 7th ed., New York, Free Press, 1999, p. xxvii.

② A. Etzioni, *The Spirit of Community: Rights, Responsibilities, and the Communitarian Agenda*, New York, 1993, 15, p. 30.

③ P. Fellin, *The Community and the Social Workers*, Itasca, IL, F. E. Peacock, 2001, p. 71.

践的社会要素，也是参与式民主的根本所在。社会参与是改变社区社会控制机构和政策的不利及专横影响所不可或缺的，可以纠正社会的边缘化。社区本身的概念就需要其成员直接的相互交往和参与，以便发展社区的性格，传递、实现社区的价值观。

社区参与可以发展、维持和规范社区生活及其他如生产—分配—消费、社会化、社会控制、相互支持功能的社会结构，参与包括非正式的初级和次级群体活动的参与以及社区更正式的法规制度的建立与治理的公民参与。由于工业社会中工作与家庭的分离、社区物理—地理边界的扩大、契约社会的形成，公民参与已经变得越来越遥远和零碎。社会互动和参与也更加复杂、孤立和减少，更大的、更加非个人的社区的正式社会结构已经取代了直接的、整合的、联系紧密的社会互动，大众的市场化方式侵蚀了调解功能、互惠与社区责任机制。这种更加非个人的、技术的模式的参与对于社区的社会融合所必需的社会投资、社会资本和互惠而言，也许是关键的因素。

社区中社会参与的下降和政治系统的无能往往会引起严重的社会问题，这种下降会强化社会的边缘化，最终导致社会的排斥。

充分的社会参与需要公民对地方社区和国家治理的参与。在民主的社区中，社会和公民的参与特别重要。民主依赖于多个组织对政策实施影响，如果公民及其组织不参与这个过程，他们就会在政府的规则制定中被排除在外和不被考虑。

社区参与中志愿者组织和中介机构起着非常重要的作用。

对于现代社会原子化和社会解组进行矫正的途径就是各种各样的志愿者组织中个人（包括我们服务的客户）的积极活动，志愿者组织提供了与新成员见面和建立关系的机会，学习与他们一起工作，扩大社会整合的互惠性，发展社会和公民参与的技巧，促进社会支持。参与的人趋向于更多地参与，并且具有更多的社会和政治参与机会。没有志愿者组织层面的参与，个人就会被局限于那种正式的公民参与。

加强社会参与是社会工作的重要任务。以社区为基础的志愿者组织是一种中介结构，它们在个人与更复杂的社会之间起着缓冲的作用。它们对于保护个人和民主免受全球漩涡式经济的超国家和超公司的侵害而言是必需的，为个人提供了保护性区域。志愿者组织作为中介式的组织，对于社会的分裂、原子化和社会的解组能够起到安慰性作用。拉德（Ladd）指出："参加面对面的群体，来表达共同的利益和兴趣是公民社会的关键因素。这种群体帮助人们抵抗现代社会的压力。它们教育市民将生活技巧扩大到家庭以外的活动中去。"① 那些参与志愿者组织的人具有更多的公民之间的信任，中介结构的最好例子是家庭、教会、工会、社会支持群体和邻里组织。

随着全球化经济的无孔不入和跨国公司的统治，独立的个体消费者越来越与

① C. E. Ladd，"Bowling with Tocqueville：Civic Engagement and Social Capital，" *The Responsive Community*，1999，9（2），p. 11.

市场的功能无关。如同个体的选民对于全国性政治市场基本没有什么影响一样，个体的消费者对于市场同样也没有什么影响力。而一个跨国公司却有极大的影响力。如果没有中介结构，个人与国家和市场的巨型组织结构相比，就基本处于无权无势的境地。有了中介结构，个人能够聚集自己的影响力，联合起来作为一个协调者和一个行动群体来面对巨大的公司和国家。但是，中介组织在发展中也应当防止自己蜕变为那种巨型组织，就像历史上出现的工会、政党以及红十字会那样。

社会参与与社会工作的联系，在社区组织、网络关系和合作以及社区社会案例工作的实践中会得到充分显示。社会工作者的工作对象需要社会参与，希望参加公民组织和联盟。将这些对象整合进以社区为基础的社会支持网络和组织，能够帮助他们接触广泛的社会支持资源，为他们提供社会和政治授权的机会以及互惠的社会结构。草根的社区组织需要联合起来，成为个人应对全球化经济和政治组织的中介结构，社会工作者需要促进社区的地方和全国性参与，被边缘化的个人需要与组织的各级网络保持联系。所有这些都是社会工作者和社区福利组织可以得到的积极资源和中介性的力量。

（五）相互支持

相互支持的功能和社会福利的功能是社区在其成员和家庭遇到困难，且不能使自己的家庭和个人关系获得帮助时发挥作用的。相互支持是在需要时进行的彼此帮助。传统上，初级和次级群体如家庭、邻里与朋友是提供社会支持和社会保证的第一道供给线。当社区变得越来越复杂，就由更多的次级和第三级正式组织如国家的有关机构、营利和非营利的健康与福利组织、保险公司、日间看护中心、志愿者队伍以及婴幼儿照管中心等来履行这些功能。这种帮助可以是临时性的，也可以是长期的。

相互支持所必需的内在整合是人们之间的信任和密切纽带，人们需要信任来防止“搭便车者”和“傻子”。那些在相互支持中不能创造任何公共财产或者物品、没有任何公共责任感、不能对公共物品做出任何贡献，并且粗暴使用这些物品的人就是“搭便车者”。而那些捐助者或纳税者，或者那些没有践踏公共财产而且具有公共责任感的人就是“傻子”。

“搭便车者”和“傻子”的两难困境是反对福利国家的共同理由。这种观点认为，如果我们能够什么都不做就可以满足自己的需要，那么就可能不会有什么动力去发展个人和集体的财产；但是，如果我们的需要不能从共同财产中获得满足，那么就会有一些人使用和挥霍公共财产，不给下一代留下什么东西。所以，公共财产如果要永远存在的话，就必须是所有人生活在和谐中并共同行动，换句话说，就是社区必须是一个信任度高的强民主社区。

信任，或者进一步讲，以培育社会为中心的社会资本是避免“搭便车者”和“傻子”两难困境与公共财产悲剧的途径，社会工作为人们之间的网络关系、规范的建立和相互支持与信任提供了一种公共结构和社会资源。①

第二节 社区工作

一、社区工作的含义

众所周知，社会工作包括个案工作、小组工作和社区工作，社区工作被视为社会工作的三大工作方法之一。与个案工作和小组工作相比，社区工作是形成得比较晚的一种社会工作方法。在国外，社区工作的主要宗旨是教育社区居民积极参与社区治理，自觉维护自己的各种合法权益和社会公益，努力实现社会公平，借助政府的和社会的一切资源在社区内建立各种各样的互助合作和互相关怀的社区服务体系。其目的在于培养和增强社区居民对社区的归属感，减少他们对社区的疏离感，通过社区居民对社区管理工作的积极参与，加强社区整合和自我解决问题的能力。

早在1955年，美国人罗斯（N. Ross）就已经指出，社区工作有三大分支，即社区发展、社区组织和社区关系。后来，罗斯曼（J. Rothman）在1968年又进一步指出，社区工作包括三大工作实践类型，即地区发展、社会行动和社会策划。社区工作之所以能够被确认为社会工作的方法之一，就是因为它们之间具有许多一致的地方，比如在相信人的自觉权利、相信人的尊严和价值、相信争取社会公益等重要方面都存在着共同的价值观。

从广义上说，社区工作、社区发展和社区组织也可以视为相同，在许多时候是可以互换的。例如，“社区工作计划”也可以称为“社区发展计划”或“社区组织计划”，“社区工作者”也可以称作“社区组织者”或“社区发展工作者”。在美国，人们常用“社区组织”这一概念，在英国则常用“社区工作”这一概念。最初，美国人所说的“社区组织”是指联系和统筹不同的地区组织，共同为社区提供各种服务，满足社区多样化需求的一种组织活动。后来，这一概念的含义逐渐扩大，也包括一系列促进社区利益的其他工作，这就与英国人所指的“社区工作”概念没有什么区别了。

社区工作的定义是什么呢？“社区工作”这个术语也是一个充满争论的概念，没有公认的定义。由于学术观点不一，界定也不同，在现有的文献中有许多关于“社区工作”的定义。在英国的文献中，较早期的社区工作定义一般认为是由

---

① See David A. Hardcastle and Patricia R. Powers, *Community Practice*, Oxford, Oxford University Press, 2004, pp. 103-107; R. L. Warren, *The Community in America*, Chicago, Rand McNally, 1978, pp. 168-208.

《高本汉报告书》给出的。该书认为，社区工作主要是指那些涉及“影响社会转变”的工作，它包括“社会情况分析”和在“不同群体”间“建立关系的两个过程”。“其目的是让市民参与决策的制定，使市民建立社区认同感并向市民提供其所需要的服务。”① 这个定义主要强调的是社区工作与社会转变的关系，有人批评它过于空泛和笼统，而且还将那些本来不属于社区工作的工作也都纳入社区工作之中了。

后来，高信斯（G. W. Goetschius）于 1974 年提出了一个比较具体的定义，他认为，社区工作是“社会工作的一种方法”和“一个过程”，社区工作者在这个过程中促使社区居民“相互协作”，运用这个过程以达到有效用和有效率的关系，通过“运用适当的资源去实现居民自己选择的目标”②。这个定义的闪光点在于提出了居民自决的目标。米尔森（P. Milson）也认为社区工作是一个过程，他基本同意高信斯的看法。他说：“社区发展是一个过程，通过这个过程去动员社区内的资源，以保障、支持和加强个人及小组能够成为社区的一个成员。”③

与此同时，巴多克（P. Baldock）在《社区工作与社会工作》中提出了自己新的看法，他把社区工作看成是一项“由受薪工作人员进行的工作”，即是由专门从事这项工作的人来做的专业性工作。与上述几个人一样，他也认为社区工作者的任务是“协助居民识别他们所面对的问题和机会，让居民共同做出实际决定”。值得注意的是，他还特别强调，社区居民是“采取集体行动解决这些问题”的，当“居民决定付诸行动的时候”，社区工作者一定要注重“培养居民自我独立行动的能力”④。

在美国的文献中，较早的社区工作定义是由罗斯给出的。他也认为，社区工作是一个“过程”，社区居民在这个过程中“决定自己的需要和目标”，“寻找他们所需要的资源”，并“采取行动去满足这些需要和目标”。罗斯特别指出，要达到这个目的，必须“在社区内发展居民的合作精神和将这种精神付诸实践”⑤。罗斯与英国人不同的地方就在于，他更强调社区工作中的居民合作与社区整合。

邓汉姆（A. Dunham）给出的社区工作的定义被同行广泛采用。他认为，社区工作是一个“有意识的社会接触过程”和“社会工作的方法”。它应当包括以下三个方面的内容：“（1）满足社区需要，调适社区资源；（2）协助居民解决问题，培养居民的参与精神，提高居民的自决能力与合作意识；（3）改善社区间和社区小组间的关系，优化社区内的决策机制。”⑥

---

① Gulbenkian Foundation, *Community Work and Social Change*, London, Longman, 1968, pp. 4-5.

② G. W. Goetschius, *Working with Community Groups*, London, Routledge and Kegan Paul, 1974, p. 18.

③ F. Milson, *An Introduction to Community Work*, London, Routledge and Kegan Paul, 1974, p. 26.

④ P. Baldock, *Community Work and Social Work*, London, Routledge and Kegan Paul, 1974, p. 18.

⑤ M. Ross, *Community Organization: Theory, Principles and Practice*, New York, Harper and Row, 1973, p. 39.

⑥ A. Dunham, *The New Community Organization*, New York, Thomas Y. Crowel Co., 1970, p. 4.

20 世纪 80 年代，布雷格和史伯（G. Brager and H. Specht）提出，社区工作是一项有计划的介入行动，它的重点是放在社会制度的变迁。他们说："社区组织是一项介入手法，通过它，个人、小组和社区组织可以参与有计划的行动，解决社会问题，其目的是加强、发展和改变社会制度。"他们还说："有计划地完成解决问题的步骤和有目的地组织居民积极地参与这个工作，是社区组织工作中两个最主要的过程。"①

H. J. 鲁宾和 I. 鲁宾（H. J. Rubin and I. Rubin）提出了他们关于社区工作的更加独特的定义。这个定义特别强调社区居民的"授权性"（empowerment），也就是说，他们将社区工作与民权观念紧紧地连在一起。在他们看来，"社区组织是通过协助居民克服和冲破其无能感去解决问题。而社区发展主要是进行居民授权，通过组织居民采取集体行动的方式去控制和影响社区内一切事物的程序、计划、决定以及有关政策"②。

联合国在 1956 年曾经给社区工作下过一个定义，这个定义是这样的："社区发展（社区工作）意指一个过程，通过官民之间的合作，改善社区内经济、社会及文化上的状况，拉近这些社区与整个国家之间的距离，促使他们为国家的进步做出贡献。这个复杂的过程包含两个重要成分：促进居民的参与和自力更生的能力，去提高生活水平；以及提供技术和其他服务，去鼓励居民的主动意识、自助和互助。"③ 联合国的定义强调人的参与、人的需要和社区居民自救自助的行动，尤其注重官民合作和争取国家进步在社区工作中的重要地位。所以，这个定义受到世界各国政府的普遍欢迎。20 世纪 60 年代以后，这个定义逐渐被人遗忘，其原因可能有二：其一，人们认识到，除了官与民的合作之外，社会的冲突与对抗同样也能促进社会的进步和国家的发展；其二，在社会高度发展的今天，只靠社区居民自己的自救与自助，已经不能从根本上满足他们日益增长的多样化的需求，也不能有效地解决他们所碰到的日趋复杂化的社区问题。所以，在居民自救自助之余，政府应该承担更大的责任和义务，协助做好社区发展工作。

概括起来讲，对社区工作的有关理解多与政治上的价值联系在一起。自 20 世纪 60 年代以来，社区工作的理论和实践基本上是被两种主要理论所影响：多元主义和激进主义或者社会主义。

自 20 世纪 60 年代早期起，多元主义就统治着社区工作的理论和实践，这在不少社会工作学者的著述中都有体现。多元主义是一种政治视角，它认为压力集团和利益群体具有重要的意义，这些群体是权力和影响的中心。例如在英国，各

---

① G. Brager, H. Spechtr, and J. L. Torczyner, *Community Organizing and Development*, Columbus, Merrill Publishing Company, 1987, p. 55.

② H. J. Rubin and I. Rubin, *Community and Development*, Columbus, Merrill Publishing Company, 1986, p. 6.

③ UN Economic and Social Council, Official Records of the 24th Session, *Annexes*, *Agenda Item 4*: *20th Report of the Administrative Committee on Coordination to the Council*, (E/2931) Annex iii, 1956, p. 14.

种利益群体如宗教团体、商会、政党、压力集团以及黑人群体与中央政府分享权力，在这些利益群体之间存在着某种平衡，以便所有的群体都能够以不同的方式影响政策的制定，但是，任何一个单一的群体都不能控制政府的运作。多元主义的贡献之一就是社区工作。托马斯（Thomas）认为，社区工作的活动有两个主要要素："分配型的"和"发展型的"。他对激进主义或社会主义的观点和实践持怀疑态度。他相信，只有小规模的变化是可行的，所以他强调社区工作的教育和实验层面，并且同意社区工作的重点是发展社区居民的自觉意识和独立解决问题的能力的说法。他指出，社区工作是一个长期的过程，社区工作者不仅要帮助居民争取眼前的要求，更重要的是要关注居民的成长和发展，使他们能在日后成功地组织起来。在托马斯看来，社区工作是一个缓慢的过程，社区工作者需要有足够的耐心、诚心和不追求即时效果的精神。

激进主义或社会主义的理论家们将社区工作置于大规模的社会变化基础上，将社区活动的经验与劳工社会运动结合起来。如雅克布斯（Jacobs）认为，社会主义者需要重建其与工人阶级社区的关系；并且相信，这可以通过考察激进主义的社区工作经验来进行。科瑞格（Coraig）等人力图为社区工作发展出一种激进主义的理论。这种以冲突论为基础的视角基本上都集中在性别、收入、教育和种族的不平等问题上，在社区工作的范围内，相关讨论和研究的主题就是关注社区中不同人和群体的经历，防止邻里层次上的结构性不平等。

比较来讲，我们认为泰勒（Taylor）和普瑞斯累（Presley）的定义更容易理解和在实践中被操作，可以作为研究的出发点："社区工作……是献身于增加非专业人士知识、增强人们应对困难和窘迫环境的能力、能够对自己周围的环境有更大控制能力的一种专业。社区工作者激励和支持社区内的个人与群体努力改善自己邻里生活的条件，创造更多的条件。直接的目标常常是具体的，包括更好的休闲娱乐、住宅、工作机会。更深层次的目的是增加信心、技术和社区自组织的权力，这些可以使参与者在社区工作者离开以后，也能够继续应用和扩展自己的能力。"①

综上所述，我们可以从以下几个方面去理解社区工作这个概念：社区工作是社会工作的一种介入手法；它既是一项有计划的行动，也是一个过程；社区工作者经常运用集体行动的手法，鼓励居民互助、自主和自决，提升居民的各种能力；社区工作的主要目标是满足社区需要，解决社区问题，培养社区成员的归属感和认同感，促进社区整合，改善社区生活质量，实现社会公正。

二、社区工作的目标与特征

（一）社区工作的目标

社区工作的目标可以分为总体目标和具体目标，就总体目标而言，基本上都

---

① M. Taylor and F. Presley, *Community Work in the UK 1982－1986*, London, Library Association Publishing in Association with Calouste Gulbenkian Foundation, 1987, p. 2.

遵循以下两位学者的两分法。

首先是罗斯曼从目标及其达成的角度，归纳了“任务目标”（task goals）和“过程目标”（process goals）两个类别。

任务目标，就是“解决一些特定的社会问题，包括完成一件具体的任务，达成一些社会福利的目标，满足社区需要，乃至修桥补路、安置无家可归者等。这些改善是具体而实在的”。这里的任务目标实际上就是社区工作的总体目标，因为社区工作的最主要目的就是为了解决社区的社会问题，满足社区的需要。

过程目标虽然是为了完成总体目标而进行的工作，但同时也是泰勒和普瑞斯累讲的更深层次的目标，即“促进社区人士的一般能力，包括建立社区内不同群体的合作关系，发掘及培育社区领袖参与社区事务、加强对公民事务的了解，乃至增强解决问题的能力、信心和技巧等”①。

20 世纪 80 年代，英国学者托马斯提出了另一个更具影响力的目标二分法，即“分配资源目标”和“发展居民目标”。

分配资源目标指的是，“社区工作是组织居民，就市民日常的切身事情，争取合理而平均的资源调配，从而令市民的权益得到保障”。

发展居民目标包括两个方面。第一个方面是“社区工作可以促进公民权的发展，这包括培养基层市民的‘政治责任感’，亦即增强他们的‘政治能力’及政治重要性”。所谓政治能力，就是令市民对政治产生兴趣，掌握更多的政治知识及技巧去参与政治事务。所谓政治重要性，是令市民拥有信心及能力，借以影响政党及政客，觉得自己在政治参与上有着重要位置。社区工作者有责任培养政治意识成熟的选民，监察政府或政党的运作。

第二个方面是“社区工作可促进社会发展，这是指培养居民的‘社区凝聚力’，增强居民间的交往及对社区的归属感，令居民觉得可对整个社会做出贡献”②。

托马斯的分配资源目标类似于罗斯曼的任务目标，但是，托马斯的贡献在于，进一步强调了公民权和社区凝聚力的重要性。

社区工作的具体目标包括以下几个主要方面：

（1）促进社区居民参与解决自己的问题，提高社区居民的社会意识。鼓励社区成员参与解决社会问题的过程，并且让居民有机会表达其意见。

（2）调整或改善关系，改善权力分配，减少社会冲突。

（3）发挥人的潜能，发掘并培养社区领导人才。社区工作是通过居民的集体行动解决日常生活的问题，从而发挥居民的潜能，同时又可以加强居民的自决及自立的能力。

（4）培养互相关怀、互助互济的美德。在社区工作中，可以促进形成真正互相关怀的氛围，以达到社区照顾的目的。居民之间的彼此交往可以减低工业化和

---

① 甘炳光、梁祖彬等编：《社区工作：理论与实践》，14 页，香港，香港中文大学出版社，1998。

② 同上。

城市化中人们的疏离感，加强社区的归属感。

（5）追求权力和资源的公平分配。

（6）促进社区需要与社会资源的有效配合，以满足社区需要，解决或预防社会问题，改善社区生活环境，提高生活质量，促进社区进步。①

（二）社区工作的特征

1. 以社区为对象

社区工作的对象不是个人，也不是家庭或小组，而是整个社区。社区工作的重点是解决社区内群体所面对的集体问题，或者居民共同关心的社区事务。

2. 结构导向的分析视角

社区工作对问题的分析多采取宏观的角度，因为社区工作认为问题的产生并不是个人原因，而是与社区周围的环境、社会制度以及整个社会有密切的联系。社区工作者解决问题的方法不是纯粹要求个人改变，适应环境，而是要改变环境和不合理的制度与政策。再者，解决问题的责任也不是由个人承担，政府和社区都有责任提供资源，协助处理和解决问题。其目的是最终解决产生问题的根源，而不仅仅是补救。

3. 广泛的介入

虽然社区工作的对象是社区，但是，社区问题有时会涉及整个社会的政策和制度。因此，社区工作的介入不局限于一个社区，而是牵扯政策的分析和制度的改变。相对于个案工作和小组工作，社区工作较多涉及社会层面，与整个社会的变迁有密切关系。社区工作能够拉近个人、群体和社会的关系，关注社会发展，重视提升社会意识和社会资源与权力的分配。

4. 强调居民参与

社区工作十分重视居民的参与，它的目标并不是为居民提供全盘服务，而是鼓励居民一起参与，合力解决社区问题，为社区做出贡献。通过参与，让居民明确自己的责任，行使自己的权利和减少无权力的心态。社区工作与其他工作的不同之处在于多运用集体行动的方式解决问题。社区工作认为社区问题不是个人的问题，而是大家的问题；个人的力量有限，所以只有通过动员群众，大家组织起来，才能增强能力。

5. 短期目标与长期目标相结合

在社区工作中，短期目标与长期目标同样重要，任务目标和过程目标同样重要。如果只是改善了环境、改变了制度，但是居民自身的素质、能力等没有得到发展，社区工作就不算成功。

6. 运用社会资源

社区工作重视运用社区内的各种资源，更相信居民有不少潜能和能力有待进

---

① 参见甘炳光、梁祖彬等编：《社区工作：理论与实践》，15～16页，香港，香港中文大学出版社，1998；王思斌：《社会工作概论》，116页，北京，高等教育出版社，1999；周沛：《社区社会工作》，65～66页，北京，社会科学文献出版社，2002。

一步发掘和运用。社区工作不应当只靠专业工作者的能力，那些存在于社区内的非专业的支持网络（如邻居、朋友和亲属）也可以发挥很大的作用。社区工作者强调善于运用和组织社区的资源，为社区做出贡献。

7. 政治性的特点

广义上讲，凡涉及资源和权力的分配都可以被看做政治。从社区工作的定义来看，社区工作的范围也是与政治有关系的。比较社会工作的其他范畴，社区工作可以说是较为政治化的。①

三、社区工作的工作模式

社区工作的模式包括六大模式，即社区照顾、社区组织、社区发展、社区计划、社区教育和社区行动。

（一）社区照顾

社区照顾最初是针对“住院式照顾”提出来的。住院式照顾是政府兴办大型福利院舍，雇用大批工作人员对无依无靠的老年人和残疾人实施住院式集中照顾。这种照顾方式虽然较好地解决了被照顾者的日常生活需要，但由于使他们脱离了长期生活的社区，他们的精神生活难以得到满足，引起了某些人的批评。再者，这种照顾形式也增加了政府的财政负担。社区照顾有两层含义：一是社区内照顾，亦即不使被照顾者离开他/她所熟悉的社区，而是在本社区内为其提供生活服务；二是由社区来照顾，也就是动员本社区的人力资源，运用社区支持体系开展照顾服务。社区照顾使被照顾者能够像正常人那样在自己熟悉的社区环境里生活，而不再产生被抛弃感，从而受到了普遍欢迎。

关注于社区照顾的社会工作是力图为社区居民，特别是老龄人口、残疾人和婴幼儿开发社会网络和志愿者服务。社区照顾模式关注于发展自我帮助的理念，依靠那些付酬的专业工作者或者组织者来组织和促进居民志愿互助。

在社区照顾中，社会工作者的专业参与包括三个层次，这三个层次是逐步递进的。第一个层次是从长期来看，社会工作者多少都要履行支持性或监督性的角色，在工作中使用志愿者和低酬的协助者。第二个层次是社会工作者制定相关的活动计划，该计划是从自己的支持性角色只是短期的考虑出发，并组织和启动有关的活动，通过活动，可以使社区照顾在没有社会工作者的情况下，仍然能够继续，即培养和提高社区居民的独立能力。第三个层次是逐步让社区照顾变成一种由外行的居民来进行的活动，社会工作者将只提供极少的帮助。

（二）社区组织

社区组织主要指的是社区内的居民组织，但是居民组织本身包括的范围相当

① 参见甘炳光、梁祖彬等编：《社区工作：理论与实践》，17～19页，香港，香港中文大学出版社，1998。

广泛。梁祖彬对居民组织的界定是："居民组织这个名词，在现实情况中可用来形容由邻居组成的非正式小组，也可应用于有正式会员制度、提供社区服务的注册公司，包括社区中心、学校及诊所等庞大官僚机构。居民组织一词泛指一群关心及投入的人士，为成员提供服务，保护他们居住地区的共同利益。整体上来说，居民组织有两项独特之处：一是其重点在于地区内居民的福祉；二是这些组织属志愿性质，因此假设是独立及自发的。"① 概括起来主要有两点：一是以社区居民为基础的居民组成；二是社区居民的福利和服务。

在实践中，社区组织模式常常是协调各种各样社会福利和社区服务机构的一种手段，通过这种手段，可以避免服务机构和扶贫资源的重复设置与浪费，从而提供更有效、更充分的服务。在英国，社区组织的典型例子是志愿者服务理事会（councils of voluntary service）、老年人福利委员会（old person's welfare committees）等。当然，社区组织是以服务而不是管理为导向的。

（三）社区发展

社区发展就是帮助人们获得提高他们自身生活品质的技能和自信。作为一种专门的社区工作方法，社区发展形成于20世纪50年代中期联合国在全世界，尤其是欠发达国家推行的社会改造运动。由于各国文化背景的差异，对它的理解也就各不相同。大体上，人们的观点有三种，即社区发展是一种工作过程，或一种工作方法，或一种工作方案。

在发达国家如英国，社区发展是在邻里区域的层次，其关注点是社区各群体表达其问题和需要的过程，以此来实现在满足这些需要方面的决策制定过程中的集体行动。在这种模式中，专业工作者的角色"通常是帮助人们在解决他们界定的问题方面进行学习，并且在对有关制度的改革方面提供专业知识"②。

（四）社区计划

社区计划常常被认为与社区发展是一样的模式。按照托马斯的界定，社区计划是"社会条件、社会政策和机构服务的分析，目标和优先工作重点的确定，服务项目的设计与合适资源的动员，以及服务和项目的贯彻和评估"③。

根据这一界定，社区计划实际上包括四个方面。首先是分析条件、政策和现有的服务；其次，确定社区工作的目标与工作重点；再次，为了达成目标，制定和设计相应的服务项目以及寻找合适的资源，并且进行动员；最后，贯彻和执行这些服务项目，并对项目的完成情况进行评估。

---

① 甘炳光、梁祖彬等编：《社区工作：理论与实践》，189页，香港，香港中文大学出版社，1998。

② L. Dominelli, *Women and Community Action*, Birminghan, Venture Press, 1990, p. 11.

③ D. N. Thomas, *The Making of Community Work*, London, George Allen & Unwin, 1983, p. 109.

（五）社区教育

社区教育被界定为“力图以以下方式，即将教育和社区更紧密、更平等地结合起来的方式重新确定教育政策和实践”[①]；目的是培育和加强居民掌握自己命运的信心与能力，使他们积极参与社区事务，争取自己的权益。

社区教育最早起源于英国。根据马丁（I. Martin）的看法，社区教育在英国来源于三个分支，第一个分支是20世纪20年代亨利·莫里斯（Henry Morris）在剑桥郡发起的以学校为基础的村落和社区学院，后来，其他一些地方仿效，并建立了相同的综合性的教育制度。第二个分支是1967—1972年实施的优先教育地区项目的经验，这个项目力图在那些不发达的内城地区提供补偿性的教育。第三个分支是20世纪60年代后期和70年代早期许多社区发展项目进行的针对工人阶级的成人教育工作。

（六）社区行动

社区工作的一个重要目标，就是组织居民参与集体行动，合力解决社区问题，争取所需资源，改善社区环境与生活品质。要达到这些目的，社区工作者很多时候需要与居民一起组织社会行动，向公众表达他们的问题及困境，并向有关当局施加压力，要求采取适当的解决措施。

布赖恩（R. Bryant）指出，社会行动要解决的问题，是动员社会上无权无势及政治权力薄弱的群体，争取更大的代表性及获取应得的集体利益。

社区工作者采取集体行动的对象多是社会的下层群体，他们多数社会资源极为缺乏，拥有极少的权力和社会地位。其中，不少人是社会的边缘群体或者弱势群体。

社会行动的本质是在现存的体制下，改变不公平的政策，建立更公平、更公正的社会。[②] 表1—1对社区工作的六种模式进行了比较。

表1—1 社区工作的六种模式

	策略	主要角色/工作者的名称	例证
社区照顾	开发社会网络和志愿者服务，发展自我帮助的理念	组织者、志愿者	老年人、残疾人和婴幼儿
社区组织	增进不同福利机构之间的合作	组织者、催化剂、管理者	志愿者服务理事会等

① G. Allen, et al., *Community Education: A Agenda for Education Reform*, Milton Keynes, Open University of Press, 1987, p. 2.

② 参见甘炳光、梁祖彬等编：《社区工作：理论与实践》，135～138页，香港，香港中文大学出版社，1998。

续前表

	策略	主要角色/工作者的名称	例证
社区发展	帮助社区群体获得提高生活品质的技能、信心、参与主动性	赋予权力者、邻里工作者、推进者	社区群体、租赁者群体、定居者
社区计划	分析社会条件，确定目标和优先工作重点，贯彻和评估服务与项目	赋予权力者、推进者	地方再发展
社区教育	让教育和社区建立更紧密、更平等的关系	教育者、推进者	社区学校、补偿性教育、工人阶级教育、女性教育
社区行动	通常是以阶级为基础，地方层次上以冲突为导向的行动	活动者	擅自定居者运动、福利权利运动、租赁者运动

【本章要点】

本章论述了社区的概念与功能，社区工作的含义、目标与特征，以及社区工作的模式。首先讨论了社区的定义，在此基础上概括了社区的主要属性：地域性、共同点（如共同的价值观或情感或共同利益等）、互动性。接着，指出了社区具有的五大功能，即生产—分配—消费功能、社会化功能、社会控制功能、社会参与功能和相互支持功能。

社区工作是致力于增加非专业人士的知识，增强人们应对困难和窘迫环境的能力，使人们能够对自己周围的环境有更好控制能力的一种专业；社区工作的目标包括总体目标和具体目标，其特征是以社区为对象，工作重点是解决社区内群体面临的集体问题和居民共同关心的社区事务。社区工作包括六大模式，即社区照顾、社区组织、社区发展、社区计划、社区教育和社区行动。

【关键概念】

社区　社区功能　社区工作　社区工作目标　社区工作模式

复习思考题

1. 社区的主要属性是什么？
2. 社区具有哪些主要功能？
3. 试述社区工作的含义。
4. 试述社区工作的目标。
5. 社区工作的特征包括哪些主要内容？
6. 试述社区工作的模式。

推荐阅读书目

1. P. Fellin. *The Community and the Social Workers*. Itasca，IL：F. E. Peacock，2001.

2. Keith Popple. *Analysing Community Work: Its Theory and Practice*. Buckingham: Open University Press, 1955.

3. 甘炳光，梁祖彬，等，编．社区工作：理论与实践．香港：香港中文大学出版社，1998.

4. 王思斌．社会工作概论．北京：高等教育出版社，1999.

5. 周沛．社区社会工作．北京：社会科学文献出版社，2002.

6. ［美］戴维·A·哈德凯瑟，等．社区工作理论与实务．夏建中，等，译．北京：中国人民大学出版社，2008.

第二章

西方国家社区工作理论与实践的历史回顾

第一节 社区社会工作实践理论

开展社区工作需要一定的理论指导，社区工作理论是社会工作理论的重要组成部分。社区工作理论可以分成“基础理论”和“实务理论”两大部分。王思斌等学者也将之分成“一般理论”和“实践理论”。

社区工作理论可以分为两个层面：一种是宏观层次的理论。这种理论大多是借用社会学和政治学的相关理论，着重从理论上分析社区工作的宏观社会环境，特别是对社区社会工作与社会整体的关系进行了较深入的探讨，比如社会结构、组织系统、社会分层与社会流动、社会公平与正义等，可以视之为实践理论（theory of practice）。另一种是微观层次上的理论。这种理论主要来自社会工作者的实践经验，是社会工作者在开展具体工作时的经验和依据，比如工作技巧、工作手法、介入模式以及须遵守的相关原则、法则等，可以视之为实务理论（practice theory）。

当然，我们也可以从根本性质上把社区工作理论划分为描述性（解释性）理论和指示性理论两种①；还可以从研究对象上把社区工作理论作层次上的分解，比如从个人到家庭、群体，再到社区、社会，最后是国家，划分为微观理论（microscopic）、中观理论（mesoscopic）和宏观理论（macros）三个层次。理论是灰色的，而实践之树常青。随着社会的变迁，政治、经济、文化等制度的任何改变都有可能影响到社区工作理论的发展方向。

如前文所述，社区组织、社区发展和社区工作在目标、功能、价值及实践过程中都有很多重合之处，在不少地方，这三个概念是可以互换的。社区工作理论在一定意义上也涵盖了英美学界关于社区组织和社区发展的讨论。基于此，本章的社区工作指的是“社区中在专业社会工作实践范围内的一切工作”②，本章谈到的社区工作理论不仅包括社区工作的实践理论和实务理论，而且涵盖了社区组织和社区发展的相关学说。

一、西方社会工作理论的发展阶段

西方国家的社会工作理论经历了一个缓慢发展的过程，从缺乏理论总结过渡到自觉采用理论指导，从单一化理论过渡到多元化理论，从主要依靠心理学过渡

---

① See P. Leonard, “The Contribution of the Social Science, Ideology and Explanation,” in *Community Work: Learning and Supervision*, edited by C. Brisoce and D. N. Thomas, London, Gorge Allen and Unwin, 1977.

② 甘炳光、梁祖彬等编：《社区工作：理论与实践》，79 页，香港，香港中文大学出版社，1998。

到综合采用心理学、社会学、认识论等多学科的理论。大卫·豪（David Howe）的《社会工作理论》对西方社会工作理论的发展历程做了较为客观的描述，他将社会工作理论的发展划分为七个阶段。①

第一个阶段是“调查”阶段。这是社会工作的初始阶段。在这个阶段，社会工作的主要内容就是从事社会救济和社会救助事业。社会工作者们关注的是一些具体而实际的社会问题，对于社会工作的本质、过程与方式方法等理论问题既没有深入地思考，也没有很好地总结。那时的社会工作者们认为，他们所从事的是“助人的艺术”，类似于“调查者”，对于理论知识的重要性尚未有清楚的认识。虽然如此，社会工作者们的实践活动还是为社会工作理论的进一步发展提供了丰富的实践经验和鲜活资料。

第二个阶段是“精神分析学”阶段。在这个阶段，部分社会工作者已经开始认识到，单纯依靠经验指导的社会工作存在着严重的不足，而必须采用一定的理论来指导社会工作沿着自身的规律发展。由于社会工作本身尚未形成有价值的理论，所以只好从其他领域借用一些理论。当时比较流行的就是弗洛伊德开创的精神分析理论，于是社会工作者们借用了这一现成的理论，并将之广泛运用于社会工作实践中。

第三个阶段是“精神分析学”与“功能主义学派”并立的阶段。20 世纪三四十年代，由于受功能主义的影响，社会工作领域形成了不同于精神分析的新流派，这就是功能主义学派。精神分析学派认为人的行为受到儿童时期经历的影响，并据此开展心理干预和治疗。而功能主义学派则认为，个体的行为主要受他当前所处环境的影响，既包括客观存在的环境，也包括社会工作机构的功能。在这样一种结构性和社会性关系的相互作用中，个体能够改变自己。因此，社会工作的任务不是对服务对象加以治疗，而是要和服务对象建立一种有助于服务对象潜能得以发展的积极的、开放的相互关系，使其行为由内而外地逐步发生变化。

第四个阶段是“获得”阶段。从 20 世纪 60 年代起，许多相关学科的理论被相继引入社会工作中，如心理学、社会学等。这些理论的广泛运用满足了社会工作者多元的理论需求，达到了博采众长的目的，推动了社会工作实践的健康发展。

第五个阶段是“盘点”阶段。社会工作者经历了不加分别的理论吸纳阶段后，普遍感到太过庞杂，如果不进行整理和消化，必然会影响社会工作自身的学科建设，因而需要对这些理论进行清点、评估和理性吸收。

第六个阶段是“理论统一”阶段。自 20 世纪 70 年代起，在前述对理论总结清理的基础上，社会工作者们试图把各种理论观点统一起来，发展出一种适应社会工作自身规律、能够满足社会工作实践需要、整合各种社会工作方法的“一元化”理论框架。

第七个阶段是“理论归类”阶段。在这一阶段，社会工作者承认了多元理论

---

① 参见王思斌：《社会工作概论》，61～63 页，北京，高等教育出版社，1999。

并存的现实，认识到社会工作自身的理论建设不可能“单一化”，因而不再单纯追求理论的统一，而是通过对各种理论的整理、归类，使之井然有序，进而发挥不同的理论功能。被充分消化理解后的多元理论模式为社会工作者把握社会工作规律、指导具体实践提供了必不可少的工具和方法。

除了上述从形式化的角度来概括社会工作的理论发展脉络外，迈克姆·佩恩曾经提出社会工作理论的三大传统，即注重实效的传统、社会主义的传统、治疗学的传统，也是影响比较大的理论概况指标。

社会工作理论的发展充分体现了马克思主义认识论的发展观：社会工作在具体实践中逐步引进、总结、提炼出带有规律性的理论认识，在理论指导下获得持续发展，进而发现理论存在的缺陷和不足，在实践中校正、发展和完善理论认识，如此循环往复。

二、社区社会工作的实践理论

从认识论的角度看，社区社会工作者对社区环境和社会结构的分析，将深深影响他们对社会和社区问题（如社会制度、经济制度或政治制度）、工作对象（如个人、小组、社区、各种社会组织）、介入策略（如保守的、温和的或者激进的方法）、社区工作的方向及其自身的社会价值、角色定位的看法。所以说指导社区社会工作者进行实践活动的理论是“实践理论”。实践理论有时也被称为“场景理论”(context theory)，是社区工作基础理论的重要内容。以实践理论为依据而展开的社会分析，可以较好地帮助社区社会工作者从理论上理解社区及整个社会，从而更准确地把握社区社会工作的发展规律。其主要理论基础涵盖社会分析、意识形态和社区发展三大部分，而每一理论内容又可划分为不同的理论流派。

（一）社会分析理论

1. 功能派理论

结构功能主义是第二次世界大战后在美国出现的最主要的社会学流派。帕森斯（Parsons）和默顿（Merton）是这一流派的重要代表人物。帕森斯认为，社会系统由行动者与其共同结构中的其他行动者之间稳定的、制度化的角色关系所构成。而社区是社会系统中的一种特定类型，是指对环境具有较高程度的自给自足性的社会系统。社会系统的稳定性依赖于行动过程中的不同角色在权利和义务关系上的互补性。这种互补性使得互动能够持续进行下去，从而维持着社会系统的稳定。帕森斯写道：“社会系统的既成状态，就是两个或两个以上单独行动者的互补性相互作用过程，在这一过程中，双方中每一方都对另一方的期待表现出自己的顺应性。”① 也就是说，社会系统内的每一个人、每一组织或每一部分，彼此之间都有着紧密的关系——功能性的关系，并互为影响，牵一发而动全身。

---

① Talcott Parsons, *The Social System*, the Free Press, 1951.

但无论出现任何变动，社会始终会维持相对的稳定和平衡。通过“结构”将“零散”的“部分”结合到一起，形成稳定有序的、功能整合的运行系统，是社会系统追求的最终价值和目标。社会问题产生的根源在于个人与社会之间出现分歧，无法达成共识，各个部分不能充分发挥其功能，结构没能起到“串联”的作用，从而造成变异的心态和出轨的行为，形成社会问题。要解决社会问题，使社会系统恢复稳定和平衡，就必须从组成系统的个人、组织或者部分入手，诊断各组成部分功能无法发挥的原因，然后对症下药，加以治理，使社会系统的内部运行机制重新出现活力。①

2. 系统理论

系统是一个组织及其相互关联的组成部分。关于系统的认识是，一个社会系统的存在与周围环境的关系是微妙的，既要保持本系统的边界和独立性，又要处理好与周围环境的关系。社会系统一定不是封闭的。系统理论是社会学重要的理论之一。

一个社区或者一个社会组织都是一个系统。为了保持自己的独立性而有一定程度的封闭性，但同时需要与其他系统进行信息和资源的交换，又呈现出开放性的特点。社区内外的社会组织或者服务机构也是一个个不同的系统，其成立的目标是完成某个特定的任务，为了达成目标需要制定组织的运作方式和决策规则。随着社会的发展，社区和社区组织的生存环境发生了很大的变化，充满了不确定性。

3. 社会冲突理论

社会冲突理论是对结构功能理论的反思和扬弃，它强调社会冲突对于社会巩固和发展的积极作用。代表人物有马克斯·韦伯、霍尔（Hall）等。社会冲突理论认为社会上的各个领域，如经济、政治、文化、种族、宗教、行业等，都有众多的利益团体，它们各自为自己争取最大的权利和好处。这种现象无处不在，是日常生活的主要部分，不能回避。而社会问题的成因，在于社会上的财富、资源及权力的分配失去平衡，使利益团体之间的冲突难以协调解决。例如贫穷问题，多数情况下是由工资低、社会保障制度不健全等原因所致；健康问题可能与恶劣的工作环境和生活居住环境有关，也可能与医疗水平低下、医疗制度不健全有关。针对产生这些问题的原因，社会冲突理论认为必须从制度上下功夫，努力改革旧制度，同时制定新的社会政策。换句话说，就是要从立法方面入手，通过建章立制，用制度的规范解决社会问题。社会冲突理论提出的社会问题解决方案只针对制度和社会政策，不针对个人。②

4. 阶级冲突理论

马克思的思想被认为是冲突理论的另一个重要来源。在冲突论者看来，马克思的理论主要包括这样三个基本假设：经济组织决定所有其他社会组织；每个经

---

① 参见莫邦豪：《社区工作原理和实践》，9页，香港，集贤社，1994。

② 同上。

济组织里都包含有阶级冲突的成分；无产阶级因为受压迫而产生共同的阶级意识，以反对资产阶级的剥削。[①] 要改变被剥削和被压迫的现状，就必须改变整个社会现行的经济制度，取消私有财产制度，建立新的生产关系，推翻资本主义、建立社会主义制度，最终实现共产主义的理想。

功能派理论、系统理论、社会冲突理论以及阶级冲突理论对社区社会工作的意义在于它们提供了解和分析社区的基本理论工具，进而指导社区工作者从不同的视角去分析社区性质、社会问题的根源，并提出解决问题的方法。在外部环境相同的情况下，用不同的理论来描述和分析同一社会问题，会得出不同的结论，并提出不同的解决方法。比如结构功能派可能会强调教育、讨论或较保守的干预方法，而冲突论者则可能会倡导对抗、冲突等较激进的方法。

（二）意识形态理论

意识形态是“个人及小组或社群的一般社会和政治世界观，这些世界观多包括在不同的政治哲学之中，例如自由主义或社会主义”[②]。不同的意识形态必然会影响社区社会工作者对社会问题成因的看法，以及所提出的解决问题的建议、方案和介入方式、策略。与社区工作直接有关的意识形态主要有：新保守主义、多元主义、新马克思主义、社会民主主义、无政府主义（激进自由主义）、新女性主义。下面分而述之。

1. 新保守主义

20 世纪 70 年代英美等国面临着因经济危机而引发的一系列社会问题。许多社会学家就如何度过经济危机、妥善解决社会问题提出了各自的见解。新保守主义在 70 年代后期开始在英美等国流行。其代表人物和机构有哈耶克（F. A. Hayek，1944）、约瑟夫（K. Joseph，1977）、经济事务研究所（Institute of Economic Affairs，1979）等，其主要观点有：

（1）强调社会的渐进性（evolutionism）。认为社会中的各种制度均为社会演变的结果。现存的市场、家庭、代议民主等制度，均不是任何人或任何群体凭借理性设计所能达到的。由于社会制度是历史演进的产物，所以它们都是合理的，都能体现社会上不同个体或者群体的利益。

（2）坚信自由市场是解决社会问题的有效途径。自由市场制度为社会上的每个人都提供了公平的发展机会。只要个人肯付出努力，就必然能充分发挥其聪明才智，并得到回报。社会不平等与个人天赋的差异有关。自由市场制度将各人不同的天赋适当地反映出来，并形成不同的利益格局。反对政府对市场运作有太大的控制，认为政府的责任只是维持治安和抵御外来侵略，而不必干预经济活动。

（3）强调个人主义。认为一切社会机会均由个人的行为所促成。对社会上集

---

① 参见贾春增：《外国社会学史》（修订本），250 页，北京，中国人民大学出版社，2000。

② R. Thorpe, “Community Work and Ideology: An Australian Perspective,” in *Community Work or Social Change? An Australian Perspective*, edited by R. Thorpe and J. Petuchenia, Sydney, Hale and Iremonger, 1992, p. 21.

体行为及制度的出现，以及问题的解决等所做的解释，均被还原为不同个人的行为综合作用的结果，这就是所谓的方法论的个人主义（methodological individualism）。此外，新保守主义还认为人皆自私，但只要有自由市场，社会效益就自会出现。因为通过市场交易，个人能获取自身利益，而社会效益则是个人利益的总和。用个体的自利行为来解释市场变化以及社会效益的产生，被称为经济个人主义（economic individualism）。

（4）分析核心家庭的作用。人人皆有自我照顾的责任，而行使自我照顾的单元便是家庭。个人的自我照顾实际上是个人受家庭照顾，不应依赖他人或其他社会制度。

（5）提倡“助人自助”。假如有人遇上个人问题需要帮助，应该协助他们发挥自我照顾能力，而不是让他们长期依赖他人或其他制度。遇上社会问题时，要改变的是有关的个人而非社会制度本身。“助人自助”也是社会工作的核心理念，社区社会工作者要通过专业的工作方法介入社区，帮助社区成员合理有效地运用各种社会资源，建立与社区及整个社会之间良性的互动关系，掌握自助的方法和策略。

2. 多元主义

多元主义从 20 世纪五六十年代开始流行于英美等地，直到现在仍然得到较普遍的运用。其主要代表人物有杜尔（R. A. Dahl，1961）、林德布鲁（C. E. Lindblom，1968）、阿尔蒙德和卫拔（G. A. Almond and S. Verba，1965）等。多元主义的主要观点是：

（1）承认并应促进社会上不同群体的并存。不同的群体会设法保护自身的利益，这与新保守主义的观点相同。但是，多元主义在物质利益及市场竞争以外，还强调自我实现（self-actualization）。多元主义的理想是个人能够将自身的潜能发挥到极致。不同的群体虽然会保护自身的利益，但当每个群体的主要利益未受损害时，成员大都会保持静默（apathy）。假如其主要利益受损，相关社会群体便会想办法组织起来抗争；当获得所争取的利益后，群体的力量又会慢慢消解。不同社会时期出现的不同组织就是在这样的背景下不断形成，又不断瓦解、消失的。

（2）承认不同群体拥有不同的资源，如金钱、知识、地位、组织能力等，因而也就具有不同的影响力。从这一角度出发，商人、资本家、工厂主的影响力要远远超过工人。潜在的影响力与实际的影响力是不同的，真正的影响力只有在正式运用或付诸行动时才能发挥作用。社会资源分布不均衡并不表示社会上存在着不公平的机会及影响力，这只是反映了社会的多元化现象。只要不同的群体能够有公平的机会发挥其不同的影响力，社会不公平就是可以接受的。

（3）调节自由市场，使不同利益的群体能够公平竞争。自由市场、民主及法治政体等社会制度为不同群体面临公平的竞争机会创造了条件。多元主义与新保守主义的相同之处在于对自由市场的评价。它们都认为自由市场提供公平机会，让不同的社会群体都能有机会体现其自身利益。然而，多元主义更进一步承认自由市场及其他社会制度是有可能出现问题的，也就是说还存在着缺陷。

（4）对于自由的追求，多元主义与新保守主义较为相似，都鼓励在不损害他人权益的情况下，一切行为皆可容忍。然而，新保守主义只执着于对自由的追求，而不愿改进社会制度。多元主义认为，为了追求平等竞争的机会，社会制度是可以改变的。

（5）对社会或社区问题的成因进行分析。多元主义认为，社会低下阶层群体面对的问题是，由于他们缺乏足够的资源，或者是社会缺乏相关的制度做保障，致使他们的利益得不到维护，群体的兴趣或意见不能得到及时反映。因而，改变有关的制度和政策是必要的，即使是自由市场制度也需要为此而改变。当然，在这一改变过程中，多元主义也强调渐变性，这也是多元主义的特征。

在社区社会工作中，社会策划及社会行动模式均有多元主义的影子。通过了解问题、分析问题、搜集资料、有效地规划路径，达到最终解决问题的目的，是社会策划模式的重点。在社会行动模式之下，社区社会工作者可以协助有需要的群体，运用组织及策略来改动有关的政策或制度。此外，无论社会策划还是社会行动，均追求个别制度的改动，对现存的民主制度、自由市场制度的接受程度也深受多元主义流派的影响。

3. 新马克思主义

20 世纪 70 年代，西方对马克思主义的研究和理解也出现了新的变化，新马克思主义就是其中最有代表性的流派。阿尔都塞（L. Althusser，1969）、卡斯特司（Castells，1977）等人是新马克思主义的支持者。

新马克思主义与传统马克思主义的相同之处是，双方都强调经济制度对整体社会的重要影响。传统马克思主义认为，经济制度由不同的生产方式组成，生产方式由生产力和生产关系两大要素构成。资本主义社会的生产力包括资本、劳动力、土地、知识等，生产关系则是指资本家与工人的关系。资本主义的生产追求剩余价值，它使资本家与工人的利益对立起来。为了提高资本积累，资本家极力使工人们维持低水平的收入。由于资本主义社会中的这种竞争关系，旧有的阶级如小资产阶级最终将消失，而竞争失败的资本家也将沦为工人，于是社会上的工人阶级有膨胀的趋势，资源分配不公平的现象将持续下去。新马克思主义则强调，无产阶级化只是一种趋势，在具体情况中，不同的阶级仍有生存的条件，但社会不公平的趋势是持续的。新马克思主义的特色是指出了生产方式虽然是最重要的影响力，但不是决定性的。不同社会体系（如国家、文化、家庭）等都有其自身发展规律，更可以对经济制度产生反作用。这就是所谓非经济层面的相对自主性。

由此可见，社会不公平是由资本主义生产造成的，个人因素并不重要。商品生产偶尔会出现市场调节失控的现象。与工人消费（如房屋、公共交通等）、社会基础设施建设（如机场、金融系统等）有关的商品，由于成本高、利润低，或回本时间太长等原因，吸引不了以牟利为主的资本家的注意，他们宁愿放弃生产和经营。一方面，工人工资因为资本家不愿提高而维持低水平；另一方面，低价消费品又很有限，社会就会出现消费问题。缺乏消费品导致工人生活困难，不能全力投入生产，劳动力再生产的问题也会相继出现，进而造成社会动荡、致使生产关系不能延续。

因此，解决社会问题、改善社会关系并不能只着眼于个别社会制度。改造资本主义的生产关系才是最基本的。由于社会上的不同制度共同为资本主义的生产创造了生存条件，因此要做全面的改革。对新马克思主义者来说，暴力革命是必需的。但也有一些新马克思主义者认为，应在不同的制度基础上谋求改变，使在这些制度下被压迫的群体联合起来，由工人阶级来组织领导，把各种矛盾冲突的解决与社会改革的纲领和行动相结合，谋求资本主义生产关系的渐次改变。因此他们不赞成暴力革命。

在社区社会工作方面，将社区组织与工人运动组织结合起来、共同争取社区利益的方法，就是受到了新马克思主义的影响；特别是他们强调反省个别社区行动的政治性和社会控制功能的观点，也留有深深的新马克思主义烙印。还有人认为，个别的争取只是为资本主义冲突扮演“安全阀门”；也有人认为，社区组织与工人运动组织相结合，再结合其他矛盾的解决，就能够实现全面而彻底的社会变革。

4. 社会民主主义

社会民主主义历史悠久，19世纪末就已出现，目前在英美仍很有市场。在英国，社会民主主义被称为费边主义（Fabianism）。它的代表人物有韦伯夫妇（S. Webb and B. Webb，1963）、汤尼（Tawney，1964）和后来的汤森（Townsen，1979）、沃克（A. Walker，1984）。社会民主主义与新马克思主义在社会分析方面很相近，都认为资本主义社会内的劳资冲突是不可调和的。然而，社会民主主义同时强调，社会上其他群体间的冲突同样重要，这一点与传统马克思主义认为阶级冲突是一切冲突的本源，有着很大的区别。

社会民主主义认为，社会平等与个体自由是相辅相成的。对社会民主主义来说，不仅要有负面的自由，更要有正面的自由，也就是说个人应当拥有足够的资源，使其有行使自由的能力。社会民主主义在追求社会平等的策略上强调采取渐进方法，反对暴力革命。在社会制度与社会问题之间的关系上，社会民主主义与新马克思主义都认为自由市场是问题的症结。由此它们认为生产国有化、由国家主动提供社会服务等是解决社会不公平问题的可行途径。

社会民主主义对社区社会工作的影响在于：强调国家在解决社会问题上的责任，认为国家应当通过各种渠道，包括社区为社会提供服务，促进社会公平。

5. 无政府主义

无政府主义流行于19世纪，它有时也被称为社区社会主义、社区民主主义、激进自由主义。英国社区工作者协会在讨论20世纪70年代的社区工作派别时，认为社区民主主义是其中一个重要派别（Association of Community Workers，1975）。

无政府主义与新保守主义一样强调个人是自利的这一特性，认为尊重个人自由是最重要的。但是无政府主义不认为自由市场是体现个人自由的最佳制度，因为自由市场只是鼓励个人互相攻击，而不是合作。一方面无政府主义认为集体自由和个人自由是互相对立的，另一方面它也认为个人只有依赖彼此相互合作的群体才能生存。若想协调解决这个两难局面，就需要建立人人都能参与决策的社会制度。因此，个人的充分参与是保障个人自由和利益的必要条件。

虽然不同的无政府主义者对新社会的构想存在着差别，但一般而言具有以下共同点：（1）按劳分配；（2）参与式民主决策机制；（3）小规模多功能的制度。公社、合作社就是无政府主义理想社会的典型例子。

那么，如何才能确保这些制度构想变成现实呢？不同的无政府主义者也有着不同的看法：有的强调温和演变，有的强调暴力革命。但是他们都认为需要每位参与者主动投入这一改变的过程，参与式民主决策是改变过程中不可缺少的因素。同时，他们还认为只有不断的实验、持续的改变，未来的理想制度才能孕育成功。

6. 新女性主义

在过去的一个多世纪中，女性主义发展出许多不同的流派来解释性别压迫。在社会学主流理论之外独立发展的女性主义理论，经历了三个发展阶段：以妇女投票和参与就业为目的、关注机会平等的自由主义的女性主义；将注意力集中于男权制，认为要实现两性平等，就必须彻底重建社会的社会主义的女性主义，或称马克思主义的女性主义；当代正在形成的激进的女性主义，认为两性之间有不可消除的结构性差别，“要么从心理学、生理学或性偏好等方面来重新建构社会性别，要么让女性断绝与男性的交往”①。

新女性主义在20世纪70年代后期成长为社区社会工作的一个重要流派。新女性主义关注男权制度对两性的影响，尤其在对女性的压迫方面。这种对两性关系的反省正是其他一些理论所缺乏的。新女性主义流派认为，男权制度与两性的性别定型关系密切，性别定型是社会文化制度的产物；男权主义将社会分为公共的与私人的两个空间和范畴，妇女在家庭扮演的角色限制了她们在公共领域的发展，其活动空间和个人发展也相应受到限制，这一角色定位导致妇女自我形象的低落。因此，新女性主义认为，与女性有关的社会问题的成因大多与男权制度有关。改变男权制度，使社会走向两性平等，既是解决社会问题的关键，也是新女性主义的理论旨归。

社区社会工作的服务对象多为妇女。女性对政治参与反应冷淡，但是对社区事件却非常热心，乐于关注，并且在家庭中承担了大量的照顾工作。这既是因为妇女的“照顾者角色”与社区事务息息相关，也是因为社区参与不如政治活动那样正规，与日常家庭生活较接近，女性们可以灵活运用时间，以配合那些没有固定工作时间的家务劳动。因此，社区内的活跃参与者大多是女性。

直到20世纪70年代末期，女性主义才在英国社区社会工作中受到重视，促

---

① ［澳］马尔科姆·沃特斯：《现代社会学理论》，2版，11～12页，北京，华夏出版社，2000。

进两性平等也才成为新女性主义开展社区工作时的重要目标。近年来，新女性主义者进一步发展了女性主义社会工作，倡议以一系列以女性主义为指导原则的社会工作介入手法为依托，运用授权策略（empowerment）、全女性小组（all women group）和意识提升小组（consciousness raising group）等开展社区社会工作。社区社会工作受新女性主义的影响还在于，它使人们在开展社区工作、探讨社区问题时深入思考男权制度在其中的负面影响，并不断反省社区工作是否不经意地扮演了巩固男权制度的角色。这使得社区工作的关注领域大为拓宽，部分社区工作者因此而致力于妇女组织的建立，尝试通过改变男权制度来解决具体的社区问题。女性主义理论和实践可以为社区社会工作者提供许多有益的借鉴。

总体上来看，新保守主义使社区社会工作开始支持地区发展模式；多元主义则促使社会计划及社会行动成为可接受的模式。新马克思主义、社会民主主义和无政府主义都支持社会行动的冲突性策略，不同之处在于：新马克思主义认为社区发展与经济领域的阶级斗争是相互关联的，应由劳工组织领导开展；无政府主义更强调参与式民主，认为不同的、小规模的组织更能促进社区成员的全面参与，组织之间要彼此尊重，不存在谁领导谁的问题。新女性主义反对劳工组织领导的方向，强调所有组织与妇女组织平等相处，共同谋求男权制度的改变。

（三）社区发展理论

1. 社区分析和机构分析的理论

做好社区社会工作的一个重要前提，就是要充分了解什么是社区，什么是社区组织。社区的定义、功能、要素、类型、管理、资源以及社区组织的结构、功能、发展等就是社区分析理论的重要内容。

关于社区的概念，结构性的观点认为，社区经常被看作是介乎个人和国家之间的中间结构（涂尔干）。而利用心理学研究方法的克拉科则认为，只有心理因素才能使社区的概念生动起来，而不是仅仅局限于地域和功能这两个基本要素。[①]

关于社区的类型，“传统的分类法将社区分为乡村社区和都市社区，应用的社区分类又把社区分为地方社区与区域社区”[②]，比较流行的两分法则将社区分为地域型社区（geographical community）和功能型社区（functional community）两类。

关于社区工作的机构，可以参考行政理论或组织理论。它们对于了解社会服务机构的内部组织、运行机制以及与外界环境的关系等是十分有帮助的。

2. 策划理论和小组理论

策划理论和小组理论能够对如何推动社区社会工作提供不同的思考方法和工作原则。策划理论有三种观点：第一种观点强调理性地和全面性地策划（ration-

---

① See *Encyclopedia of Social Work*, 19th edition, National Association of Social Workers Press, Washington, DC.

② 徐震：《社区与社区发展》，85 页，台北，正中书局，1980。

al-comprehensive planning)。就一个具体的社会问题而言，其解决方法就需要理性地和全面地制定政策——包括搜集足够多的资料，透彻地研究问题，分析问题，并找出各种可能的解决方案，通过比较，采用其中最好的方案。这一观点有两个基本的假设：有足够的资源并且可以无限制地使用；决策的大前提是为了公众利益，而且是为了彻底解决问题。实际上这两个假设都是比较理想化的，因为社会资源不可能丰富到可以无限使用的程度，而且复杂的社会问题也不是一套社会政策就可以彻底解决的。第二种观点强调以渐进的方式解决部分问题。即立足于现有的资源，选择可行的办法，逐步解决问题。这一观点比较切合实际，有较强的可行性。第三种观点是以上两种观点的混合，可以称为混合透视论（mixed scanning)。其主要特征是：针对某一社会问题，以理性化及全面性的方法去分析，为解决问题提供一个大的方向；然后顺着这个方向，衡量现有的资源、时间的缓急，从而有步骤地提出相应的解决方案、政策设计，最后达到解决问题的目的。

社区社会工作大多要面对居民委员会、业主委员会等居民自治组织和社区非政府组织开展工作，这就要求社区工作者一定要掌握必要的小组理论知识，比如对小组的动力（小组的目标、结构、凝聚力、冲突、领导等)、小组的发展阶段（开始、中间、结束）和小组的运行、小组的设定目标等有所了解，这会非常有益于社区工作的开展。

3. 沟通和做决策理论①

沟通理论和做决策理论是桑德斯关于社区发展理论的重要内容。沟通理论有三个层次，第一个层次是专家学者与地方领袖之间、地方领袖与居民之间、社区工作者与地方领袖以及居民彼此之间面对面的交谈或观念的沟通；第二个层次是社区发展知识与方法的传播；第三个层次是社区发展的各级机构及民间的观念或想法由上而下和由下而上的交流与沟通。通过不同层次的沟通，社区社会工作者能够了解居民的想法和需求，居民们也可以知道策划者介入的策略及最终的工作目标。

做决策理论是指做决策的方式和方法。做决策的过程可以分为四个阶段：（1）争论，即面对面地争论问题；（2）评价，即对实施方案进行评估分析；（3）决定，即在讨论的基础上达成共识，共同决定实施方案或工作方法；（4）经营，精心策划、分头工作、通力合作，最终完成任务，实现工作目标。

4. 均衡发展理论

这一理论的主要观点是：经济发展和社会发展都是国家发展的重要内容，应该齐头并进，互为倚重。经济发展注重物质资源的开发，社会发展强调以人为本，关心公众福利；经济发展是社会发展的手段，社会发展是经济发展的目的。

均衡发展理论的主要内容包括：（1）整体的发展理念，包括经济的、社会的、政治的、文化的各个方面，使各种计划结合起来，共同推进；（2）平衡的发

① 参见李增禄主编：《社会工作概论》，3版，185～186页，台北，巨流图书公司，2002。

展措施，不仅要注重经济发展与社会发展的平衡，而且要顾及工业发展和农业发展的平衡以及城乡发展的平衡，协调各种力量；(3) 民主的发展程序，均衡发展策略，注重大众参与，强调发展民众的自助力量，提高民众的自治精神。

均衡发展理论完全符合社区发展的观念。因为社区发展本身就要求社区各个层面的综合发展，强调经济、社会、城市、乡村的平衡发展，同时也注意建立民主程序，鼓励大众参与。

5. 基层建设理论

行政学家们曾经为社会和经济的发展提出过三“D”理论：民主（democracy）、分权（decentralization）和发展（development）。基层民主建设在各国的实践证明，它与社区发展的目标和方法是完全一致的。其要点包括：(1) 自下而上的发展。社区建设本身就是一种基层建设，它强调居民的参与和创造、自助和自治、人民与政府的合作、地方与国家的合作，因此社区发展本身就是一种“由下而上”的发展以及“向下扎根”的方法。(2) 由点而面的发展。以社区为地方基层建设单位的社区发展，在改善人民生活、提升生活质量方面作用突出，从而促进了单个社区的发展，而许多小社区的发展会逐渐形成大社会的发展。

6. 社会运动与社会变迁理论

社会运动被社会学家伍德（Wood）和杰克逊（M. Jackson）描述为非常规性的、激烈程度不同的、有组织的集体活动，目的是促进和防止某种社会变迁。①

吉登斯（A. Giddens）将社会运动分为民主运动、劳工运动、性别运动、生态运动四种。哈勃（Harper）则从两组不同的准则来区分：一是从改变的程度上区分为改良的和激进的（reform and radical）；二是从改变的对象上区分为工具性的和表达性的（instrumental and expressive）。

中国台湾学者廖荣利将社会运动分为支援性社会运动、抗议性社会运动和改革性社会运动三种。支援性社会运动是社会工作者最常介入的一种社会运动，其目的是为了找出社会问题的受害者，然后给予服务和帮助，并协助目前或潜在的受害者获得应得的社会权益和福利，比如儿童运动、照顾受虐妇女的家庭和单亲家庭等运动。抗议性社会运动的目标在于协助社群中的社会运动团体以及特定问题的受害者，通过界定抗议目标、改变抗议方向等来达到目的。抗议的对象可以是某些社会机构或部门、现行的社会制度或政策，也可以是现代工业发展的后遗症，如环境污染等。改革性社会运动的目的在于从根本上改造那些带来社会问题、持续危及社会进步的制度或政策，比如重建社区生活和伦理道德，重建男女平等权利，改变公共房屋的分配原则和决策机制，建立退休人士社会保障的老年社会保险，打破工商业垄断的消费合作运动，等等。

社会运动理论主要是阐释社会运动的根源、机制、发展方向和可能后果等。其介入的角度有两个：一是着重个体或团体的心理状态的社会心理角度；二是社

---

① See J. Wood, M. Jackson, *Social Movement: Development, Participation and Dynamics*, California, Wadsworth, 1982.

会状况和条件的结构角度。近年来在欧美各国还出现了资源动员理论、城市社会运动理论和所谓的新社会运动理论等，都对社区社会工作产生了不同程度的影响。

促进社会变迁是社区社会工作的目标之一。关于社会变迁，温伍德（M. Winwood）按照对象的改变将社会变迁划分为政策改变和社会关系的改变，并且归纳了三个模式：先下后上模式（down-across-and-up model），先上后下模式（up-across-and-down model）以及涟漪模式（ripple effect model）。社会变迁的主要观点有：（1）人与环境。社会变迁源自人们接受他们周围环境的物质以及心理上的变化，并且将这些变化融合在他们的行动和信念里。（2）变迁的速度和时间。时间是变迁的必要条件，变迁则是时间的价值。前后行为的差异性大小影响着变迁的速度。（3）社会变迁的来源。既可分为内在的和外在的，又可分为体制内的和体制外的（帕森斯）。（4）变迁的方向。可以分为无方向的变迁和有方向的变迁。计划变迁无疑是有方向的变迁。都市计划、社区发展、社区建设等都属于有方向的社会变迁。

第二节 社区社会工作的实务理论

社区社会工作的实务理论是关于社区工作基本原则、工作方法的理论，包括社区工作的基本理念、对社区社会问题的假设、工作目标、工作原则、工作模式、工作手法等内容。社区社会工作的实务理论相对于个案社会工作理论和团体社会工作理论而言，发展显得稍微缓慢一些。而且，由于社区社会工作涉猎范围广泛，涉及的问题复杂多变，因而其实务理论也处于不断的发展变化中。即使是同一个理论流派，在实践过程中也因时、因地而有不同的侧重。社会工作理论家们在讨论社区社会工作实务理论时总结了不少模式，分别从不同的角度阐述了社区工作的内涵和外延，最主要的有二分法、三分法和五分法三种。

二分法的代表是伯顿的直接干预法和非直接干预法（Batten，1967）。三分法的代表主要是罗斯曼的地区发展、社会行动和社会策划流派（Rothman，1968），高本汉研究小组的社区发展、服务协调和社区策划（Gulbenkian Foundation，1968），罗斯的社区发展、社区组织和社会关系（Ross，1955）也属于三分法。五分法则对社区工作做了更加细致的分析。泰勒和罗伯特（Taylor and Roberts，1985）是其主要代表人物，他们认为社区工作的主要内容应包括社区发展、程序发展及服务协调、策划、政治行动、社区联络五个方面。下面择要述之。

一、罗斯曼的社区工作三大理论模式

社会工作者能够使用模式去创造社区的改革。[①] 模式为社会工作者提供方向，引导他们采取最适合社区发展的方式，为社会工作者该扮演何种角色提供指导原则。社会工作者们在实践过程中从实务层面对社区工作的理论总结，可以直接指导社区社会工作具体工作的开展，特别是在整合社区资源、鼓动居民参与、解决社区问题方面作用突出。美国学者罗斯曼根据美国的经验，把社区社会工作的实务理论总结为三大模式：地区发展（locality development）、社会行动（social action）和社会策划（social planning）。

(一) 地区发展

地区发展理论通过对社会整体和社区内部的分析，假定可以通过和谐的共识手法，达到社区的稳定，使居民有归属感而且能够互相合作，从而促进社区内部人力、物力资源的综合发展。这一模式是在一个较大社区范围内鼓励居民通过自助或者互助的方式，广泛参与社区事务，解决社区问题，推动社区发展。其工作重点是提高社区居民的参与意识，培养当地人才。通过社区工作者们的鼓励和引导，发动居民关注所处社区存在的问题，通过分析研究，进而解决问题。

地区发展理论是针对随着"社会现代化和工业化的加速，社会问题不断滋生，社区内部的问题和成因也非常复杂。社区居民的关系又随着城市化的过程变得疏离，社会关系逐渐解体，居民变得较从前冷漠和无助"[②]这一现实情况而提出的。托马斯通过对社区现实状况的分析，指出了社区存在的普遍问题：居民普遍不愿承担公民责任，不愿参与公众事务；社区网络日趋解体；人口流动加剧，居民异质性提高，沟通合作面临挑战；居民缺乏交往和沟通的渠道；社区内部不同利益群体出现，极易形成对抗，居民普遍对社区事务冷漠；社区内各居民组织之间缺乏良好的沟通等。针对这一现状，社区社会工作者应着力鼓励居民参与社区事务，通过居民之间、居民与居民组织之间的互助和合作，重建和谐的社区关系，增进居民对社区的感情投入和归属感，促进社区进步，这就是地区发展。

地区发展的目标可以分解为任务目标和过程目标两大类。任务目标主要是指一些实质性的工作，或者解决一些特定的社区问题；而过程目标则是指要建立长久的制度和组织，实现社区关系的根本性改变，比如社区居民对社区的认同感增强、愿意积极参与社区事务等。具体来说就是：（1）各种社会网络重新建立；（2）居民互助和交往增加；（3）邻里关系改善；（4）居民和居民组织之间重建紧

---

① See M. Weil, D. Gamble, "Community Practice Models," In *Encyclopedia of Social Work*, 19th ed. 1995, pp. 577-594, Washington, DC, National Association of Social Workers.

② M. Ross, *Community Organization*: *Theory*, *Principles and Practice*, New York, Harper and Row, 1967, p. 39.

密的联系；（5）居民意识到参与的重要性，并愿意承担责任；（6）居民对社区有更多的认同和投入。虽然过程目标比任务目标更重要，但是任何一个过程目标的实现都由许多具体的任务目标所组成，两者是相辅相成、互为依托的。

地区发展模式的策略主要集中于推动居民的参与和合作，改良沟通渠道，合理利用社区资源。社区社会工作者在实践过程中面对的案主主要是整个社区、社区团体和组织、社区居民。他们扮演的角色主要是：（1）倡导者。协助居民表达对社区问题的不满，鼓励并协助他们组织起来，建立良好的沟通渠道和人际关系。（2）协调者。主要是协调社区内各个团体和居民个人之间的关系，促进合作。（3）教师。培训并努力提高居民解决问题的能力和技巧，培养居民参与社区事务的热情，共建互助精神。

（二）社会行动

社会行动模式主要聚焦于如何帮助居民取得政治力量和在决策过程中发出自己的声音。社会行动有时也被称作社区行动（community action）①、抗议行动（protest action）② 或者冲突模式（conflict approach）③。罗斯曼和佩恩在关于社会行动的定义中，都强调社会弱势群体的存在以及他们需要被组织起来争取利益和资源的重要性。“社会行动假定有一群处于不利地位的群体，他们需要被组织起来，联合其他人去向整体社会争取资源和民主公正的对待。”④ “社会行动要解决的问题是动员社会上无权无势及政治权力薄弱的群体，帮助他们争取更大的代表性，获得应得的集体利益。”⑤社区行动模式以阶级为基础，经常在地方层次使用冲突与直接的行动，以便与掌权者就单一议题进行协商，并且经常与工会活动结合。⑥

在社会行动的理论视野中，社区社会工作者面对的工作对象就是这些处于社会边缘的人群，他们没有社会资源，没有社会地位，忍受不公正的待遇，得不到社会的关注。社会行动的任务目标就是要改变社区权力和社区资源的不公正分配，帮助弱势群体改善自己的生活状况；过程目标就是要增强弱势群体的参与意识，提高他们解决问题和维护自身权益的能力，进而在社会政策和社区制度层面引发变革。

---

① See R. Bryant, “Community Action,” in *Readings in Community Work*, edited by P. Henderson and D. N. Thomas, London, George Allen and Unwin, 1981, pp. 83-86.

② See D. P. Biklen, *Community Organizing: Theory and Practice*, New Jersey, Prentice-Hall, 1983, p. 5.

③ See J. A. Christenson, J. W. Robinson (eds.), *Community Development in Perspective*, Iowa, Iowa State University Press, 1989, Chapter 5.

④ J. Rothman, “Three Models of Community Organization Practice, Their Mixing and Phasing,” in *Strategies of Community Organization*, edited by F. M. Cox et al., 3rd edition, Illinos, F. E. Peacock, 1979, pp. 25-45.

⑤ R. Bryant, “Community Action,” in *Readings in Community Work*, edited by P. Henderson and D. N. Thomas, London, George Allen and Unwin, 1981, pp. 83-86.

⑥ 参见赖雨阳：《社区工作与社会福利社区化》，25页，台北，洪叶文化事业有限公司，2002。

在社会行动过程中，社区社会工作者往往是一个倡导者（advocate）。他们鼓励居民团结起来，争取本身的权益。社会工作者的角色还包括组织者、教育者和研究者等。在与当权者或者社区强势集团对抗时，社区社会工作者们会扮演一个比较主导的角色，他们站在行动的前沿，与社区精英、居民领袖一起，共同组织、协调居民的行动，宣传行动的目标和策略，鼓励和教育居民一同努力。同时，社区社会工作者也充分理解妥协的重要性，他们一方面带领居民与当权者斗争，另一方面也努力找机会与当权者进行谈判，致力于以最小的代价获取更大的利益。

总的说来，社会行动是比较激进的一种社区工作方式，它主张对抗和斗争，而不是协调、教育和谈判。

（三）社会策划

社会策划是指在采取行动之前的计划工作，它将社区目前存在的问题和将来的发展蓝图结合起来，制定出不同时期的工作重点，并划分出社区发展的不同阶段。社区策划者认为每个社区都有很多问题，这些问题阻碍了社区居民的参与和对社区的认同，影响了社区的发展。因而社区社会工作者的工作目标就是要解决社区存在的问题。在解决问题的过程中，社区社会工作者要注意掌握理性化的原则，也就是说要确立清晰的工作目标和假设，要进行系统而周详的事实考察，要详细分析实施方案并估量其后果，然后选择最佳的工作方案。

在社会策划的过程中，社区社会工作者扮演的是一个高度技术性的专家：他要搜集并分析资料，要执行解决问题的方案，要善于对社区进行分析，要能对社区的问题有清楚的认识，要熟悉社会调查和评估的技巧，要有较好的协调和沟通能力，要能与社区组织和各种社会机构保持良好的关系等。这个模式中的社会工作者是“为社区民众而作”，而不是像其他模式中的“与社区民众同作”[①]。对于社区社会工作者的这一角色，有些学者非常形象地比喻道：“策划者不单是守门员（gatekeeper），负责控制社会资源的分配，也是地图阅读员（map reader），了解工作的环境，还是领航员（navigator），负责指示计划的方向，更重要的还是政治家，在实际工作中需要主动推销建议，动员和游说各方面的支持。”[②]

在社会策划模式看来，社区社会工作者的工作对象就是社区，更具体地说就是社区中存在的问题，如贫困、失业、老年人、犯罪、青少年、教育等。社区社会工作者的工作目标就是针对这些社区问题提出策划，动员实施，逐步解决。在强调理性和科学化的原则之下，社会策划有可能过分依靠专家的意见，而忽视了市民的参与，这是其弱点之一。

（四）融而合之与分期用之

罗斯曼在社区实务理论三大模式的基础上，又提出了“融而合之”（mix-

---

① 参见苏景辉：《社区工作：理论与实践》，40页，台北，巨流图书公司，1997。

② 甘炳光、梁祖彬等编：《社区工作：理论与实践》，183页，香港，香港中文大学出版社，1994。

ing）和“分期用之”（phasing）两个概念。“融而合之”就是指各种实践模式在同一时间或同一情况下可以交替、混合使用。比如，可以先用社会策划的方式对社区进行诊断，发现存在的问题，然后提出解决问题的方案；在工作过程中，可以通过地区发展的方式鼓动社区居民参与；在采用地区发展模式时，也可兼用社会策划去解决遇到的问题。“分期用之”是指在不同的时期运用不同的理论模式去推动工作。比如开始时可以用地区发展模式，而后再采用社会策划模式等。

这两个概念以及三个理论模式的运用，说明社区社会工作是一个综合使用各种模式的过程。根据不同社区存在的不同问题，比如社区居民的构成、社区问题的难易、社区各个团体之间的关系、社区居民参与意识和认同感的强弱、社区发展所处的阶段、政策和制度能否灵活使用等，社区社会工作者应该有能力选择最佳的工作方式，绝对不能教条地使用其中一种，而排斥其他的工作手法和方式。

二、伯顿的二分法——直接干预和非直接干预

直接干预法是指社区机构（或社会服务机构）和它雇用的工作人员直接去界定社区问题、满足社区需要，直接教导社区居民设法解决这些问题，协助他们实现各自不同的期望。也就是说，社区机构和社区工作人员决定着社区的工作目标和工作方法，社区居民只是按照社区社会工作者的要求被动地参与。直接干预法的基本前提是社区社会工作者对社区问题有充分的了解，所提出的工作目标是切合实际的，而且所采用的工作方法是最有效的。直接干预法适用的范围是社区内的年轻人，他们的社会经验不足，对社区事务持冷漠的态度，并且缺乏组织能力等。

非直接干预法是指在社区社会工作者的协助下，社区居民认识和发掘自己的潜能，自主决定事情的缓急，自主解决问题，满足社区需要；他们共同寻找所需要的资源和支持，商讨解决问题的办法。在社区行动的过程中，解决问题的期望、工作的目标以及采取的对策等都由居民自己提出，社区社会工作者只起协助和辅助的作用。他们提供资料、联络其他组织和团体、对方案提出修改的建议等，并不直接干预社区问题的解决。

比较这两个方法可以发现，直接干预法的最大特点是效率高，诊断社区问题、寻求解决问题的方法速度快，但是缺乏民主。非直接干预法的优点是民主合作性强，但是办事效率低，把许多时间花在讨论、协商的过程上。虽然这两种方法是相互对立的，解决问题各有侧重，但很少有社区社会工作者仅采用其中一种。在不同的阶段，所采用的工作方法会有所偏重。通常情况下，二者共用是解决问题的最佳选择，也是社区社会工作者在实践中的必经之路。

三、泰勒和罗伯特的五分法[①]

泰勒和罗伯特及其他一些社会工作专家认为，社区社会工作的理论模式应包括社区发展、程序发展及服务协调、策划、政治行动、社区联络五个方面，这就是著名的五分法。

社区发展理论强调的是“使能”的概念，即帮助个人和社区提高自己解决问题的能力，鼓励社区居民参与、居民自决和居民自助。社区社会工作者的主要任务是帮助建立社区组织、培养社区领袖。

程序发展及服务协调与社会策划很相似，也是要找到社区的需要，然后制定各种方案去满足需要，其工作重点放在各项程序或服务的实际执行上，比如联络社区内的团体和组织、协调各项服务、善用社区资源、提高工作效率等。社区社会工作者的服务对象是组织机构和专业人士，工作手法主要是通过代表会、委员会、工作小组等来展开工作。

策划理论是指借助研究、资料管理和问题分析的技术，制定一套解决社区问题的计划或设计一系列的活动和程序。社区社会工作者要以中立、客观的态度，寻找符合逻辑的、理性的工作方法。策划理论重视社区居民在策划过程中的发言权和作用，因而又称为“互动式的策划”。

政治行动理论假定社会是由不同的利益群体所组成的，每个利益群体都在努力争夺有利于自己的资源，维护自身利益，但是有些小的、弱势的利益群体往往成为失败者和牺牲者。社区社会工作者的任务就是要扮演鼓励者和教导者的角色，与这些弱势群体一起争取其应得的利益。

社区联络由泰勒首先提出。他认为，在为数众多的直接提供社区服务的机构中，工作人员做了大量的社区层面的工作，发挥了一种社区联络的功能，尤其是在老人服务、家庭照顾、青少年服务、康复服务等方面。社区社会工作者的任务主要是促进社会机构和组织之间的关系、发掘社区资源、解决现实问题。他们的工作对象一般是个人、家庭和小组，但是有时也会扩大到整个社区、外在社会环境及政策制度。泰勒的社区联络理论肯定了社区工作在直接服务机构中的重要性，指出社区工作并不是社区工作者的专利，社会工作行政人员、个案工作者和小组工作者都可以使用。

需要指出的是，社会工作者开展社区工作时会遇到一些伦理挑战。一是过程目标与结果目标的冲突。注重社区能力提升的过程目标需要花费更多的时间和精力，可能影响工作计划中结果目标的达成。二是居民个人与社区权利和责任之间的冲突。社会工作者要尊重居民个人自我决定的权利，但是个人的自主有时候会影响社区中其他人的权利。社会工作者需要在这样的社会场景中调节和协调居民关系，促使居民彼此妥协，达成较为一致的意见。

---

① 参见莫邦豪：《社区工作原理和实践》，58～59页，香港，集贤社，1994。

第三节
西方国家社区社会工作实践的历史回顾

西方国家的社会工作实践起源于宗教慈善活动。近代以来，逐步走向专业化。在这一过程中，社区工作作为社会工作的重要方法最终在理论上得到确认。不过，在此之前，社区工作的实践已经有了比较长的历史。

一、中世纪的宗教慈善活动

16 世纪末 17 世纪初，英国的封建社会开始解体，以资本主义生产关系为依托的新兴毛纺工业迅猛发展。资本原始积累的过程使大批农民丧失土地，流入城市。不少人沦为游民、乞丐。与此同时，由于英王室剥夺了大量的教会财产，从原教会土地上被赶走的农民，也纷纷进入了城市。城市的无业者与贫民骤增，社会动荡不安。为了稳定政权统治，当政的伊丽莎白女王先后颁布了一些济贫法案，用于缓解社会矛盾。在这些济贫法案中，以 1601 年的《济贫法》（Poor Law）最为有名。该法案通常被称为《伊丽莎白第四十三号法》。

1601 年的《济贫法》规定：（1）每一教区每月向地主征收济贫税，政府抽税举办社会救济活动。（2）贫民救济由地方分区办理，每一教区设立监察员若干人，中央政府设立监督人员，监督社会救济事务的开展。（3）凡有工作能力的贫民，必须参加工作，以工作换取救济。教区设立贫民习艺所，供男女儿童学习技艺。同时负责给贫民介绍工作，并提供原料、工具等生产资料，强制贫民参加工作。（4）禁止无家可归及无业游民行乞游荡。设立济贫收容救济所，收容无家可归的游民并强制其工作。有家者给予家庭补助，使其仍在家居住；无家者集中收容。（5）人民有救助贫穷家人和亲属的义务，贫民只有在无法得到家人或亲属赡养的情况下，才由公共救济机构即教区给予救济。救济对象仅限于在该教区出生或已居住满三年的贫民。（6）贫民的救济分为三种：一是强迫体力健全的贫民进习艺所工作；二是不能工作的贫民，如患病者、残疾人、老年人、精神病人以及抚育幼小子女的母亲等，进入救济院或给予院外救济；三是无依无靠的儿童，如孤儿、弃婴或因父母贫困无力抚养的儿童，设法由社会上的救助者领养或寄养。与此相配套，英国政府还颁布了其他一些济贫法，如《教区救济贫民税法》（Parish Poor Rate）。一个重要的背景是，当时英国的教区与社区在相当程度上是重叠的。

1601 年《济贫法》以及相关法规的颁行，表明英国开始以立法的形式确认社会救助事业是政府的一项职责。它把传统的由私人或社会团体兴办的慈善救济事业转变成了由政府主持、以专项税收为物质基础、以社区为单位的社会救济事业。它一方面标志着一种新的社会化的保障制度正在产生，另一方面也标志着一种社会福利服务工作方法开始萌芽。

在此之后，英国政府又对《济贫法》作了多次补充和修改，一直沿用了300多年。正由于该法是解决英国工业化初期社会问题的一项重要社会政策和制度，它对后起的工业化国家产生了深远的影响。

二、德国的汉堡制和爱尔伯福制

德国的汉堡制（1788年）与爱尔伯福制（1858年）正是在英国慈善事业影响下产生的两种社会救助和社会服务体制。这两个地方性的社会救助和社会服务体制较英国的济贫制度又有了许多创新和发展，对早期社会工作和社区工作的产生与形成有着相当重要的意义。

（一）汉堡制

汉堡是德国一个富庶的都市。工业革命后，该市因人口众多，居民流动频繁，贫富分化极为严重。市内乞丐和贫民人数众多，常常列队游行、沿街乞讨，成为汉堡市最为严重的社会问题。1772—1773年，德国遭遇饥荒，迫切需要对贫民实施社会救济。各地纷纷想办法筹集资金，先后组织了“公爱协会”、“强迫工作所”等机构，收容乞丐和贫民，但是收效甚微。为了从根本上解决这一问题，汉堡市民于1788年组织了一个民间团体，提出了改良市政管理制度的建议以及贫困救助的行政方案。贫困救助方案的主要内容包括：把全市划分为若干区，每区设监督员一人，并设中心办事处综合管理全市所有贫困救助行政事务，其宗旨在于设法帮助贫民自力更生，为失业者介绍工作，通过劳动的方式获得食品。对于沿街乞讨者不予施舍，贫苦儿童送到工艺学校学习就业技能及文化知识，患病者则送往医院诊治。这种救济制度是一种在全市中心办事处综合管理下的分区助人自助式的救济制度。该制度施行了13年，颇见成效，其中的一些做法后来为许多国家的贫困救济工作者所仿效。

（二）爱尔伯福制

1852年，德国的另一小城市爱尔伯福仿照汉堡制并加以改良，建立了颇具特色的救济制度，后世称之为爱尔伯福制。该制度的主要内容是：把爱尔伯福全市划分为564段，每段约有居民300人，其间贫民不得超过4人；每段设赈济员1人，综合管理全段救济工作；凡贫民求助者首先与赈济员联系，赈济员调查实情后按其需要予以补助，并在两星期后对接收补助者的情况予以追踪调查；为不养成贫民的依赖心理，赈济款必须依照法律所规定的最低标准发放，同时赈济员还必须处理段内有关预防贫穷的工作，如介绍职业、训练与管理游民等；全市每14段为一区，每区设监察员1人，负责领导区内各段赈济员的工作，并向中央委员会汇报。中央委员会是全市的总的赈济机关，全面负责管理市内的各项救济事项，每周定期开会一次。爱尔伯福制行政权力集中，监督严密，有较高的行政效率。各区赈济员负责对赈济工作进行调查、家访，对每一项工作的过程都要作详细记录，而且需要经常召开会议讨论有关问题。这些做法接近于社会个案工作，而按段、区实施社会救助，组织地方人士从事志愿服务等做法，更是一种具有社区工作特征的社会服务。

（三）新汉堡制

1892年，德国汉堡在对原有救济制度加以改革的基础上提出了新汉堡制。其主要内容是，废除以前的分区制度，发给长期的赈济款，并将受救济的人员加以分类。

德国的上述几项救济制度对以后的社会福利和社会救助制度的发展产生了深远影响。在制度实施过程中，社会工作者以社区为依托，综合运用了许多专业的社会工作方法，对贫穷这一社会问题的解决发挥了积极作用。

三、慈善组织会社与睦邻组织运动

（一）慈善组织会社

19世纪中后期，随着英国工业化和城市化的加速，贫富分化、失业率升高等一系列社会问题日益严重，济贫法案已经不能有效地发挥作用。在这种情况下，各种慈善组织纷纷建立。这些慈善组织之间缺乏必要的联系与协调，步骤不一，重复浪费甚至相互冲突现象相当严重。为了协调各慈善组织与救济机构的工作，避免服务的重复与低效。索里（Solly）牧师倡议成立一个理事会，通过它来协调政府与民间各种慈善组织的活动。在他的倡导下，“组织慈善救济暨抑止行乞会社”于1869年在伦敦成立，后易名为“伦敦慈善组织会社”（the London Charity Organization Society），试图结合社区活动及行动，减少救济过程中重复发放以及诈骗等事情。该会社名称中的“组织”表明了目标——对各种救济措施予以组织，而不是创造或者增加新的措施。该会社接受托马斯·查墨斯的理论，认为个人应对其贫穷负责；同时认可公共救济将摧毁贫民的自尊心、进取心与道德观念，容易使他们产生依赖心理的观点，主张贫民应尽量维持自己的生活，特别强调以道德力量的影响来改变贫民的生活方式，鼓励私人慈善会社的建立以及私人对贫民的救济行为。

慈善组织会社开展工作的主要方法是：（1）采用爱尔伯福制，成立一个中央的管理与联系机构，并将伦敦全市划分为若干区，每区成立一个分支机构，每区有志愿者委员会，主持救济分配的具体工作；（2）各区办理区内所有救济机构受理申请救助案件的总登记，另特设问询部，为济贫法监护人、各慈善组织以及个别慈善家搜集有关申请救助者资料提供服务，避免职业乞丐钻空子；（3）各区派工作人员对所有申请人的社会环境，如住房、健康、教育及工资等情况进行调查；(4) 提高救济款物配额，使其能够满足申请人的基本生活需要。

自 1869 年伦敦慈善组织会社成立以后，英国其他城市也纷纷建立了慈善组织会社。美国牧师哥尔亭（S. H. Gurteen）在 1877 年于水牛城成立了美国第一个慈善组织会社。该会社除有效救济贫民外，还力求克服救济机构的经费浪费、工作重复等现象。会社强调对个人或家庭的需要予以调查，以保证所提供的经济救助确实给予了那些"值得救济的贫民"，即最有可能自主自助、维持自己生活的救济申请者。至于那些"不值得救济的贫民"，则应强迫他们在救济院或习艺所内学习和工作，以改变他们的生活方式。

慈善组织会社对社会工作和社区工作的发展做出了很大的贡献。首先，"友善访问员"访问申请救济者，了解其贫困产生的具体原因，因人而异地采用不同的解决方法，这种强调"个别化"的做法，促使社会个案工作迅速产生；同时，社会工作者也立足社区，寻找社区资源，分析社区的问题，社区工作也因此得到发展。其次，他们在促进各救济机构、慈善组织之间协调关系，为解决社区问题采取相互合作步骤的同时，也为社区组织工作的产生和发展奠定了基础。

（二）社区睦邻运动

该运动起源于英国维多利亚女王时代，是 19 世纪 80 年代出现的一场社区改造运动。产业革命和政治革命虽然促进了工业化和城市化，但同时也造成了社会的贫富分化。英国的一些社会科学研究者和社会工作者以及宗教界人士力图对社会问题进行实地研究，提出切合实际的解决方案。他们认为，让受过高等教育的人与贫民共同生活，不但可以使贫富打成一片，实现政治上的平等和民主，而且可以使贫民获得接受教育和享受文化生活的机会。同时，知识分子深入贫民区与贫民共同生活，还可以促进对贫穷问题的深入了解和合理解决。

1884 年，英国伦敦东部圣犹太教区的牧师巴涅特（Samuel A. Barnett）创设了一个名为"汤恩比馆"（Toynbee Hall）的社区睦邻中心。巴涅特是英国牛津大学毕业生，毕业后任东伦敦教区牧师。当时，该区是伦敦最贫困的教区之一。巴涅特发现很多失业者、患病者以及住在污秽拥挤住宅中的人们，生活极其贫苦。巴涅特夫妇经常通过写信的方式，征集牛津、剑桥大学两校的学生前来为该区贫民服务，并邀请他们住在教区内，与贫民共同生活，了解贫民的生活情形。他的好友汤恩比是牛津大学的经济学讲师，也是一位虔诚的基督徒，满怀着一腔自愿为贫民服务的热情，立誓消除贫困以宣扬基督的博爱精神，消除人间的不平等。汤恩比与巴涅特志趣相投，尽心尽力于共同的事业。不幸的是，汤恩比 30 岁时因病去世，巴涅特十分悲痛。为了纪念亡友，1884 年，巴涅特在伦敦东区建立了一个大学社区睦邻服务中心，取名为"汤恩比馆"。这种与贫民共同生活，努力从事经济、生活、文化改革的活动被称为睦邻组织运动，又称为社区睦邻运动。

汤恩比馆等社区睦邻运动中出现的社区睦邻服务机构具有共同的特点：其一，服务中心都设在贫民区，备有宿舍。所有工作人员都住在社区内，与贫民共同生活。他们的共同口号是："工作者与工作对象相亲相爱"。其二，没有既定的工作计划，随时视当地居民实际需要安排工作计划，如办托儿所、合作社、就业训练班等。其三，尽量发动当地社区的人力，培养其自动自发、互助合作的精神，为地方服务。其四，不但使各地服务机构成为当地的服务中心，而且尽量设法向当地居民介绍本国和外国的文化，使其成为当地的文化中心。这些机构还邀请国内外的文化界、教育界人士，定期开展志愿活动，如办演讲会、展览会、音乐会、夜校等。

英国社区睦邻组织所取得的成绩以及所表现出的社区精神，使它很快被欧美国家普遍接受。于是，社区睦邻运动不但成为英国社会改良运动的一种新潮流，而且成为西方各国普遍采用的一种社区改造运动。美国最有名的社区服务中心是1889年由简·亚当斯（Jane Addams）女士在芝加哥创立的"霍尔馆"（Hull House）。简·亚当斯于1861年出生于伊利诺伊州的赛德维拉。她在欧洲游历期间，受到英格兰的汤恩比馆的影响，决定在美国成立类似的组织。简·亚当斯也是国际妇女与儿童运动的领导者，著有《民主与社会伦理》、《霍尔馆的二十年》等著作。霍尔馆不仅为居民解决实际困难，而且还为青少年、老人提供从事教育、艺术、音乐、娱乐文化活动的机会。霍尔馆对芝加哥市民生活的改良做出了很大贡献。美国的社区睦邻运动自此发展迅速，社会影响越来越大。各地的社区睦邻服务机构不仅开展各种社区社会服务，还努力推动各种社会改革。截止到1939年，美国的社区睦邻服务机构已发展到500多个，为不同年龄段的贫困群体提供各种休闲、健康与福利服务，发挥了积极的作用。

社区睦邻运动的特点是：（1）以建立社区服务机构为标志，以知识界人士的广泛、深入参与社区生活，调动并利用各种社会资源服务于社区居民为特色，是社会工作发展初期最有影响力的事件之一。（2）社区睦邻运动是一种全新的社会服务方式。它以整个社区为工作对象，由社会工作者深入社区内部，了解社区居民需要，发现社区资源，发动社区力量，为社区提供服务，尤其注重培养居民的社区参与和互助精神，着力造就社区发展的内在动力。同时将志愿活动与社会工作结合起来，并置于社区工作机构（社区中心）的指导之下。社区睦邻运动为社区工作的专业化发展开辟了方向，是西方早期社区工作发展的一个高峰。

在慈善组织会社和社区睦邻运动的影响下，社区基金会在英美等地纷纷成立。1869年，英国利物浦市成立了社区联合募捐组织，这是一个专门为社区活动募捐的组织。该组织以维持或发展社区工作为目的，定期举办有计划、有组织的联合募捐行动。1913年，美国的克里夫兰市成立了美国第一个现代社区基金会（community chest），依据社区福利需求来计划和编制预算。社区基金会以社区为服务对象，结合社会福利机构，依据社区居民需要，为社区福利、教育与卫生而工作。它定期举办的联合募捐活动，已经成为最为重要的社会福利事业之一。社区基金会也由此成为以专业手法开展社会工作的社区组织之一。[①] 到1950

① 参见李增禄主编：《社会工作概论》，3版，181页，台北，巨流图书公司，2002。

年，全美就有超过 1 400 个类似的组织。

慈善组织会社和社区睦邻运动同时还促使许多社区组织工作机构的产生，如社区福利委员会（community welfare council）、社会服务交换所（social service exchange）、社会机构会议（council of social agencies）、社区福利中心（community chest）等。其中，社区福利委员会是在一个社区内，由社会福利有关机构与社区社团联合组成的组织，其主要目的是进行社区福利机构间的协调，以及社区福利计划及实务行动的协调。

四、工业革命与社会安全立法对社区工作的推动

资本主义工业化是造成许多社会问题的原因，如贫富分化、犯罪率升高等。为了从根本上解决这些社会问题，各国政府逐渐放弃了从局部入手进行改良和补救的方法，而是致力于采用更加全面、更加彻底的形式。德国、英国纷纷建立了社会福利和社会保障体制，从而为现代性的社会工作奠定了制度基础。

（一）德国的社会安全制度

德国是最早建立社会安全制度的国家。面对产业革命后的种种问题，德国首相俾斯麦改变了用暴力镇压工人的方式，转而采用比较温和的手段。1883 年，俾斯麦政府通过立法强制推行疾病保险，1884 年推行工伤事故保险，1889 年又推行老年与残障社会保险。这些保险的特点就是利用法律法规的形式来强制推行和执行，采取的是风险共担的保险原则，将工人、工厂主和政府的财力结合起来，当劳工遇到疾病、伤害、老残、死亡时，支付保险供给。社会安全制度的制定和实施，从根本上改善了工人的生活状况，解决了工人的后顾之忧，社会矛盾逐步弱化，社会趋于稳定。

（二）英国的社会安全制度

英国社会安全制度的建立离不开韦伯夫妇和贝弗里奇的贡献。韦伯夫妇 1909 年提出报告，主张社会福利与个人责任并重，以及强制的原则。他们构建了一个“预防的框架”，认为积极预防比消极预防更重要。他们以渐进改革的方法实践社会主义理想的政治理论，成为英国工党制定政策的指导原则，而且对福利国家思想的形成也有重要影响。1911 年，英国通过了《国民保险法》，1925 年通过了《寡妇、孤儿及老年人补助年金法案》，1934 年通过了《失业法案》，这些法案扩大并加强了社会保险的项目和内容。1942 年牛津大学教授贝弗里奇发表了题为《社会保险及有关服务》的报告，强调了社会保险的四项主要原则：（1）普遍性原则。所有国民均应被列为社会保险对象，不论贫富贵贱，均应按照统一的费率缴纳保险金，按照统一的标准发放补贴或领取救济。（2）分类保险原则。主要谋生能力丧失的危险（疾病、失业、意外伤害、老年、守寡、产妇），都包括在一个单独保险中。（3）最低标准原则。意指发放的救济或者津贴应当能

够维持正常生活，享受救济以实际需要为准。(4) 保费共担原则。即保费应由雇主、受雇者和政府一起分担。该报告同时主张国家应办理各种有关人民生活与社会福利设施的社会安全计划，使每一位国民从出生到死亡，在平时或遇到灾害时，都能有基本的生活保障。这就是“从摇篮到坟墓”的福利国家模式。1948年，在国民保险、工业灾害保险、国民健康服务、儿童家庭补助以及国民扶助等法案生效后，英国就成为一个完备实施现代全国性社会保障制度的“福利国家”。

(三) 美国社会保障制度

1929 年美国纽约股票交易所破产引起经济大恐慌之后，美国失业人数日益增加，政府的救济负担日益沉重。当时的总统胡佛仍然认为紧急救济应该属于州政府的职责，用社会志愿捐款支付，国家不能承担责任。1933 年罗斯福就任总统后，开始推行“新政”，着力于建立联邦救助的各项措施，为美国社会安全制度的发展开辟了新的途径。1933 年 12 月，美国颁布《联邦紧急救济法案》，同时为了执行紧急救济，先后成立了联邦紧急救助总署、工程设计署、公共工程署以及全国青年署等紧急救济行政机关。此举改变了美国救济事业应该由地方政府办理的传统观念，普遍认为社会救济与社会福利事业应该以全国公民为对象，由联邦政府来负责全国的社会福利。1935 年，美国总统签署了历史上有名的《社会安全法案》。该法案确保美国的社会安全有了永久性的立法与制度，建立了划时代的社会安全制度。其主要内容包括：(1) 社会保险方案，包括老年保险制度和失业补偿制度；(2) 公共分类救助方案，救助对象包括老年人、贫苦盲人和孤儿；(3) 卫生及福利服务方案，包括妇幼卫生服务、残疾儿童服务、儿童福利服务、职业重建以及公共卫生服务等。

德、英、美等国社会安全制度的建立，表明现代社会日益重视维护民众福利。由于政府承担起对民众的救助责任，公共服务领域迅速扩张，社会工作在公共服务领域也得到了较快的发展，社会工作机制得到了相应的改善。主要表现在：(1) 社会工作者分析问题的角度开始发生变化。以往社会工作者多把贫困归咎于个人的懒惰、道德上的缺陷以及心理压力等因素，但是在经济危机中，几乎每个人都受到了冲击，案主个体的遭遇反映出的是社会性的普遍问题，这一现象促使社会工作者们学会从社会制度的角度来分析社会贫困和社会冲突的成因。(2) 社会工作行政作为社会工作的一种方法引起人们的广泛关注。社会安全制度的建立和完善为社会工作和社区工作提供了发展的空间和条件。

五、福利国家思想与社区工作的发展

“福利国家”一词最早出现于 20 世纪初期英国的费边社，是社会主义派别之一，主张以温和的手段进行社会改良。他们认为，为了达到社会公平的目的，政府应当担负起在市场经济条件下个人与家庭所不能承担的责任。建立“福利国家”是他们的理想。为此，他们主张社会成员之间应当有相互合作的精神，强调社会成员民主参与社会生活，参与和分享社会福利是每一个社会成员的权利等。

参与社会生活、分享社会福利的具体步骤，最终都落到社区这个层面上。社区社会工作正是在这样的社会背景下，直接面对居民，探讨解决各种问题，传输和落实社会福利政策，鼓励居民参与社区发展的各种活动。从一定意义上说，社区社会工作在落实福利国家思想上正发挥着越来越重要的作用。

第四节 专业社区社会工作的发展

社会工作的专业化是以个案工作的专业化为开端的。但是随着社会工作的发展，特别是在慈善组织会社阶段、社区睦邻运动阶段，以及后来的社会安全制度阶段，个案社会工作实际上是与社区社会工作、团体社会工作糅合在一起进行的。社会工作者们在社区访贫问苦、开展贫困救助时，要以个人或家庭为案主，调查分析情况，整合各种资源，提供解决方案，并致力于整个社区的发展，这种工作方式事实上就是典型的社区社会工作手法。因此，从这个意义上说，专业社区社会工作的产生、发展与专业社会工作的产生、发展是一致的。

一、专业社会工作的产生和发展

(一) 专业社会工作产生的历史原因和早期发展

对社会工作发展历程的分析表明，各个国家社会工作的发展道路是不同的。在政治、经济、社会与文化背景不同的情况下，社会工作的内涵和功能的界定也有很大的差异。有的将社会工作看作是“一种助人的慈善事业”，有的认为是“公私机构协助不幸者解决困难的各种有组织的活动”，有的看作是“一种由社工专业人员协助当事人发挥潜能，改善生活的专业服务”；但是认为社会工作由消极的慈善机构及私人承担社会救助和扶助贫困，转向由政府通过制定社会福利政策承担保障责任的趋势是相同的。与此同时，社会工作人员也从原来的出于宗教教义的、热心公益事业的志愿者转为经过专业培训的、受薪的专职社会工作者。

专业社会工作的产生与19世纪末20世纪初西方资本主义国家工业化的历史背景密切相关。西方国家在工业化的过程中，面对的不仅是贫穷问题，还有许多复杂的社会问题。比如，因为工业化的发展，传统农业和手工业受到严重冲击，出现了低度就业和大范围的失业现象。伴随着工业化进行的城市化，也对农村社会的瓦解和社会组织的解体产生了重大影响，许多人丧失安全感，背井离乡，成为社会流民，城市的社会生活和社会安全因而受到前所未有的冲击。就城市社会而言，“各种各样的发展冲击着家庭领域，缩小了它的活动范围和功能，造成了代际的紧张和疏远，其影响之大是史无前例的”①。犯罪、流浪、乞讨、贫富不均等社会问题层出不穷，亟须得到解决。面对这些问题，个人的、单纯的慈善组织的救助行为显得力不从心，于是专业社会工作呼之欲出。

以美国为例，社会工作的专业化就是由非专业阶段逐步发展而来的。19 世纪中叶，美国的社会工作以私人或宗教团体的慈善事业或救济工作为主，这些救助活动是暂时的、局部的、没有多少理论根据的。热心公益的工作人员大多是出于慈善心的、没有受过专业训练的中产阶级妇女。她们从事这一活动的初衷大都是因为宗教信仰的关系。因而，这一阶段的救助活动是非专业化的。随着社会问题的大量涌现，到了 19 世纪末期，人们认识到社会救济的方法和质量应该得到改善和提高，从而开始从理论高度思考社会工作，并对实践中的社会工作方法及经验进行了总结。由此，美国的社会工作开始步入初步的专业化阶段。

受薪的行业性工作和完全的志愿性工作，是社会工作专业化的一个结果。根据莫拉莱斯和谢弗（Morales and Sheafor）在《社会工作：一门多副面孔的专业》一书中的介绍，第一个受薪社会工作岗位出现在美国环境卫生委员会紧急救助署。但是社会工作真正发展为一个行业则是在马萨诸塞州慈善委员会成立之后。促成社会工作由志愿性服务向行业性工作转变的因素主要有三个方面：一是社会工作在开展工作时，需要分析和确认造成社会问题的原因——是道德堕落？物质匮乏？疾病？还是不公正的法律？对原因的正确分析催生了对专业人员和专门知识的需求。二是实践证明，受薪社会工作者是可以被社会接受的。1877 年布法罗市开始用受过专业训练的工作人员代替“友善访问员”，以建立与案主的稳定联系，效果不错。三是受过专业训练的社会工作者比较容易赢得社会公信力。1886 年社区睦邻运动在美国兴起后，布雷姆纳总结了社区睦邻运动的影响，认为在与穷人友好的接触中，睦邻工作者不仅需要知识，还需要充分理解城镇中普通大众的日常生活和遭受的痛苦。② 而这样的素质只有经过专业学习和训练的社会工作者才具备。1898 年，美国纽约慈善学院在纽约成立，开始训练带薪的、有专门化性质的“友善访问员”。1905 年，美国麻省民众医院的卡伯特（R. C. Cabot）医师牵头组建了该院的社会工作部，从而使社会工作专业化走向具体化。

正是由于专业社会工作满足了巨大的社会需求，才使得社会工作逐渐与志愿性的社会救助活动区别开来。社会工作者依靠的不仅是慈善心，而且是对社会问题的冷静和全面的分析；不是停留在表面的、物质的救助，而是深入了解问题的各个方面，寻求资源，协调关系，解决个人、家庭和社区的困难，显示出专业救助的特点和长处。但是在认定社会工作是不是一个专业，如何培训和教育社会工

---

① ［以色列］S. N. 艾森斯塔德：《现代化：抗拒与变迁》，23～24 页，北京，中国人民大学出版社，1988。

② See Morales and Sheafor, *Social Work—A Profession of Many Faces*, Allyn and Bacon, 1998, pp. 37-39. 转引自王思斌：《社会工作导论》，37 页，北京，北京大学出版社，1998。

作者方面，20 世纪初期的学术界显然意见并不统一。1915 年，弗莱克斯纳（Flexner）在美国全国慈善与矫治委员会会议上提出了“社会工作是一个专业吗?”的问题，同时他还提出了确认其专业性的六条标准：（1）伴随个人责任的智慧性操作；（2）通过科学与学习获得专业素材；（3）这些素材比较实用而且清晰明了；（4）拥有可教育的沟通技巧；（5）朝向自我组织；（6）逐渐形成动机上的利他性。他认为，依照这些标准，由于还没有系统的科学知识作基础，社会工作还不能成为一个专业。但是，他呼吁“继续前进，把它建设成为一个专业”。在此后的若干年中，社会工作者们一直在为此努力，而且更加注重社会工作理论的发展。

美国学者玛丽·E·芮奇蒙德（Mary E. Richmond）对社会工作的专业化产生了深远的影响。1917 年，她出版了《社会诊断》一书。该书可以说是社会工作专业化的奠基之作。她在书中提出了界定社会工作的基本原则，并认为社会工作可以发展为自成体系的专业。此后，她又出版了《什么是个案社会工作》一书。在该书出版后，个案社会工作作为一种专业的工作方法开始被社会工作者普遍接受。芮奇蒙德的这两部著作既是社会工作理论的早期名著，也是社会工作专业化的里程碑。

在 20 世纪初，一些私立学校还开设了专门的社会工作课程，试图通过社会工作的正规教育，从理论上进行总结和探索，为这种“助人的艺术”找到科学的依据。1910 年，哥伦比亚大学、芝加哥大学首先开设了与社会工作有关的课程；1912 年波士顿社会工作学院开设医疗社会工作课程。不久，纽约社会工作学院和费城社会工作学院相继开设了医疗社会工作的课程，1932 年又颁布了社会工作教育的最低限度课程。到 1929 年，美国已经有 23 家正规的社会工作学院。这个时期，各个大学在社会工作教育上的重点和方向彼此不同，比如芝加哥大学注重社会服务与行政，哥伦比亚大学注重行为方法，更多地采用心理学、社会学和人类学方面的理论等。处于早期发展阶段的专业社会工作在实践中还深受弗洛伊德精神分析理论的影响，形成了功能派的个案社会工作。功能派社会工作注重心理分析，多将案主问题的成因看成是精神冲突、生活不幸、压力过大，重视医疗救助的模式。由此，伴随着社会工作的专业化，社会工作的内容也不仅仅局限在救济贫穷上，而是有了更多的发展方向。

（二）专业社会工作的高度发展

进入 20 世纪 30 年代后，受世界经济普遍不景气、各国失业人口激增、犯罪率提高的影响，社会问题累积得越来越多。在美国，高度的工业化、都市化、个人化和科学技术的突飞猛进，使得传统的宗教信仰和家庭观念受到严峻挑战。青少年堕落、吸毒、犯罪、酗酒、自杀等社会问题泛滥成灾。性解放、女权运动、黑人维权运动等，都严重冲击着原有的社会结构。一直被认为是社会工作基本方法的个案社会工作和团体社会工作已经穷于应付。于是，社区社会工作在这个时期得到了前所未有的重视和发展。同时在政府责任上更强调社会福利政策的调整。社会工作的专业化更趋精细，但在工作方法上则更加注重整体性和综合性，特别是以问题为中心，将三种方法综合起来，灵活运用。一方面是政府开始提供救助资金，各级公立机构与私立的慈善机构一起加入到社会救济救助的行列中来；另一方面，在各类学校中专门培训的专业社会工作者也有了用武之地，而且供不应求。

社会需求进一步刺激了社会工作的教育和培训。人们根据实践经验和社会需求的改变，对社会工作的知识结构进行了调整，确定了社会福利行政、个案社会工作、团体社会工作、社区组织、社会研究、医疗知识、精神病学和公共福利等几个重点。到了 20 世纪五六十年代，霍利斯-泰勒（Hollis-Toylor）发表报告，把社会工作教育看作是一个连续体，倡导社会工作要从大学教育延续到研究生教育。受其影响，美国的公立大学纷纷开始设立社会工作专业，成立社会工作学院，开办两年制社会工作硕士班、四年制本科班、研究院博士班等，对学生进行程度不同的专业训练。此外，在专科学校学习社会工作的学生还可以获得社会工作的准学士学位。教育和培训的普及使得越来越多的专业社会工作者走进不同的服务领域，开始与社会上的医生、护士、律师、会计师一样逐步拥有了自己的地位，受到了社会的尊重。社会工作者的工作制度也相应得到了完善。概括起来，这个时期社会工作教育的特点是："许多大学研究所的社会工作课程，已经从以前的以'补救与治疗'为重点改变为以'预防与发展'为重点，并将社会工作教育从'技术训练'的层次提升到'理论研究'的层面；而在欧洲，如英国、荷兰、瑞典等国，也对社会工作教育极为重视。"①

标志着社会工作进入高度专业化阶段的另一个例证，是社会工作教育及实务组织和机构的成立。1898 年哥伦比亚大学的纽约慈善组织会社提供的暑期训练课程开启了社会工作者的专业训练。这个课程于 1904 年在哥伦比亚的纽约慈善学院发展为一年的课程方案，其他社会工作学院也相继跟进。1921 年成立的美国社会工作者协会是第一个社会工作专业组织。1926 年成立的美国精神病理社会工作协会，1936 年成立的美国团体工作协会，1946 年成立的美国社区组织研究协会、美国社会工作教育委员会，1949 年成立的社会工作研究小组都是其中规模较大、影响较广的组织。1955 年成立的美国全国社会工作者协会，将原来的 7 个较为专门的社会工作社团合并，逐步发展为美国最大的社会工作者组织。

（三）专业社会工作理论的发展

社会工作专业理论的发展可以追溯到 20 世纪初。在社会工作实践越来越广泛的背景下，社会工作者们也开始对指导社会工作的理论以及社会工作实践中的经验进行探讨和总结。随着一些综合性大学社会工作系（专业）的设立，社会工作的教育培训和理论研究也逐步发展起来。

1915 年弗莱克斯纳提出的一门专业所应具备的六项条件，为社会工作者们

---

① 徐震、林万亿：《当代社会工作》，62 页，台北，五南图书出版公司，1984。

进行理论建设的努力指明了方向。1917 年，芮奇蒙德的《社会诊断》以及后来的《什么是个案社会工作》标志着社会工作理论研究的最初成果。在专业社会工作组织成立的同时，《社会工作年刊》（*The Social Work Year Book*）等专业刊物的创办也为社会工作者提供了一个总结实践经验和进行理论研讨的平台。

1947 年，林德曼（Linderman）出版了《社会工作在迷蒙中成长》（*Social Work Matures In a Confuse World*）一书。该书界定了社会工作作为一门专业所应具备的条件。它同时指出："当社会工作能从许多源泉中吸收知识和方法而不失去自己的独立地位时，当它能使自己适应不同的管理和控制而不失去其完整性时……它就可以说正走向成熟。"①

1951 年，霍利斯-泰勒撰写的研究报告指出，社会工作应该注重大学教育的连续性，他的倡导对社会工作教育产生了积极影响。

1957 年，E. 格林伍德（E. Greenwood）提出任何专业都必须具备以下五方面的条件：（1）一套理论体系（a body of theory）；（2）专业的权威（professional authority）；（3）共同信守的伦理守则（code of ethics）；（4）社会或社区的认可（sanction of the community）；（5）专业的文化（professional culture）。根据这五点来衡量，格林伍德认为当时的社会工作已经初步具备了一些专业的素质，但是还不够完备。

20 世纪 50 年代末期，贝穆（Boehm）完成了 14 卷本的社会工作课程研究，他提出的一些重要思想对社会工作的专业理论意义重大。如社会工作是一个连续的整体，学院要在各部分课程之间建立某种联系；社会工作的概念要建立在社会功能的概念之上；社会工作的目标就是提高个人或社会的能力；社会工作理论应该以自然科学和社会科学理论为基础等。这些思想后来被社会工作教育委员会采纳。

综合世界各国社会工作专业化的发展道路，可以归纳为以下几点：（1）从非专业向专业发展；（2）从无理论向有理论发展；（3）从消极的救助救济向积极的福利保障发展；（4）由地方性工作向全国性工作发展；（5）由事后的补救、治疗向事先的预防发展；（6）由少数人参与向大众普遍参与发展；（7）由少数人的救济向全体大众的福利发展；（8）由以传统个案工作为主向整体性、综合性的福利行政、立法、制度方向发展；（9）从描述性的访问调查向数量化的实证研究分析发展；（10）从不计成本向讲究方案的评估以及成本效益的分析发展。②

二、专业社区社会工作的发展

西方社区社会工作的产生与早期慈善性社会工作的产生紧密相连。比如在早期西方社会福利救助制度发端时，虽然还没有"社区工作"这个概念，但大量的

① 转引自孙利亚：《社会工作导论》，6 页，北京，中国财政经济出版社，1999。

② 参见李增禄主编：《社会工作概论》，3 版，29 页，台北，巨流图书公司，2004。

社会救助工作实际上都是通过社区（教区）来实施的。而这些社会救助工作是西方专业社会工作的主要源头，因此可以认为早期的社会工作很大程度上是一种社区型社会工作。

关于西方社区工作发展的历史，英美很多学者进行过总结。比较早的有美国学者邓罕姆（A. Dunham，1970）和英国的巴多克。邓罕姆在其《新社区组织》一书中对美国社区工作的历史进行了详细的考察。他认为社区社会工作的发展大体可划分为四个阶段：第一阶段是从 1870 年到 1917 年的慈善组织时期。当时在欧美普遍建立了慈善组织会社和社区睦邻服务中心。它们以都市内的邻里区域为服务对象，用协调合作的方法将各慈善团体与救济机构组织起来共同解决社区问题，同时在工作中特别强调"个别化"的原则，即针对个人及家庭的不同需要与问题，提供不同的服务。这些活动推动了社会福利机构的发展，为社区组织工作的形成奠定了基础。第二阶段是从 1917 年到 1935 年美国社区基金会、社区委员会及联合会成立时期。第一次世界大战后，战时成立的"战事基金会"成为各地"社区联合募捐组织"的基础。与此同时，应各团体机构之间协调关系的需要，社区联合会也相继建立。它们都以社区为单位，定期举行有计划、有组织的联合募捐，并设计彼此相互配合的发展计划，促进整个社区的福利进步。这些活动不仅为社会工作志愿者提供了充足的经费来源，而且促进了全国性社区组织的建立。第三阶段是从 1935 年到 1955 年的社区组织与社会福利时期。受 1929 年经济危机影响，美国政府开始积极介入社会福利领域，从而推动社会福利责任由志愿团体向政府转向。政府在推进公共福利计划时大量引进了社区组织的原则和工作方法。这在一定程度上促进了社区组织的发展。1939 年，随着兰尼报告的倡导，社区组织被确认为社会工作的三大方法之一。1946 年，社区组织研究协会成立。1939 年至 1945 年间，美国社会工作学院协会中的社区组织委员会也对社区组织课程的理念、内容及方法等提出了建议，推动了专业社区社会工作教育的发展。第四阶段是从 1955 年至今的专业发展及社区发展时期。50 多年来，社会工作者和其他社会组织、计划与方案制订的工作人员开始更明确地视自己为"专业工作者"，他们试图运用既有理论，通过社区实务活动，影响政府决策和社会政策。社区社会工作的影响越来越大。

英国学者巴多克在他的《社区工作与社会工作》一书中将英国社区工作的发展分为四个阶段：第一阶段从 1880 年到 1920 年，在这一阶段，社区工作仅仅是社会工作的一个方面；第二阶段从 1920 年到 1950 年，在这一阶段，社区工作在技巧和关注的问题方面与传统社会工作产生了一定程度的分离，地方和中央政府在都市发展中开始应用社区工作理论，最明显的例子是社区联合运动；第三阶段从 20 世纪 60 年代到 70 年代初，通过对"邻舍/社区理念"的运用，社区工作者获得职业身份；第四阶段从 20 世纪 70 年代至今，社区社会工作者数量激增，他们大量介入社区事务，并对第三阶段发展起来的非直接干预方法、共识战略和职业主义等概念提出质疑。

从一定意义上说，社会工作专业化的过程既是三大方法各自独立发展的过程，也是逐渐融合的过程。专业社会工作者在解决社会问题时，往往需要共同使用个案、团体和社区这三种方法，而不是教条地强调其中的一种。社区工作专业化适应了社会发展的需要，社会救助思想的改变、政府福利政策的完善、社区各类组织的增多等，都使社区逐步成为促进经济发展、维护社会稳定的重要平台。

【本章要点】

社会工作是一项高度专业化的活动，不仅需要社会工作者个人的经验和领悟，也需要系统理论的指导。西方社会工作理论的总结和系统化经历了一个漫长的过程，在从相关的社会学和心理学获得理论支持的同时，逐渐在实践过程中体现社会工作的专业性。

社区工作的理论分为宏观的实践理论和微观的实务理论两种。实践理论又称为“场景理论”，帮助社区社会工作者了解整个社会和社区发展，主要包括社会分析理论、意识形态理论和社区发展理论。实务理论来自社区社会工作者的实践经验，侧重工作技巧、介入手法和相关原则，罗斯曼的三分法和伯顿的二分法是相当流行的理论。

西方国家社区工作的实践发端于中世纪的宗教慈善活动，经过慈善组织会社与社区睦邻运动，逐渐确立了专业的发展方向，成立社区组织。工业革命和社会安全立法对社区工作正式成为社会工作的三大方法之一起了积极的推动作用。

【关键概念】

社区社会工作的实践理论　社区社会工作的实务理论　罗斯曼的社区工作三大模式

复习思考题

1. 如何评价理论在社区社会工作中的作用？
2. 西方社会工作理论经历了哪些发展阶段？
3. 试述罗斯曼的社区实践三大模式。
4. 简述本章所涉及的社区社会工作的实践理论和实务理论。

推荐阅读书目

1. 王思斌. 中国社会工作的经验与发展//发展·探索·本土化：华人社区社会工作教育发展研讨会论文集. 北京：中国和平出版社，1996.

2. ［美］大卫·豪. 社会工作理论导论. 汉茨：阿什盖特出版公司，1992.

3. ［美］M. 佩恩. 现代社会工作理论：一个批判性的导论. 伦敦：麦克米兰出版公司，1991.

第三章

我国社区社会工作的发展历程

社区社会工作是近代工业社会的产物，其目的在于解决城市化、工业化进程中出现的失业、犯罪、贫穷等社会问题，提升社区生活质量。我国没有经过工业革命，城市化进程相对缓慢，社区社会工作的发展很不充分。但从另一个角度看，我国古代社会的社会福利和社会救济思想又是非常丰富的，由此衍生的社会救助和社会救济实践却符合了社会工作的基本理念，而且这些社会福利活动的开展大都以村庄社区或者城市某一区域为单元进行，因此可以视为我国社区社会工作的起源。到了近代，一些有良知的知识分子在传播社会学和社会工作知识的同时，也身体力行，对社区社会工作实践进行了许多有益的探索。本章拟对我国社区社会工作的发展历程做一个简单的回顾和归纳。

第一节 我国古代社会救济思想和社会救助实践

一、古代社会救济思想

在卷帙浩繁的历史典籍中，《周礼·司徒》和《礼记·礼运·大同》是早期反映古代社会救济思想的代表作品。《礼记·礼运·大同》主要记述了孔子的社会福利主张："大道之行也，天下为公，选贤与能，讲信修睦。故人不独亲其亲，不独子其子，使老有所终，壮有所用，幼有所长，鳏寡孤独废疾者皆有所养。男有分，女有归。货恶其弃于地也，不必藏于己。力恶其不出于身也，不必为己。是故谋闭而不兴，盗窃乱贼而不作。故外户而不闭，是谓大同。"大同思想所描述的理想社会成为历代人们经世致用追寻的最终目标，人们渴望建立一个人与人能和谐共处、互助互济、平和宁静的社会。在这个社会里，个人的生存能得到保障，个人的发展能得到维护。大同思想蕴涵的社会保障和社会救济思想涉及儿童福利（幼有所长）、老人照顾（老有所终）、残疾人福利（鳏寡孤独废疾者皆有所养）等，代表了我国古代社会福利思想的主要内容。

孟子提出："人饥己饥，人溺己溺。""出入相友，守望相助，疾病相扶持，则百姓亲睦。"（《孟子·滕文公上》）孟子在继承孔子社会福利思想的基础上，提出了"仁政"的政治主张，强调以德服人。所谓"仁政"，实际上就是强调政府要对社会贫困阶层给予充分的关照，使他们也能享受到社会进步的成果。墨子主张"兼相爱，交相利"，提倡"天下之人皆相爱，强不执弱，众不劫寡，富不侮贫，贵不傲贱，诈不欺愚"（《墨子· 兼爱中》）。墨子通过对现实的批判勾勒出自己心目中理想社会的蓝图：一个"和平、非攻"、"兼相爱"的平和康乐的社会。道家主张"无为而治"，主张政府不要干预，宁愿以天地为总，听其自然。这些古代思想家们提出的丰富而多彩的社会福利和社会救济思想，成为我国社会工作发展最初的思想资源。

二、古代社会救助制度及其实践

总的说来，我国古代的社会救助制度属于一种官民结合的社会福利体制。在传统农业社会，人们从事农耕，自给自足，生活规律，久居不迁，因地缘和血缘关系形成了较为巩固的区域联系。以此为基础，人们自发地形成了各具特色的社会救助体系和社会救济组织，以抵御日常生活中出现的天灾人祸。以政府为依托的社会救助制度始自周代，之后不断完善，机构也不断膨胀，形成了从中央到地方相对齐全的政府职能设置。特别是发生大范围的贫穷、饥荒、灾害时，政府的社会救助机构能够很好地发挥救助功能，用于维持社会稳定，维护封建社会统治。

(一) 民间社会救济和社会救助的特点

民间社会救济和社会救助具有强烈的自发性特征，它主要有如下几种形式：

一是家族。在传统的、生产力水平低下的农耕社会，家庭是最基本的生产和生活单位，人们在日常生产生活中，为了提高生产力，获取充分的食物，有血缘关系的家庭或家族很自然地联系起来，共同从事农业生产，并进行合理的社会分工；同时也能互助互济，共同抵御因为自然灾害或疾病带来的困境。

二是同乡。在血缘关系无法顾及的情况下，人们因为同处一地，朝夕相处，形成了浓厚的乡土观念，同乡、同村之间结成的地域关系成为提供生活安全保障的另一道安全网。

三是行会。行会是中国传统社会特有的一种民间组织，指有共同利益的人以行业为纽带结合起来，“在维护同行的经济利益、调节商业纠纷、订立行规、训练学徒、介绍熟人、寻求职业等方面，提供了经济照顾和服务，很大程度上免除了人们的后顾之忧”[①]。

四是宗教。宗教是另一种不可忽视的民间社会救助力量。在中国民间，佛教和道教都有很强的影响力。佛教的济世度人、乐善好施，道教的积功累德、安己利人等宗教道义在调节人与人和谐相处、教导教徒帮助他人、救济贫民等方面发挥着重要的作用。比如唐朝武则天长安年间（701—704）设置的“悲田院”、“养病坊”等，主要收容孤儿、老人、穷人和生病的人，经费由官府出，而管理则由寺院的僧尼来负责。

(二) 政府的社会救助制度

1. 保息六政

据《周礼》记载，大司徒以保息六养万民，这就是慈幼、养老、赈穷、恤贫、宽疾、安富，即儿童福利、赡养老人、社会救助、医疗保健、社会安全等，

① 周沛：《社区社会工作》，118页，北京，社会科学文献出版社，2002。

可以说基本上涵盖了现代社会工作的主要内容。周代还以本俗六安万民，一曰微宫室，二曰祖坟墓，三曰联兄弟，四曰联师儒，五曰联朋友，六曰同衣服。也就是说，住宅建设和精神伦理建设要并重。福利的真义应该是物质与精神兼有，整体与个体兼顾，政府与民众并举。为使民众能够生得其所、活得愉快、死得安全，不仅要慈幼、养老，而且要赈穷、恤贫、宽疾、安富来配合，此外还需要本俗来呼应。[①]

2. 九惠之教

《管子》一书中写道："入国四旬，五行九惠之教，一曰老老，二曰慈幼，三曰恤孤，四曰养疾，五曰合独，六曰问疾，七曰通穷，八曰赈困，九曰接绝。"这些内容类似于现在各国实施的老人福利、儿童福利、社会救助、医疗服务、婚姻咨询、健康服务、创业服务和就业服务。

3. 社仓乡约

常平仓就是通过储存粮食的方式调节粮食价格，各地都修建常平仓，储备粮食以备荒年之用。义仓就是把政府征粮或是由富户义捐的粮食储存在仓库里，由官府派人管理，荒年或是青黄不接时，出仓以赈济灾民。社仓是由人民自行组织，或是由政府督导人民办理的，类似一种农贷合作组织的救济设施，由当地群众捐集粮食，或是由政府贷给粮食，在各乡设仓储存，在灾荒之年救济百姓。

乡约，就是住在邻近地区的人共同遵守的规约，大约起始于北宋的"吕氏乡约"。该乡约由宋代蓝田吕大钧及其兄弟、邻里亲友以书面的形式约定而发起，内容分为德业相励、过失相规、礼俗相交和患难相恤四大项，后经朱熹倡导而推至全国。"由于乡里民众自订规章，作政府律令之辅助，而有入约者彼此信守，虽无民主之名，但已有民主之实。'吕氏乡约'其纲止于四条，而人生善恶功过，可法可戒之事已尽在其中，见之今日，用作社区研拟公约之依据，仍有可采之处。"[②]

从以上的介绍可以了解到，我国救助思想内容丰富，救助范围非常宽泛，在制度设计上也有适度的安排。这些救助思想与西方社会工作起源初期的思想有共同之处，在西方社会工作理念和实践传入中国的过程中提供了良好的文化与思想基础。

第二节 我国近现代社区社会工作的发展

一、新中国成立前的社区社会工作

20世纪二三十年代，我国社会事业发展史上影响最大的事件莫过于乡村建

① 参见王思斌：《社会工作导论》，46页，北京，北京大学出版社，1998。

② 徐震、林万亿：《当代社会工作》，69页，台北，五南图书出版公司，1984。

设运动。乡村建设运动是在20世纪初中国农村经济日益走向衰落的时代背景下，以乡村教育为起点，以复兴乡村社会为宗旨，由知识精英推进的一场乡村社会改造运动。在这一运动中，由不同的理论流派组织进行的“乡村建设”试验活动，对乡村社会的政治、经济和文化的发展起到了一定的促进作用。据不完全统计，运动共有600多个团体参加。其中比较著名的有晏阳初的定县平民教育试验区、陶行知的南京晓庄试验乡村师范学校和江苏宝山师范学校、梁漱溟等人创立的河南村治学院和山东邹平乡村建设研究院等。这些由社会学者推动的运动都是力图通过改造乡村社区促进社会变迁，“可以看作是我国现代社区发展和社区服务事业的一个开端，并取得了一定的成绩，对专业社会工作的发展也有一定的贡献”①。

（一）晏阳初的定县平民教育运动

晏阳初，1890年出生于四川省巴中县的一个书香门第，从小受儒家文化的熏陶。后来到基督教会创办的西学堂接受新学，并接触到基督教文化，接受了洗礼。1916年远涉重洋，考入美国耶鲁大学，研习政治学。

1918年夏，刚从耶鲁大学毕业的晏阳初，投笔从戎，只身搭乘美国军舰来到法国布朗（Bologue）。在有5 000名华工的美军华工营中，开始了为华工服务的工作。他在华工营中试办识字班，效果非常好。随后晏阳初将这一形式在英法美各国的华工营中推广。他创办的《华工周报》成为中国报刊史上最早的一份工人报纸。通过办学与办报，他确定了自己一生的方向是“要把自己的生命奉献给劳苦大众的教育事业”。

晏阳初认为，要祛除中国政治的黑暗和彻底解决社会问题，必须去做“民族再造”的工作；认为人的改造是社会改造的根本所在，而“平民教育”则是最有效的人的改造方法。1920年夏，晏阳初回国后，联合其他有志之士，组建中华平民教育促进会（以下简称“平教会”）总会，任总干事，选择在长沙、烟台、嘉兴、武汉等地进行平民识字教育实验。1922年，他发起全国识字运动，号召“除文盲，作新民”。经过几年的努力，各地都有数万乃至数十万计的平民通过学习，取得了识字结业证。以长沙为例，识字合格的平民达20万之多，从十几岁的失学儿童到六七十岁的老人都有，分属于58种不同职业。

到了20世纪20年代中期，全国大部分省市都成立了平教会分会，华北、华中、华东、华南的大都市先后掀起了轰轰烈烈的扫盲识字运动，成为20年代中国教育史上的一个壮举。

进入20世纪30年代后，平民教育运动的重心由识字教育转变为乡村教育与乡村建设。晏阳初认为，中国向来以农立国，80%的人口居住在乡村，农村才是中国社会的基础与重心。中国正在经历着经济凋敝、社会崩溃的阵痛，要拯救中国必须先拯救乡村，要建设中国必须先建设乡村，因此就需要掀起一场深刻的乡

---

① 王思斌：《社会工作导论》，48页，北京，北京大学出版社，1998。

村改造运动。

1929年平教会从北平搬迁到河北定县。定县位于北京西南约500里，40多万人口中，农业人口占90%，经商次之，各种手工艺人又次之，在华北的农业区域中具有代表性。按晏阳初的设想，他所要进行的试验，“并不以教育人民识字为满足，而要使农业科学普及于农村。计划发展一个县为全国模范”。晏阳初带领平教会众多的从海外归来的中高级知识分子到定县安营扎寨，推行乡村平民教育与乡村建设，一干就是十年，这一被称为“博士下乡”的举动，标志着中国近代知识分子超越了“学而优则仕”和“坐而论道”的传统观念。他们希望通过定县这个“社会实验室”为中国的广大农村与整个社会摸索出一条自强自救的建设道路。乡村教育运动可说是近代中国知识分子为在中国实现社会现代化所做的重要尝试。

在对定县农村的社会概况进行全面系统调查的基础上，晏阳初感到，中国社会面临着民族衰老、传统动摇、经济破产、问题丛生的严重局面。他将这些问题概括为“愚、穷、弱、私”，提出解决这些社会病症的办法是推行“实验的改造民族生活的新民教育”，即以人民全部生活为起点，以民族的改造为目标，创立造就新国民的平民教育新体系。具体办法是四大教育同时进行，以文艺教育治愚，以生计教育治穷，以卫生教育治弱，以公民教育治私；采用校式、社会式、家庭式三种方式全面推动平民教育。他创建了乡村平民学校、生计巡回训练试验学校，并创造了大队组织教学法、异生传习制教学方法，编制了字表、简化字以及不同水平的农民千字课本、农民读物等。晏阳初及平教会的同事们还从教育入手，对全县的生产、卫生保健、公民团体组织以及县政改革进行了一揽子试验，总结出教育、科学与农业生产结合，学校教育与社会教育互补，穷国大国办教育应贯彻基础化、简易化、经济化、普遍化等一系列基本经验。

由于晏阳初“将繁难的汉字简化易读，将书本知识开放给万千不识字人的心智，用科学方法指导农民发展生产”，1943年4月，经“哥白尼逝世四百周年全美纪念委员会”评选，晏阳初与爱因斯坦、杜威等并列荣获“现代世界最具革命性贡献十大伟人”光荣称号。1955年他被美国《展望》（*Look*）杂志评选为“当前世界最重要百名人物之一”。国际舆论给予他崇高的评价，称赞他“是具有坚定信念与丰富想象力的英勇学者，是劳苦平民心智与精神的解放者”，是“世界平民教育之父”、“真正的哲学家与人道主义者”。

（二）梁漱溟的乡村建设理论与实践

梁漱溟（1893—1988），原名焕鼎，字寿铭，又字漱溟，祖籍广西桂林，是中国近现代史上的著名学者、思想家和社会活动家，也是五四新文化运动以来中国思想文化史上的三大流派之一——现代新儒家学派的开山之人，同时还是乡村建设运动的代表人物之一。梁漱溟的乡村建设运动主要是在山东邹平县开展的，所以被称为“邹平试验”。

梁漱溟一生中始终在试图解决两个问题：“一是人生问题，即人活着为了什么；二是社会问题，亦即是中国问题，中国向何处去。”① 1924年，梁漱溟辞去在北大的教习职位，深入农村，开展乡村建设运动。1931年他在邹平创立的乡村建设研究院标志着其乡村建设事业的顶峰。

梁漱溟在邹平进行的乡村建设实践，大致可分为两个阶段。第一阶段自1931年到1932年年底，因限于山东省各厅局旧法的规定，主要是做思想发动和组织准备。1932年12月，国民党召开全国第二次内政会议，通过了县政改革案，决定各省设县政建设研究院和试验区。此后山东乡村建设研究院实际上成了合法的山东县政建设研究院，但仍然沿用旧名。自1933年起至1937年年底为第二阶段，正式划邹平为乡村建设试验县，继而又划菏泽、济宁为乡村建设试验区，以教育机关兼行政机关。此后，山东乡村建设试验获得迅速发展。

梁漱溟以对邹平的县政改革为基础，设立了新型的乡学和村学。乡学、村学是一种“以教统政、政教合一”的机关，除办理普通教育外，还负责对各乡、村行政自治与社会改革事项进行辅导。乡学、村学同时也是一种新的教育机构，它以一乡、一村的全体民众为教育对象，引发大家联合团结，力求改良进步。

乡学、村学的目标，师法于宋儒吕和叔“吕氏乡约”的“德业相劝、礼俗相交、过失相规、患难相恤”，总的口号是“大家齐心向上学好求进步”。在管理方式上，梁漱溟设计的村学、乡学由学董、学长、教员和学众四部分人组成。乡学、村学均成立学董会，由学董会推选学长及常务学董。学董是村里有办事能力的人，其责任一是劝学众入学；二是注意开会，用心讨论；三是凡通过学董会决议的事情，应该以身作则，倡导实行；四是领先尊敬学长；五是协助常委学董办事。② 学长负责办理乡、村行政事务，对该乡、村中的不孝者进行督教，对乡党、邻里中的不睦者予以调解。理事负责执行乡村自治事务，而乡学、村学的学长处于监督地位。教员是乡学、村学聘请的先生，他们大多是山东乡村建设研究院研究部或训练部的毕业生，也就是“乡村运动者”。教员不仅教书，而且负有推进社会工作的责任，包括时常与村民谈话，开展社会活动。学众就是一村或者一乡的男女老少一切人等。以一村之众为村学学生，以一乡之众为乡学学生，所以称为“学众”。在业务上，乡学受县政府的指导，县政府向各乡学派辅导员。乡学内设预备部（相当于高级小学）、职业训练部等，办理本乡村学以上的教育，倡导和兴办本乡的各项社会改良和社会建设事业。隶属乡学的部门还有乡自卫队、乡户籍处和卫生所等。村学接受县政府及乡学的指导，下设成人部、妇女部、儿童部（相当于初级小学）等，组织全村民众入学，倡导本村的社会改良运动（如禁止缠足、力戒早婚等），兴办本村各项社会成员改进事业（如合作社等），促使本村民众文化水平、生活水平逐步提高和改善。

梁漱溟设计的乡村建设方案是：把乡村组织起来，建立乡农学校作为政教合一的机关，向农民进行安分守法的伦理道德教育，达到社会安定的目的；组织乡

---

① 汪东林：《梁漱溟问答录》，15页，长沙，湖南人民出版社，1988。

② 参见彭秀良：《守望与开新：近代中国的社会工作》，92页，石家庄，河北教育出版社，2010。

村自卫团体，维护社会治安；在经济上组织农村合作社，以谋取乡村的发达，即"乡村文明"、"乡村都市化"，并达到全国乡村建设运动的大联合，以期改造中国。

梁漱溟在总结自己的乡村建设实践时也指出了其中两大难处：头一点是高谈改造而依附政权；第二点是号称乡村运动而乡村不动。[①] 这是梁漱溟个人无法解决的难题，也决定了乡村建设失败的必然性。

如果按照当代社会工作的专业标准来衡量乡村建设运动和平民教育运动，显然它们不能被称为专业的社区社会工作。但是这些学者和社会活动家深入农村，与农民为友，帮助农民解决贫穷、教育等实际问题，事实上起到了社会工作的作用，也可以说是我国社区社会工作发展史上的一个重要阶段。

二、新中国成立后的社区社会工作

新中国成立后，面临着旧社会遗留下来的许多社会问题。为了建设一个新社会，中国共产党进行了大规模的社会救助、救济以及社会改造运动。针对社会贫穷问题，提出了"生产自救、群众互助、以工代赈，并辅之以必要的救济"的总方针，开展广泛的社会救济。一方面进行基础设施建设，重视预防自然灾害，保证农业生产的顺利进行；另一方面采取得力措施，组织开展粮食征调、公粮减免、社会募捐、组织移民、整顿义仓等活动，特别是以民政、劳动为代表的政府部门在安置灾民、救灾救济等方面做了大量卓有成效的工作。针对游民、娼妓、土匪等社会丑恶现象，开展了大规模的社会改造活动，力图将他们改造成自食其力的新人。政府采取了说服动员和强制收容相结合、定期收容与经常收容相结合的方法，取缔各地的妓院、赌场、烟馆、流氓窝点等非法活动场所，设立生产教养院、妇女教养院、新人习艺所等劳动培训、改造机构，将妓女、游民和乞丐组织起来，为其提供安定的住所和纯净的生活环境，在体力改造的同时，对他们进行深入的思想教育。新中国成立初期，上述社会问题的解决大都是依赖政府的行政力量推动的，取得了良好的社会效果。其中，以居委会、居民小组为单元的社区组织也发挥了一定的作用，加速了社会改造运动的完成。

随着三大改造的完成，我国进入了社会主义建设的新阶段。在苏联模式的影响下，经济上实行了全方位的计划经济，社会管理上推行单位体制。在城市社会，随着功能的日益完善和扩张，单位成为社会整合的主要手段。通过单位体制，国家"广泛控制着家庭以外的主要日常活动——工厂、办公室、党校等地方的活动"[②]，国家最大限度地集中了社会资源，控制了单位中所有的就业者，将国家政权深入到居民个体的现实生活中，实现了对城市社会的全面控制。单位功能的泛化使得单位以外提供服务的组织或中介机构丧失了发展空间。街道办事

---

① 参见梁漱溟：《乡村建设理论》，1页，邹平，乡村书店，1937。

② ［美］吉尔伯特·罗兹曼：《中国的现代化》，491页，南京，江苏人民出版社，1995。

处、居民委员会的管理对象只是极少数没有单位的城市居民。

20世纪二三十年代有些高校曾经创立了社会学系，介绍社会工作的理论和方法。在1952年院系调整的时候，社会学系被错误地取消，从事相关学科研究的科研人员也不得不转行。这种不正常的状态一直持续了30多年，直接导致了我国社会学研究和社会工作教育及其实践的严重滞后。

党的十一届三中全会以后，社会学等学科逐渐恢复，带动了社会工作教育和实践的发展。在教育层面，1987年民政部和北京大学签订联合办学协定，决定在北京大学社会学系建立社会工作管理专业，培养高级社会工作人才。除了北京大学外，还有许多院校建立了社会工作系，专业社会工作在我国逐步恢复并获得了快速的发展。随着党和政府大力加强社会建设，社会工作专业的发展更加迅速，专业院校的数量猛增，专业人才越来越多。社会工作的职业化也进一步得到重视，职业资格考试与认定、岗位设置和薪酬标准等制度相继制定，对于促进社会工作专业的发展起到了积极的作用。

20世纪90年代以来，伴随着社会主义市场经济体制的逐步确立和完善，我国的经济得到了快速发展，城市化进程不断加速，社会利益群体多元化、多样化特征日益明显。处于社会转型期的中国社会出现了许多前所未有的问题，比如贫富两极分化、失业、老龄化、空巢家庭、青少年犯罪等。这些问题的缓和与解决都需要引进专业的社会工作。另外，从“单位人”向“社会人”的转变、社区建设的深入发展、住宅商品化的普及、社会福利事业的社会化等都呼唤并催生着我国本土化的社区社会工作。

第三节 当代社区建设与社区社会工作

社区建设实际上就是建设和发展社区。在这个过程中，社区社会工作和社区建设实际上是一种互相促进、共同发展的关系：社区建设离不开专业社会工作的介入和推动；而社区社会工作在社区建设的同时，也找到了本土化的平台和专业化的契机。

一、社区建设的提出与发展

我国当代城市社区建设是在改革城市基层管理体制的过程中被提出并发展起来的。城市基层管理体制是指城市基层管理的组织机构设置、地位功能及相互间权责关系的总和，主要处理与市民日常生活有关的事务，其宗旨在于通过贯彻落实各项法律、法规及党和政府的有关政策，确保市民在一个和谐、有序的环境中生活。根据我国现行《宪法》规定，区是城市基层政权机构，街道是区政府的派出机构，居委会是群众自治性组织，经政府授权承担一定的社会管理职能。我们所说的社区建设中的社区，一般是指规模调整后的居委会。据统计，截止到2013 年年底，我国大陆地区 660 余个各类城市中共设有 872 个市辖区、7 566 个街道办事处、94 620 个社区居委会。[①] 生活在城市中的每位居民，都需要与社区居委会、街道办事处或者区政府等基层管理组织发生关系，直接或间接地接受城市政府的管理。

城市管理是一个动态的、历史的过程，随着经济社会的发展而不断发生变化，基层社会管理体制也是这样。1910 年以前，我国的城市管理基本上属于城乡合一的单一区域性管理，其特点是以治理乡村的模式管理城市。基层管理的组织形式主要是分设“闾”、“坊”、“里”以及后来的保甲等，其核心是“管控”，确保朝廷政令能够达于每家每户。国民政府时期，城市管理逐步向行政化方向发展，伴随着《特别市组织法》、《市组织法》等法规的实施，直辖市、省辖市和县辖市这三类具有近代意义的不同级别的市制建立起来了。城市内部的基层管理虽仍采用保甲体制，但有了一些新的变化。自此之后，城市管理与农村管理步入不同的运行轨道。新中国成立后，强化了城乡分离的趋势，通过逐步确立的户籍制度，使市民与农民成为两个彼此间很难逾越的集团，形成了独具特色的二元经济社会结构。在城市基层管理上，废除了保甲制，将城市划分为若干个行政上的管理区，区下设立街道办事处。同时，对传统社区组织进行清理，强化了居民委员会这一居民自治组织。但在随后 30 多年中，基于计划经济下的单位制度的完善与扩张，城市基层管理进入泛单位化时期，单位成为社会整合的主要手段。如果把城市看成一个平面，就会发现它由许多个切块分割、大小不一的单位所构成。在低工资、高就业率的情况下，市民们的日常生活，包括衣食住行、生老病死，无不与单位紧密相连。可以说，离开了单位，市民的社会生存马上就会出现危机。单位功能的泛化使得单位之外提供服务的组织或中介机构丧失了发展空间。单位成为事实上的城市基层管理组织。

20 世纪 80 年代以来，随着社会主义市场经济体制的逐步建立，城市管理在功能不断扩张、内涵不断拓展的新形势下，遇到了许多前所未有的矛盾和问题。政治上，废除了身份制，确立了人人平等的政治权利观；经济上，企业、事业单位改制步伐加快，人口流动不断加剧，公有制之外的外资、合资、民营的经济形式蓬勃发展，传统的单位制度的功能开始剥离到社会；社会生活上，市民的自由空间越来越多；等等。总的趋势是，政府对社会的控制日渐放松，市民与政府的关系出现重大转折。在这种情况下，城市基层管理体制也必须进行制度创新，才能适应经济社会发展的需要。作为一种新型的城市基层管理体制，社区制将关注的重点放到对人的关怀上，强调处理与居民生活息息相关的日常事务时的合作、

---

① 《民政部发布 2013 年社会服务发展统计报告》，见 http：//www.mca.gov.cn/article/zwgk/mzyw/201406/20140600654488.shtml，2014－06－17。

参与和共享，从根本上改变了我国城市基层管理史上基于行政区域划分的控制模式。

从漫长的历史发展过程中不难看出，城市居民接受政府管理的方式以及基层社区内部处理公共权力的方式都处于不断调适和变化当中。基层管理体制的变迁，既反映了国家与社会关系的互动，也反映了居民在社会发展中的地位和作用的变化，甚至也反映了居民个人权利的享有程度，是政治制度的一个缩影。

随着社会主义市场经济体制的逐步建立，包括个体私营经济在内的各种经济成分获得快速发展，社会结构不断分化，城市社会发生了根本性变革。社会的转型对以单位制为主体的二元城市基层管理体制构成了巨大挑战。一方面，社会组织的多样化特征日益明显，出现了许多不具有传统的单位体制特征的行业和组织，且从业人数增长很快；另一方面，“单位人”在社会改革的大潮面前，或自愿或被迫地转向“社会人”，单位的服务职能也不断向社会剥离，这就要求社会必须及时提供足够多的高质量服务。再加上社会流动人口的增加、居民闲暇时间的增多、老龄化社会的来临等，这一切都使得城市基层管理的内容越来越多、越来越杂。单位制在社会转型的大背景下逐步走向衰落，其整合社会的组织功能不仅日益弱化，而且不可避免地最终要走向瓦解。街道办事处、居委会在维护辖区社会治安、引导下岗工人再就业、落实居民最低生活保障、营造良好的经济发展环境等方面发挥着越来越重要的作用，正在形成城市社会管理的微观重心。因此，以单位组织为主体、以街居组织为辅助的城市二元基层管理体制也必须适应新形势，进行相应的变革。

面对社会形势的迅猛变化，民政部门逐步认识到，街居工作的重点必须从发展经济向提供服务转变，必须从单纯的社区服务向整合的社区建设转变。1991年5月31日，当时的民政部部长崔乃夫在谈到基层政权建设工作时，明确提出推进社区建设的要求。1992年10月，民政部下属的中国基层政权建设研究会在杭州专门召开了“全国城市社区建设理论研讨会”。这样，以开展社区建设为标志，城市基层管理体制改革的大幕徐徐拉开。以上海、石家庄、青岛、沈阳、武汉等地的试点经验为基础，中共中央办公厅、国务院办公厅于2000年11月19日转发了《民政部关于在全国推进城市社区建设的意见》，明确提出社区建设的指导思想是：“改革城市基层管理体制，强化社区功能，巩固党在城市工作的组织基础和群众基础，加强城市基层政权和群众性自治组织建设，提高人民群众的生活质量和文明程度，扩大基层民主，密切党群关系，维护社会政治稳定，促进城市经济和社会的协调发展。”这样，社区建设在全国各城市蓬勃开展起来。

二、社区建设与社区社会工作的关系

我国的社区建设是在特定的社会转型期，由政府发动的一场旨在维护社会稳定、促进城市经济和社会协调发展的运动。专业社区社会工作是西方社会工作三大工作方法之一。综合考查，社区建设和社区社会工作有如下几个共同点。

（一）社区建设与社区社会工作的目标一致

按照罗斯曼对社区工作目标的两分法来分析，两者的过程目标和任务目标是相同的。如前文所述，社区建设的过程目标就是要维护社会稳定，提高人民的生活质量和文明程度，促进城市经济和社会的协调发展。社区社会工作则是指以社区和社区居民为工作对象，发现和解决社区问题，整合社区资源，协调社区居民之间、社区居民与社区组织之间的关系，促进社区居民参与能力的培养，提升参与意识，促进社区发展。

如果从任务目标来分析，二者也有很大的相似性。要实现社区建设的最终目标，就必须落实到一个个具体的任务目标中，解决社区中出现的各类问题。目前我国社区建设中遇到的普遍问题是：居民的社区参与率低，对社区的认同感不强，社区组织发育不完善，老年人的社区照顾、社区经济、社区教育、社区资源的分配等方面存在一系列问题。社区建设就是要解决这些与社区居民的生活和利益息息相关的问题，在此基础上，社会和谐发展的目标才能实现。

社区社会工作的任务目标同样是解决这些实实在在的问题，通过问题的解决达到一定的社会福利目的，满足社区的一些现实需要。社区社会工作的工作对象就是整个社区和社区居民，所面临的问题和社区建设中的问题大体是一致的。

（二）社区建设与社区社会工作有着相同的社会背景

我国政府之所以提出社区建设，是因为在政治、经济体制改革过程中出现了许多不可回避的社会问题，比如老龄化、贫困、高失业率、青少年犯罪、环境恶化等，社会的稳定面临严峻的挑战，经济的可持续发展也遇到巨大的障碍。为了应对社会变化和解决社会问题，政府从改革城市基层管理体制的思路出发，改统治为治理，强调执政就是服务，在一些领域内让权于民，鼓励居民参与社区事务，通过自我管理、自我教育、自我服务，将社区建设成安定、祥和的居家休闲场所，通过社区建设解决或缓解社会问题和社会矛盾。

社区社会工作是西方国家在工业化和城市化的过程中逐渐提出来的。其背景就是西方国家在工业化、城市化的过程中，伴生了许许多多的社会问题，比如贫富分化、高犯罪率、环境污染、种族冲突等。如何解决这些问题？社区发展被证明是一个很好的思路。社区是社会的缩影，各种社会问题都会在社区中体现出来，从社区入手有助于从根本上缓和社会矛盾，提升居民的生活质量。各国政府纷纷将社区发展列为促进经济发展和社会稳定的基本政策，逐渐实现居民利益的社区化，社会福利各项措施的落实也被放在社区这个层面上。社区社会工作正是在这样的背景下，成为具体执行社会福利社区化政策、化解社会矛盾的一个重要的工作方法。

（三）社区建设为社区社会工作的发展提供平台

首先，政府主导社区发展，成立相关的职能部门，制定相应的政策，为社区社会工作的发展创造良好的外部环境。其次，社区与每个居民的生活和利益息息相关。解决复杂的社区问题，需要大量的专业人才。尤其是随着住房商品化和社会福利社区化，社区居民急需大量专业的社会工作者进入到社区管理体系中来，为居民解决现实问题，创造良好的生活环境。再次，我国目前的社会工作教育方兴未艾，为社区培养和输送了许多接受过正规专业教育的社区社会工作者，他们是社区工作专业化、本土化和职业化的最好的实践者和推动者。

因此，社区建设为社区社会工作提供了难得的机遇和广阔的发展空间，社区社会工作的实践过程也正是建设和发展社区的过程。两者的相互配合、互相促进将共同促进我国城市社区的健康发展。

三、社区工作的专业化和职业化

专业化就是要成为一门独立的专业和行业，从事社会工作的人要接受正规的社会工作专业知识的教育和技术培训。当前推动社会工作专业化发展的途径有两个：一是社会工作教育对实务的参与，二是推动社区工作的专业化。[①] 职业化意味着社会工作成为一种独立的职业，有自己的职业道德和守则，有自己的考核标准和任职程序。社区社会工作者专业化和职业化的发展趋势反映了中国社会工作者专业化与职业化的程度，社区社会工作者的专业化和职业化是中国社会工作者专业化和职业化发展进程的最佳突破口。[②]

（一）社区工作专业化

社会工作的专业化有其特定含义，一般是指："向个人、家庭、小组、社区和社会提供人道的和有效的社会服务，其目的是增进它们的社会功能和改善其生活质量。从传统和实务的定义角度看，专业社会工作是提供正规知识基础、理论概念、具体的功能技巧和重要的社会价值观的专业，这些贡献可被用于实施提供安全、有效和建设性社会服务的社会承诺上。"[③] 当前社区工作的开展主要是依据传统的方法和模式，专业化程度很低。

首先，要明确社会工作专业价值理念和基本原则。"助人自助"是一个专业社会工作者要坚持的基本理念。其次，要掌握社会工作专业的主要理论和知识框架。社会工作从单纯的带有慈善性质的助人行为发展为一门学科和一个专业，走过了漫长的历程。在发展过程中，社会工作专业逐渐以充分的知识作为依托，形成自己的理论体系，肩负起专业使命。再次，合理运用社会工作的方法和技巧。

---

① 参见孙利亚：《我们的社会需要社会工作吗?》，见曾家达、王思斌等主编：《21世纪中国社会工作发展国际研讨会论文集》，北京，中国社会科学出版社，2001。

② 参见徐永祥主编：《社区工作》，249页，北京，高等教育出版社，2004。

③ Published 1982, National Association of Social Workers, Inc. Reprinted with permission, from Standards for *the Classification of Social Work Practice*, Policy Statement 4, p. 5. Copyright National Association of Social Workers, Inc.

方法和技巧是社会工作中外在的表现，社区社会工作者通过自己独特的工作方法和技巧接触案主，帮助案主解决实际问题。案主和社区居民则通过观察和参与工作者的工作过程，了解社会工作的专业特质。

（二）社区工作职业化

首先要建立和完善职业资格和管理制度。我国已经出台了《社会工作者国家职业标准》和《社会工作者职业水平评价暂行规定》等办法，对社会工作者的职业资格和水平有了明确的规定。2008 年我国又首次举行了社会工作职业考试，考试合格的人将获得“社会工作师”和“助理社会工作师”的资格证书。获取职业资格应成为社区工作者的从业门槛。

其次要明确岗位设置和岗位职责。岗位设置是通过制度明确规定社会工作者的岗位，并规定社会工作者在该岗位上的工作职责。岗位职责的清晰有利于社区工作者更清楚地认识自己的服务领域和服务对象，从而为有需要的居民提供更高效的服务。

再次要推广以专业教育为主的职业培训。社会工作是一个专业，也是一种职业，需要通过培训不断提高从业人员的素质。我国现有社区居委会中的专职工作人员大部分属于实际的社会工作者，其学历背景大多与社会工作无关，也没有接受过系统的社工训练。因此，要提升社区层面社会工作者的职业化水平，就需要进行大规模的、长期的社工专业教育学习和培训。

最后要强化职业道德和职业伦理。社区层面的社会工作一直处于被泛化的状态，其内涵和外延都很模糊。当社区社会工作逐渐发展为一门专业和一种职业时，就需要确定相应的职业道德和职业伦理。社会工作的道德要求是指在实践中，专业人员必须对自身的价值观和行为进行约束，同时通过符合道德规定的专业活动来最大限度地保护受助者的利益，完成专业活动的各个目标。①

推进社区层面社会工作专业化和职业化的快速发展，需要做好以下几方面工作：一是有效调整社区组织。各类社区组织是社区社会工作者开展工作的基础，所以社区社会工作的发展、职业化和专业化的推广，都需要依靠各类社区组织。社区组织主要包括社区党组织、社区居民自治组织（居委会）、社区服务站（工作站）和社区内其他社会组织。二是合理设置社会工作岗位。专业社会工作岗位设置是社会工作职业化的重要内容，也是今后社区发展的一个方向。在目前的街道层面或者在街道所辖的社区居委会层面，要分析哪些岗位需要专业的社会工作者，哪些不需要，合理设岗。三是建立社会工作者使用和保障机制。社会工作人才队伍建设要注意建立培育、使用、评价、激励机制。在社区层面，这种机制只有科学化和人性化，才能更有效地发挥专业人才的作用。我国社区层面的社会工作者一直存在工资待遇差、社会地位低、承担事务杂等现象，严重影响了他们的工作积极性，也不太可能吸引到优秀的社工专业人才。在社区工作发展以及专业

① 参见王思斌：《社会工作概论》，95 页，北京，高等教育出版社，2004。

化和职业化过程中，要注意建立对社区工作者的各类保障机制和薪酬自然调整机制，不断提高他们的社会地位，使社区层面的社会工作成为能吸引优秀人才的职业和岗位。四是大力培育社区服务机构和民间组织。政府应该大力增加对公共服务的支持，通过购买服务等方式，从财政上支持和促进志愿服务组织、慈善公益组织、老龄服务等专业性组织的发展。鼓励教育、科技、文化、卫生、体育、社会福利等公益性社会组织的发展。通过建立政府购买服务机制，来改进提供公共服务的方式。社区服务机构和民间团体的培育、发展将为社区层面的社会工作者提供更为广阔的施展才能的空间。社区社会工作者也必将能充分利用这些平台，为社区居民提供更为专业化的社工服务，从整体上改善社区工作质量。

第四节
港台地区的社区工作

我国香港和台湾地区的社会工作发展程度比较高，在社会工作专业化和本土化方面形成了自己的特色。港台社区工作的发展过程和特点对于内地社区工作的发展有一定的借鉴意义。

一、香港地区的社区工作

香港的社会工作发端于社会慈善与社会救济。20 世纪 60 年代中后期，香港社会和经济的转型引发了社会发展中的矛盾与问题。贫富分化，犯罪率提升，住房问题紧张，家庭与青少年教育问题凸显。港英政府为了缓解日趋严峻的社会生活状况，逐步发展社会福利工作。1979 年，发表了《进入八十年代的社会福利白皮书》，制定了社会福利服务发展规划，促进了社会福利服务与社区工作相结合。从广义来看，香港地区的社区工作含义相当宽泛。“任何人或者组织，只要在社区内从事任何为人群服务的活动，已可算是进行社区工作。”根据一些政府和志愿机构的定义，社区工作、社区组织和社区发展有时也同时出现，互有交叉。社会福利署对社区发展的定义是：“社区发展的整体目标是促进社会关系，在社区内培养自我依赖、社会责任以及社会凝聚的精神，并鼓励民众参与解决问题以及改善社区生活的素质。”[①] 香港服务联会社区发展部认为，社区发展是一个提升社会意识的过程，以集体参与鼓励居民识别和表达本身需要，并因而采取适当行动。这种社区导向性的社会工作方法，内容包括一系列经过计划的

① Social Welfare Department, *Five Year Plan Review 1991*, Hong Kong, Government Printer, 1991, p. 130.

行动，最终目标是谋取社会正义和改良社区生活的素质。在香港地区，社区工作不仅是社会工作的方法之一，也是一种特定的服务。

香港地区的社区社会工作主要由两方面的力量来承担：一是民间的志愿机构，二是政府层面。

民间的志愿机构源于 20 世纪 60 年代。当时主要是雇用专人负责社区工作。工作的开展主要集中于一些贫困的社区，工作内容主要是组织居民进行文艺康乐活动、改善环境卫生等。到了 70 年代，工作重心转向关注不合理的社会政策和制度对全港居民的不良影响，工作方法也比较多元化，包括采用比较激进的冲突模式，如静坐、游行示威等。在 80 年代，由于代议制的发展，志愿机构主要进行居民领袖的培训，增进居民的公民意识，加强居民对地区政治的敏感度等。同时，社区社会工作者更关注社会资源分配的合理性以及市民生活素质的改善等。90 年代以来，香港地区的社区社会工作主要集中于邻舍层面社区发展计划和社区中心。

政府负责开展社区社会工作的机构主要有政务总署、社会福利署、廉政公署、警务处等。政务总署在社区层面的工作主要是政务沟通，使民意和市民的需要及时得到反映，使政策和措施快速传达给社区居民。社区组织主要是鼓励市民参与公众事务、协力解决社区问题，比如互助委员会的成立和发展就是政务总署推动的最大规模的基层社区组织工作。社会福利署的社区工作是社会福利的一部分，由社会福利委员会社会工作者负责推动。其工作目标主要是社会福利白皮书中所要求的社区发展的总体目标。比如鼓励个人和团体参与社区事务，互相合作，促进个人间的社会关系，提高社会责任感，加强社区凝聚力，改善社区素质，将香港地区建设成为一个“人人互相关怀、互相照顾”的社会。社会福利署的社区工作与志愿机构在工作目标和工作方式上有许多相似之处。廉政公署的社区工作主要是通过社区联络、社区教育和社区参与，建立“肃贪倡廉”的社会风气。警务处的社区社会工作则主要是与基层组织和社区居民联络与合作，预防犯罪。

从社区社会工作的发展过程看，香港地区的经济发展、政治改革和社会变迁深刻影响着社区社会工作的基本内容、工作手法和发展方向。

二、台湾地区的社区工作

台湾地区社区工作在社会福利政策的推动下快速发展。台湾学者赖雨阳根据社会政策的演变和历史发展的轨迹，将台湾地区的社区工作分成几个阶段。

第一阶段是日据时代的社区组织工作（1917—1945）。日本效仿西方国家社区组织工作在台湾推行一系列政策，主要是达到社会控制的目的。

第二阶段是社区发展工作时期（1951—1981）。第二次世界大战日本战败后，受联合国推广的社区发展计划的影响，台湾地区开始实施“基层民生建设”，并成为社区发展工作的起点。

第三阶段是社区福利服务体系的建构时期（1981—1991）。社区发展工作推动之后，一直以加强社区的基础设施建设为主要内容，比如建立社区服务中心、修建马路、美化环境等。后来随着城市化和工业化过程的加剧，社会问题激增，人们更加关注社区内弱势群体的生活。这种现实需求推促了台湾地区社区工作与福利工作的结合。

第四阶段是社区照顾与福利社区化试验时期（1991—2000）。这个阶段更加重视弱势群体，“社区照顾”的观念出现，福利社区化在这个时期正式成为政府的福利政策。

需要提出的是，20 世纪 90 年代，在台湾“行政院”文化建设委员会提出的“社区总体营造”政策的带动下，台湾地区各个相关部门提出了关于社区的一系列举措，如“社会福利社区化实验方案”、“生活环境总体改造”、“形象商圈”、“社区大学”等，成为 90 年代台湾地区社区发展的一个热潮，也引发了学者的许多评论和争议。社区总体营造与社区工作在概念和工作重点上有所不同，但是在社区界定、工作原则和目标方面是大同小异的，两者可以互相配合，共同解决社区问题，改善社区环境，提高居民的生活品质。

近年来，台湾地区社区社会工作有了新的变化。由于受福利多元主义的影响，社会福利社区化成为新时代社区工作的主要内容。[①] 由于台湾地区老龄人口增多，社区照顾成为社会福利社区化的主要工作内容。

总体看来，台湾地区社区社会工作的主要特点有三：一是专业社会工作教育发展迅速而且全面，许多大学都开设了社会工作专业及研究机构；二是有完善的制度规范，促进了社区社会工作的蓬勃发展；三是工作领域十分广泛，包括劳工保险、退休人员保险、军人保险、青少年教育、低收入家庭补助、儿童寄养、就业服务、艾滋病防治等多个方面。

香港、台湾地区的社区社会工作在借鉴欧美经验和知识的基础上，结合本地的文化、经济和政治特点，较好地完成了本土化过程。这对于正处于迅速发展阶段的大陆社区社会工作而言，无疑具有极强的借鉴意义。

【本章要点】

社会工作发展的目的是解决工业化和城市化过程中出现的社会问题。近代中国没有这样一个明显的工业化的过程，但是从我国古代的社会福利和救济思想中，可以看到社会工作实践的萌芽。

近代中国列强环伺，战乱频仍，一些知识分子身体力行，从改变农村入手，探讨通过社区社会工作改造中国之路。比如梁漱溟的乡村建设和晏阳初的平民教育理论与实践，都是我国社区社会工作发展史上的重要组成部分。

新中国成立后的一个时期内，随着院系调整，社会工作教育和实践都被停止。改革开放后，尤其是 20 世纪 90 年代以来，社区建设的蓬勃兴起促进了社会工作教育和实践的发展，社区社会工作也越来越得到人们的重视。社区工作

---

① 参见赖雨阳：《社区工作与社会福利社区化》，1 页，台北，洪叶文化事业有限公司，2002。

的职业化和专业化成为社区工作发展的重要议题。

【关键概念】

乡村建设理论　平民教育理论　社区工作职业化与专业化

复习思考题

1. 简述我国古代的福利思想。
2. 如何评价中国近代知识分子的社区实践活动？
3. 评述社区建设和社区社会工作的关系。
4. 评述我国社区工作的职业化和专业化。

推荐阅读书目

1. 徐震，林万亿．当代社会工作．台北：五南图书出版公司，1984.

2. 赖雨阳．社区工作与社会福利社区化．台北：洪叶文化事业有限公司，2002.

第四章

社区社会工作的价值体系和基本原则

第一节 社区社会工作的价值体系

价值观是社会工作的核心。社会工作属于应用型社会科学，同时又是一门研究如何助人的学科。由于社会工作面对的案主从个体到家庭再到社区，形态各异，十分复杂，因而工作的艺术性很强。此外，独特的宗教起源和慈善活动的背景，也强化了社会工作的基本价值。社会工作的价值体系对专业知识和理论的学习与选择，对案主问题的分析以及对解决问题方案的设计，都会产生直接的影响，同时也会影响社会工作者的个人行为和思想观念，对社会工作的学科发展可谓意义深远。作为社会工作的三大重要方法之一，社区社会工作的价值观与社会工作的价值观是高度一致的。因而，对西方社会工作的价值起源和基础作一简单回顾，有助于我们全面理解社区社会工作的价值体系及其基本原则。

一、西方社会工作的价值体系

（一）西方社会工作的价值根源及其基础

西方社会工作的价值观根植于西方资产阶级文化。西方资产阶级文化的核心价值观念来源于古希腊、古罗马和希伯来文明，以基督教的博爱思想为主导，崇尚理性，宣扬博爱、平等，追求民主与科学。这一价值观念发源于资产阶级宗教改革运动、文艺复兴运动和社会改革运动，形成于资产阶级夺取政权、建立近代民主政体之后。在建立近代民主政权的过程中，新兴资产阶级为了突破封建贵族在政治上的禁锢，打破封建权贵们提出的人的价值由先天决定而且无法更改的价值观念，提出了人人平等的价值观。他们宣扬人的出身与政治地位没有关系，人的价值只有在对他人和社会有作用时才能体现出来；认为人都是具有潜能的，且生而平等，拥有追求自由的权利。这些基础性的文化价值观为社会工作的价值实现和原则确立奠定了坚实的基础。社会工作最核心的目标追求正是对人的尊重和对人的价值及需求的肯定。

西方社会工作的价值基础主要有三个来源：（1）新教伦理。新教伦理的核心概念是在上帝面前人人平等。信徒不必经过牧师和教会组织，自己就可以直接与上帝对话。这种信仰破坏了封建宗教的等级制度，树立起了个人的权威，同时在世俗社会中产生了巨大的解放思想作用。（2）人道主义。人道主义起源于欧洲15世纪的文艺复兴运动时期。其最初的形态是人文主义，实质就是反对神学，提倡人学；反对神权，提倡人权；反对神性，提倡人性；反对愚昧，提倡理性等。人道主义以人为中心，承认人与生俱来就拥有在经济、政治、文化、教育等方面的基本权利。(3) 社会福利观念。社会福利观念是社会工作价值的灵魂，伴随着宗教改革、社会改革和社会福利运动而产生。社会福利可以分为市场体系之外经济让渡的社会福利和作为满足人类基本需要的社会福利两个领域。作为西方国家解决工业化过程中出现的社会问题的组织化努力，社会福利的内容从直接的社会关照扩大到社会化、娱乐、法律咨询等各个方面，对社会工作价值观念的形成产生了重要影响。

毕仁 (Butrym) 认为社会工作的价值体系来源于三个基本的信念，第一是对人的尊重；第二是相信人有独特的个性；第三是坚信人有自我改变、成长的不断进步的能力。

(二) 社会工作价值的演变过程

社会工作价值是指社会工作对社会工作者在专业实践活动中所表现出来的价值倾向的要求和规定，是人类社会价值体系的重要组成部分。社会工作起源于宗教价值和慈善活动，在争取专业化和职业化的过程中，其价值观逐步脱离了宗教的价值而转为以科学和知识为基础的专业价值。

社会工作价值的演变过程可以划分为如下几个阶段。

一是宗教、慈善活动时期的早期社会工作价值观。基督徒在早期的慈善活动中，如照顾寡妇、孤儿、病人、穷人、残疾人、囚犯、俘虏、奴隶、难民，埋葬死亡的穷人，提供就业服务和为需要者提供饭食等，始终把救助看作是一种施舍，是对受助者的怜悯和同情。它承认和容许受助者的羞耻感及不平等感受，在潜意识里认定人与人之间的不平等。

二是工业化过程中的社会工作价值观。西方资本主义国家在工业化和城市化进程中，基于社会稳定的需要，拉开了社会工作正式形成阶段的序幕。在这一时期，主要的社会工作活动包括慈善组织会社、睦邻运动和社区发展等。以慈善组织会社为例，1869 年创始于英国，1877 年发展于美国。他们开展的社会救助活动尽管仍然在牧师指导下进行，但其工作的过程却已经建立于科学化和专业化分工的基础之上，不再单纯以宗教的慈悲心和怜悯心来解决社会问题。

三是专业社会工作的价值观。随着社会工作专业化的加速，社会工作价值也日益脱离宗教的直接影响，开始形成自己独特的专业价值观。从 20 世纪 20 年代开始，伴随着美国社会工作专业协会的成立，如何促进社会工作的专业化，如何在社会工作教育和实践领域共同推进其专业化进程，这些问题引起了社会工作者的广泛兴趣，也激发了他们热烈的讨论。社会工作专业和专业教育的价值及原则正是在这样的背景下被提出的。

(三) 社会工作价值的含义

“价值”一词在经济学、社会学和哲学等不同范畴内有不同的解释。社会工作涉及的价值观属于社会学和哲学范畴。在社会学和哲学领域内，社会价值是指某种本质上有用的或吸引人的东西，或者说原则、性质、实体，是个人追求的人生目标。它不仅是自我发现的生命的意义，也是被社会的部分或全部成员所认可和接受的关于生命的意义，社会价值的实现就是自我的实现。[①]高登斯坦认为，价值在社会工作的结构中处于重要的地位，是社会工作定义的基础，而且是唯一基础或者是不可缺少的基础之一；同时价值是社会工作技术的源泉，是对某些人进入某种职业的动机和社会工作者与案主关系互动的特征、关系的解释。列维也认为，社会工作是一个以价值为本的专业。它不仅是做事情的一种方式，而且是关于做什么事情是有价值的和应该如何去做事情的基本准则。对于人们，它充盈着理想主义的抱负和关于人们应该如何被对待的理想主义的理念……对普通人不能期待的实践和关照却都可以期待于他们（社会工作者）。[②]

社会工作者是在国家和民间社会福利机构中从事社会工作专业服务的人员。作为一个理想的社会工作者，在他的意识和潜意识层面上，都充满了社会工作的价值观念。在实际工作中，社会工作者既有他自身的价值观念和取向，表明从事社会工作的不同动机和原则，也受到来自案主的价值观的影响。社会工作的职业守则要求社会工作者以案主的利益和价值为重，提出或设计的问题解决方案必须从案主的利益出发，因而案主的价值观一定程度上会影响社会工作者的价值观。社会工作的价值是多样化的，构成其生命意义和道德责任的价值是“重视生命，重视人性，重视对人的尊敬，重视来自自尊的接受者和施予者的真正的尊严，重视带来富足生活的礼物——但是它们必须能够被分享”[③]。这些都是社会工作者应该持有的基本价值。

社会工作在实践过程中也充满着价值矛盾和价值选择。社会工作者有自己个人的价值追求，案主也有自己的价值标准。同时，社会工作者所服务的机构会有其价值相异的评判标准，整个社会系统也包含着独特的价值体系。这些不同的价值观念在共同维系社会平衡的同时，也都会不同程度地影响社会工作实践。

二、社区社会工作的基本价值观

社区社会工作的价值体系实际上与社区社会工作的哲学理念在基础上是一致的。当人们对人生的基本问题进行回答，评判社会事件，判断是与非、善与恶、美与丑时，价值就成为一种信念、态度、人格、理想方面的评判标准和基本取向。

社区社会工作的价值观对于社区工作者来说是非常重要的，因为它既是社区工作实践的灵魂和方向，又是社区工作者投身于社区工作的主要动力和判别工作成效的主要标准。所以从某种意义上来说，社区工作价值观决定着社区工作的成效。从本质上讲，社区工作的价值观与社会工作的价值观是一样的，它的形成同样决定于社区工作本身的性质和特点。社区工作内容的复杂性决定了其价值观的

---

① 参见殷晓清、薛和：《当代社会工作》，109页，北京，中国时代经济出版社，2003。

② 参见王思斌：《社会工作概论》，41页，北京，高等教育出版社，1999。

③ 转引自王思斌：《社会工作概论》，42页，北京，高等教育出版社，1999。

广泛性。由于受历史、政治、文化、制度的影响，社区工作价值观在不同时期、不同的社会环境会有所不同。托马斯就曾明确指出，在20世纪70年代和80年代，英国的社区工作价值观有着明显不同的取向。弗雷德里克·G·雷莫认为，美国社会工作者协会最新修订的《伦理守则》(1999)，由价值、伦理守则、伦理标准三部分组成，体现了六种价值，即服务、社会正义、人的尊严和价值、人类关系的重要性、廉正、能力等。总的说来，社区工作价值观涵盖的范围十分广泛，包括人的尊严和价值、正义和自由、制度取向、平等、民主、民众参与、互助合作与相互依赖、社会责任感等。

(一) 尊重人和人的价值

社会工作专业特别强调对人的尊重，社区社会工作则在社区范围内将这一原则充分展现出来。围绕社区居民及其生存状态、权利和发展以及社区自身问题的解决，社区社会工作者在开展工作时以对人的尊重和对人的基本需要的充分肯定为基础。英国社会工作教育训练中央议会（Central Council for Education and Training in Social Work）认为，个人的尊严和价值、个人权利的自我实现，以及用自己的方式去解决自己的问题的权利，是社区工作的中心价值。该议会还指出，离开社会的支持和社会提供的机会，个体的任何尊严和权利都将无法实现。社区工作就是通过居民的集体参与来拓展社区服务、修订社会政策、促进社区发展的，积极寻求和利用社会提供的各种机会和支持，从根本上维护人的尊严和价值。

维护人的尊严最基本的就是维护人的各项权利。社区工作通过日常的援助性、支持性工作，把抽象的人权理念转化为人的具体的权益。那么，人有哪些基本权利呢？根据联合国的人权定义，人的基本权利包括三大类：一是公民及政治权；二是经济、社会、文化权；三是特别社会群体的人权（妇女、弱小种族、伤残人士、难民等的权益）。所谓公民及政治权，是指国家应赋予其人民人身自由和参与政治活动的各项权利，比如人民有权批评公共政策，有权参与制定公共政策，有言论、结社、集会的自由等。所谓经济、社会、文化权，是指每个公民都应享有起码的生活条件，政府有责任维持社会安定，使经济得以自由地发展。人人也都应享有教育、医疗、住房、社会保障等服务。至于特别社会群体的人权，主要是指维护和保障那些弱势人群的合法权益。很明显，社区工作的服务宗旨与维护和保障人权的观念是紧密相连的。

在强调个人权利的同时，也要清楚地认识到个人对他人、对社区和对自己生活的国家、社会应当承担的责任和义务。社区和群体为个人提供了社会归属、社会支持和保护，个人就要遵守规范，认同共同的价值理念，为社区和群体做贡献。如果只强调个人的利益，而忽视个体对于社会和国家的责任，那么个人的价值和利益都将得不到保护。

(二) 社会正义

社会工作强调社会成员的权利、义务和社会福利相对一致的状态。社会工作者总是站在弱势群体一边，为他们伸张正义。追求社会正义是社会工作的另一个重要价值观。社会工作者应当挑战社会中不公平与不正义的议题，并坚持社会中必须拥有公正性。社会工作者致力于社会的公平正义所代表的是建构出一个公正的社会，使所有的人，无论其种族、国籍、宗教信仰、性别、性倾向、经济地位、年龄、能力，都能享有相同的基本人权和各种机会，以利于他们发挥最大的潜能。

正义包含着相当多的内容。一般说来，正义有公平、协调、合理、平等诸多含义。仅从类型学上来看，它可以分作两类：一类是报应性的正义（retributive justice），另一类是分配性的正义（distributive justice）。报应性的正义是指做了违法或违背道德的事情之后是否得到了相应的惩罚，分配性的正义是指各种社会的、经济的、法律的和政治的组织能否对公民的利益与负担进行合理而公平的分配。

在西方，报应性正义的实施是建立一套人人平等的法律系统。他们认为，正义社会最重要的标志就是看它是否拥有独立的司法系统和有效的执法机构。相对而言，分配性正义的实施就复杂得多了，关于这方面的争论也很多。美国人罗尔斯（J. Rawls）在1972年出版了《正义论》。在这本书里他提出了“社会正义原则”。他认为，社会利益是社会成员共同创造的，社会应当制定一套基本的原则，为合理分配社会经济权利和责任提供有效的方法与手段。这些基本原则就是罗尔斯所说的社会正义原则。按照罗尔斯的说法，社会正义有两个原则，第一个原则是“自由原则”，第二个原则是“差别原则”。自由原则是指每个人都最大限度地、平等地拥有与他人相当的平等自由权。差别原则是指社会对已经出现在人们之间的社会的和经济的差异与不平等进行调解，保护社会弱势群体的利益，为社会上的每一个人提供公正而均等的机会。罗尔斯强调，差别原则必须以自由原则为基础，它的实现不能以牺牲自由原则为代价。很明显，罗尔斯所说的“正义社会”的基本含义是：在保证每个人都享有自由的基础上，向每个人公平地分配财富、地位、权力和均等的机会。罗尔斯的正义的第一个原则确实可以保证每个公民都享有平等的政治权力，拥有同样的社会尊严。但是第二个原则的实现就需要社会上的富人和强者愿意将自己的部分财富贡献给社会上的穷人和弱者，以改善他们的经济状况和社会地位。政府的责任就是保证和促进社会正义的实现。如果政府制定的社会政策不利于消除造成人们能力不平等的根源和条件，不利于缩小社会差距，这个社会政策就是不正义的社会政策，社区工作者就应当采取相应的手段去改变或者弥补这个不合理的社会政策。社区社会工作的理想就是建构一个能够互相关怀的、更平等的正义社会。

（三）民主和群众参与

民主和群众参与是社区工作价值体系的重要组成部分。在社区社会工作的视野里，民主不是指“少数服从多数”的形式民主，而是指一种社会关系，指存在于政府与人民之间、人民代表与选民之间，乃至社会组织和社会群体中的领袖人物与其成员之间的权利和责任的关系。[1]

社区社会工作的宗旨是建立正义的社会，改善社会关系是它的一项重要内容。改善社会关系可以体现在如下几方面的工作上：一是民主文化的实践。这方面的工作主要是强调公民有平等参与决策的权利。社区社会工作者在工作中要特别注意共同商议、平等发言、尊重不同意见等。二是弥补制度的不足。制度的制定和执行过程都不可能十分完善，社区社会工作者的任务就是要在自己的工作实践中，推动社会政策更加人性化，推进社会福利制度更加完善，促进各项福利政策得到最彻底的贯彻执行等。三是扶助弱势群体，提高他们自身的能力，弥补他们在财富、权利、知识和组织资源上的不足。

社区社会工作者还特别注意鼓励和发扬社区成员的参与精神。因为参与首先是一种民主权利，而且只有通过参与，社区居民的真正需要和社区存在的问题才能被真实反映出来。社区成员的积极参与一定程度上能提高社区居民的生活质量。在社区社会工作中倡导群众参与可以起到六个方面的积极作用：(1) 可以使社区居民学习到有关民主的技能；(2) 可以保证各项政策和制度更加符合社区的利益和需求；(3) 可以激发社区成员的积极性，提高他们解决问题的能力；(4) 可以避免制定社区政策时的官僚主义作风；(5) 可以满足社区成员较高层次的需要；(6) 可以提高社区居民参与社会、改造社会的社会意识。[2] 所以群众参与是社区工作的灵魂，没有群众的广泛参与，社区工作就会失去动力和方向。

最常见的群众参与可以分为四大类和八个层次。四大类是指社会参与、社会运动、政治参与和受助者的参与，八个层次（由低到高）是指操纵、治疗、通信、咨询、安抚、伙伴、赋予权力和市民控制。此外，是否有参与能力、是否愿意参与和对群众参与价值的认识都是影响群众参与的个人因素。从另一个方面看，制度因素则直接影响着群众参与的形式。如果当权者把群众参与看作是处理公共关系的手段或安抚民众的手法，那么群众参与就会被限制在象征式参与的水平上。我国在社区建设过程中积极提升居民的参与意识，鼓励居民参与社区服务和社区管理，参与社区发展的政策措施的制定，提高了居民和社区解决问题的能力。

(四) 服务

社会工作者的目的是帮助有需求的人群，并处理社会中的各种问题。社会工作最主要的价值观就是对提供服务的承诺。社会工作者会运用各种策略和方法来提供服务，既有提供咨询的直接服务，又有提供方案链接资源的间接服务，还在社区开展服务邻里的服务等。社会工作者提供服务的目的就是通过改变来支持人们，改善人们的生活品质。

尊重人和人的价值、社会正义、民主和群众参与、服务的价值观共同构成了

---

① 参见甘炳光、梁祖彬等编：《社区工作：理论与实践》，50页，香港，香港中文大学出版社，1998。

② 同上。

社区社会工作者的价值观基础。社区社会工作者只有很好地认识和理解这些价值观，才能在社区工作中取得应有的效果。当然，价值观也是社会的产物，社会变化了，价值观也必然随之变化。但是，不管人类社会发生什么样的变化，其价值观的基础是不会改变的。尊重人的尊严、尊重人的自由意志、保障人的民主权利、注重伸张社会正义、维护社会公平，就是作为一个理性化的人类社会什么时候都不能缺少的价值观基础。

第二节 西方社区社会工作的基本原则

所谓社区社会工作的基本原则，是指社区社会工作者在实际工作中所应遵守的规则，或者说是在判断什么是正确而有效的社区工作时所依据的价值观念，也可以说是一种工作守则。社区工作的基本原则都是在前面谈到的社区工作价值观的基础上形成的。

不同学者对于社区工作的基本原则有不同的总结。莫邦豪认为社区工作有两个最基本的信念，即“互相关怀、互相照顾”和“市民参与”[①]；甘炳光等总结为“注重以人为中心的发展目标”、“根据社区实际情况制订工作计划”、“尊重社区自觉”、“强调居民的自助参与”、“广泛及包容性的社区参与”、“民主和理性的社区行动形式”[②] 等；周沛则侧重于“以社区发展为目标”、“以人为本”、“社区居民内自助参与”和“社区自觉”[③]等方面；林胜义认为社区工作的原则包括“社区合作”、“循序渐进”、“建立档案”、“自我改进”、“激励士气”[④] 等内容。

巴特恩（T. R. Battern）认为社区社会工作的基本原则应在三个层次上分为四大原则。这三个层次是：（1）寻求有效方法，以激励、协助和教育社区居民采用新方法，学习新技术；（2）协助居民使其生活方式适应他们所接受的或外界强加给他们的变迁；（3）确保社区意识或社区精神的永存。这四大原则是：（1）社区发展机构必须与其所希望影响的居民建立友善及可依赖的关系；（2）社区发展机构所期望的任何变迁，都必须与居民达成协议；（3）社区发展机构必须表明计划中的变迁是安全的；（4）社区发展机构必须有兴趣与社区内各种群体一起工作，促进变迁的实现。

美国学者邓汉姆于 1959 年在其著作《社区福利组织：原则与实践》一书中提出七大原则：（1）民主自治原则，社区发展应将发扬民主放在首位；（2）基层

---

① 莫邦豪：《社区工作原理和实践》，6 页，香港，集贤社，1994。

② 甘炳光、梁祖彬等编：《社区工作：理论与实践》，50 页，香港，香港中文大学出版社，1998。

③ 周沛：《社区社会工作》，220 页，北京，社会科学文献出版社，2002。

④ 林胜义：《社会工作概论》（修订版），96 页，台北，五南图书出版公司，2003。

自发原则，强调社区发展是地方性的基层工作，社区发展计划应由社区人士自发发起；（3）大众参与原则，让民众了解和参与社区发展工作；（4）社区合作原则，将社区内的机构、部门联合起来共同为社区发展服务；（5）满足需要原则，强调基于大多数社区居民的需要开展社区福利服务；（6）全面规划原则，必须进行全面而综合的规划，使社区发展计划既适合当前需要，又符合社会发展的长远目标；（7）注重预防原则，在社会问题出现之前采取必要的措施，加强预测性研究，防患于未然。后来，他又于 1970 年在自己的新著《新社区组织》一书中总结出五项原则：（1）社区发展应以社区共同需要为主；（2）以自助为主要精神；（3）政府及民间社团应提供物质或技术援助，包括人员、设备、金钱等；（4）有完整的、多方面的各种专门性的社区发展计划，以使社区受益；（5）一切工作项目都出于切身需要。

美国社会工作学者罗斯于 1967 年在《社区组织：理论与原则》一书中总结出了十三项工作原则：（1）对社区现状的不满，可能促进社区内组织的发展；（2）澄清不满，找出问题的症结；（3）使不满感觉扩散到整个社区；（4）社区组织应物色社区各团体所认定或能接纳的正式或非正式的领导人物；（5）社区组织必须有普遍接受的目标和工作方法；（6）社区组织的方案应包括一些含有情绪内容的活动；（7）社区组织应善于利用社区中潜在的或外显的亲切和善意；（8）应在社区组织内部和社区组织与社区之间建立主动、有效的沟通；（9）社区组织应支持并促进社区内各团体的工作；（10）在不干扰正常运作的前提下，社区组织在程序上应保持弹性；（11）社区组织的工作步调应与社区的发展水平相一致；（12）社区组织应注意培养有效率的领导者；（13）社区组织应在社区中发展其声望与实力。

此外，联合国 1955 年出版的《通过社区发展促进社会进步》一书提出了十项原则：（1）依照社区居民的根本愿望及需要，来拟订初始的工作计划；（2）建立多目标的计划及开展多个方面的配合行动，以求全面和均衡的社区发展工作的进行；（3）在推行社区发展初期，社区居民自信心的加强及自动自发精神的培养与物质建设同样重要；（4）社区各种计划的拟订、执行，均应由社区居民共同参加；（5）注重地方领导人才的运用和训练；（6）发动并组织妇女与青年参加各种社区发展工作；（7）对于社区所提出的自助计划，政府应当给予重点或全面的积极协助；（8）全国性社区发展计划的建立，应有完整的政策和完善的行政组织，并应注重工作者的挑选、培训，同时开展地方与国家资源的利用、研究、实验、考核等工作；（9）在社区发展计划中，应充分利用地方性、全国性及国际性的民间组织，因为这些力量对于社区发展工作的推行是不可缺少的资源；（10）对地区性和全国性的社区发展计划，应给予密切配合，协调发展。这十项原则成为各国社区发展的重要依据。

我国政府关于社区建设的指导原则在《民政部关于在全国推进城市社区建设的意见》（2000 年 11 月）中有所体现：（1）以人为本、服务居民；（2）资源共享、共驻共建；（3）责权统一、管理有序；（4）扩大民主、居民自治；（5）因地制宜、循序渐进。

各国学者对社区社会工作基本原则看法各异，是由于他们研究社区的角度、方法及所处历史情境、社会环境不同。但在社区社会工作发展的历史长河中沉淀出的一些基本原则是共同的，它们成为社区社会工作的基础性理念。

（一）以人为本是基础

以人为本是社区社会工作实践中所遵循的最基本的原则。美国社会工作协会对社会工作者的工作实践提出了十项基本原则，特别强调人是最重要的，要求社会工作者们要尊重案主、建立与案主之间相互信任的关系、坚持为案主服务，并赞成发展案主的能力，鼓励案主克服困难，帮助案主自助发展。

在一个特定社区中，人的发展是社区发展的前提和最终目标。社区社会工作就是要促进社区居民的发展，满足社区居民的需要。解决社区存在的问题和促进社区发展是相辅相成、同时进行的。前者是任务目标，后者是过程目标。促进社区居民发展有两方面的含义：一方面是要满足社区居民的物质需要，提高其生活质量，改善其生活环境；另一方面则是要提高社区居民的精神素养，提高他们自觉参与社会和社区事务的意识，发挥他们的内在潜能。罗斯由此认为："社区工作的最终理想是要帮助社区建立自己的集体能力，从而改善社区的状况。要达到这样的理想，人的发展要比社区的物质建设重要得多。"①

（二）社区发展是目标

促进社区发展既是社区社会工作的目标，也是社区社会工作的基本原则之一。在社区社会工作实践中，应通过解决社区问题，整合社区资源，发挥社区潜力，协调社区与社区、社区与个人、社区与组织之间的关系，从而达到社区发展的目的。社区发展要注意坚持综合与均衡，就是要将社区的经济、文化、环境、教育等各个方面综合考虑在内，努力提高社区居民自己解决问题的能力，培养居民主动参与的意识，为居民参与提供畅通而有效的途径。社区社会工作不是简单的救济和慈善活动，也不是单一的社区服务，而是以综合性的社区发展为原则，既注重社区服务、社会救助，更注重社区长期的、综合的发展。

（三）注重社区居民的参与和自治

社区社会工作的主旨是发展社区，即通过整合社区资源、强化社区功能、增强社区活力、培育社区归属感等活动，使居民与社区之间建立起协调发展、和谐有序的平衡关系。要达到这一目的，就离不开社区成员积极而富有成效的参与。社区参与是一个动态的、历史的概念，在不同的时序空间具有不同的含义。政治学意义上的参与一般包括三个基本要素，即"谁来参与"、"参与什么"和"怎样参与"。社区参与的形式可分为制度性参与和非制度性参与两大类。制度性参与

---

① M. Ross, *Community Organization: Theory, Principles and Practice*, New York, Harper and Row, 1967, pp. 34-35.

是指社区成员在既定制度规范内的参与活动，常见的形式有选举、表态、执行、管理、决策、监督、观察等。非制度性参与是指社区成员超越既定制度规范的参与活动，常见的形式有议论、投诉、抗议等。参与是民主的权利，高度的民主表现为“一人一票”制度，居民可以通过投票参与社区政治及事务的决策。参与能使居民对任何有关他们自身的决策和措施提出最有效的意见。参与特别强调广泛性，即要让社区内部不同的组织和利益群体都能有机会参加到有关社区发展的事务中来。自治的含义在于通过社区社会工作者的实践，使社区居民能够自己选择管理社区和利用社区资源的方式。而实现社区自治的最好方式就是将社区的事务和社区组织交给社区居民自己管理。

价值观和基本原则是社区社会工作者在工作实践过程中必须依赖的两个不同层次的理论依据。价值观决定了社区社会工作者思考和分析社会问题的路径，基本原则左右着社区社会工作者解决问题的方式。价值观和基本原则会随着社会的变化而变化，随着历史的进步而完善。因而，社区社会工作者在不断的实践过程中，也有必要对现有的基本原则提出修正，以谋求为社区居民的幸福提供更好的支持和协助。

【本章要点】

社会工作是一门助人的专业，面对的是不同的社会现象和社会问题，如何思考和评判，从什么角度来解决问题，都离不开社会工作特有的价值观和基本原则。社会工作的价值观根植于西方资产阶级文化，其中的新教伦理思想、人道主义和社会福利思想对社会工作的价值观影响深远。社区社会工作的价值观与社会工作的价值观十分一致，包括人的价值和尊严、人的需要、正义和公平、平等与自由等各个方面。

社区社会工作的基本原则是社区社会工作者在实际工作中应该遵守的守则，虽然学者们有不同的归纳，但以人为本、促进社区全面发展以及社区民主和参与是他们共同强调的原则。

【关键概念】

社区社会工作价值观　社区参与　以人为本

复习思考题

1. 简述社区社会工作的价值观。
2. 试述社区参与的目标与功能。
3. 简述社区社会工作的基本原则。

推荐阅读书目

1. 王思斌．社会工作导论．北京：北京大学出版社，1998.

2. 夏学銮．论社会工作价值教育的问题//现状·挑战·前景．北京：北京大学出版社，1991.

第五章

社区发展

第一节 社区发展的概念与历史过程

一、社区发展的概念

社区发展作为一种专门的社区工作方法，源于1947年美国印第安纳厄尔翰学院威廉·毕都（William Biddle）教授的“社区活动”（community dynamics）项目。社区发展是一个非常重要的概念，使用相当广泛，但是，由于学者和实际工作者们的观点、工作关注点不同，至今都没有统一定义。

在有关社区发展的文献中，主要存在着两种不同的观点，即任务与过程。两种观点相对立，有着明显不同的强调点。任务观点强调的是有形、真实或现实存在的目标，如一个新医院、一个学校，或者一座污水处理工厂等。而过程观点强调的是比较抽象的东西，如社区联系或者地方自治等。克瑞斯坦森和罗宾森（Christenson and Robinson）定义社区发展的任务取向为“社区中的一群人，在启动一项社会行动计划方面达成一致，从而改变他们的经济、社会、文化或者环境的现状”①。

沃伦（Roland Warren）指出，社区发展的过程取向是“加强社区水平模式的周密的、持续的努力”。联合国在1955年书版的《通过社区发展促进社会进步》一书也将其定义为：“社区发展可认为是一种经由全社会居民积极参与，并充分发挥创造力量，以促进社区经济与社会同时进步的工作过程。”②

米尼克莱尔（Louis Miniclier）也认为：“社区发展是一种社会行动的过程。在此过程中，社区人民首先要自己组织起来，找出他们的共同需要与问题，拟订他们的共同计划以满足需要与解决问题，在运作这一计划时，尽量运用当地社区的资源，必要时，由政府或其他社团协助。”③

关于两种取向不同的地方，我们可以举一个大公司的例子。该公司为了满足地方商会的要求，在一个社区设了一个分支机构。如果从任务取向看，由于保证一个新工厂成立的目标已经达到，所以社区发展已经确切地发生。但是，从过程取向看，似乎并不那么确切。如果商会的活动只是暂时的，而不是持续的，如果工厂的出现增加了纵向模式的依赖性，削弱了社区的纽带联系和认同性，那么，

---

① J. Christenson, and J. Robinson, ed., *Community Development in America*, Ames, IA, Iowa State University Press, 1980, p. 12.

② UN Economic and Social Council, Official Records of the 24th Session, Annexes, Agenda Item 4, *20th Report of the Administrative Committee on Coordination to the Council*, (E/2931) Annex iii 1956, p. 14.

③ Louis Miniclier, "Community Development Defined," in *The Community Development Review of I. C. A.*, No. 3, December 1956.

社区发展并未真正发生。两者的区别在于强调的重点和价值不同，社区的生活质量是否因新工厂的设立而提高，按照任务取向的观点，答案是肯定的，但是按照过程取向的观点，答案很有可能是否定的。

二、社区发展的历史过程

社区发展的实际内容随着社区的产生而产生。只要人们聚集而居，形成一个生活共同体，就会产生一系列的共同需要，要解决和满足这些需要，就因此而产生了一种互相合作的集体行为，这就是社区发展最为基本的内容。

工业革命以后，欧洲国家面临着一些在农业社会所没有碰到的一系列社会问题。为了解决新出现的社会问题。这些国家采取了一系列措施，倡导社区成员自我服务和志愿服务，建立睦邻组织、幼儿园、保健站、培训班，修建公共活动场所，培养社区成员的自治精神和互助精神，动员成员齐心协力，以在本社区创造出更好的生活条件。当时虽然还没有使用社区发展的概念，但实际上已经具备了现代意义上的社区发展的初级形式，并为后来发展中国家开展社区发展运动提供了一定的经验。

第二次世界大战以后，一些摆脱了殖民和半殖民统治的国家纷纷独立，但同时又面临着贫穷、失业、疾病、经济发展缓慢、教育落后、人口压力等问题。要解决这些问题，仅仅靠政府的力量是远远不够的。在这种情况下，一种运用民间资源、发挥社区力量的构想就应运而生。1947 年美国印第安纳厄尔翰学院毕都教授的“社区活力”项目启动。后来，该项目发展为由 80 多所大学和学院设置的“社区发展”课程，它是一个包括社会学、心理学、社会工作、城市规划、家政学和农业经济学等多个学科的课程。后来，联邦政府在 20 世纪 60 年代开始了全国性的社区发展运动。1970 年，美国专业性的社区发展学会成立，到 20 世纪 80 年代，该学会拥有会员上千人，分别受到大学、政府、企业和社区组织的聘用。

受美国社区发展研究和实践的影响，1951 年，联合国经济社会理事会通过了 390D 号议案，试图通过在经济落后地区建立社区福利中心来推动社区的发展，因而转向研究社区发展的可行性。在一些调查中，联合国有关组织的人员发现原来设想的社区福利中心并不能完全解决经济落后的问题，而以乡村为单位的地方社区建设则是一种更为行之有效的方法。这就是，由政府有关机构同社区内部的民间团体、合作组织、互助组织等通力合作，发动全体居民自发地投身于社区建设，由此加快落后地区的经济和社会发展。于是，联合国修改了原来的议案，以“社区发展计划”代替了原来的“社区福利中心计划”。1952 年，联合国正式成立了社区组织与发展小组，1954 年改为联合国社会局社区发展组。之后，这一组织在亚洲、非洲、南美等地区推行社区发展运动，为农村社区发展项目提供经济、技术援助，制订教育培训计划，改造旧有的公益设施，修建水利工程等，促进了欠发达地区经济的发展和社会问题的解决，取得了明显成效。

1957 年，联合国开始研究社区发展计划在发达国家的应用，试图通过社区发展解决工业化、城市化带来的一系列问题。1959 年，联合国在英国举办了“欧洲社区发展与都市社会福利”研讨会，此后，这一运动向发达国家扩展，使社区发展计划得以在美、英、法、德以及一些北欧国家实施。当前，全世界有 70 多个国家都在推行社区发展计划。

第二节 社区发展的目标与模式

一、社区发展的目标与功能

随着人们在都市化过程中关系变得疏远，社区联系逐渐解体，居民相互之间变得冷漠和无助；由于缺乏民主参与的渠道，个人在日益强大复杂的社会问题面前显得势单力薄。因此社区发展强调民主参与的极端重要性，认为只有通过互助合作，建立和谐的社区关系，增加居民的归属感，才能解决社会问题。

（一）社区发展的目标

徐震认为社区发展的目标可以分为直接目标和终极目标两种。

1. 直接目标

（1）协助社区居民认识他们的共同需要。

（2）协助社区居民运用各种技术援助。

（3）协助社区居民动员他们的社区资源。

（4）协助社区居民改善他们的生活环境。

2. 终极目标

（1）经济发展：发展居民职业的、技术的能力，以增加物质的建设，提高生活水准。

（2）社会发展：教育居民互助的、合作的精神，以协调社区的力量，改善人群的关系。

（3）政治发展：发展社区居民的组织，以训练居民的自治能力与自助精神。

（4）文化发展：文化发展亦即伦理建设。推行生活教育，举办休闲活动，提倡敦亲睦邻，以建立祥和的社会秩序。

以上四项长期目标必须同时并进。故社区在举办各项活动时，均要一方面注重生活，一方面注重教育，使经济、社会、政治、文化齐头并进；对各种工作予以协调规划，以达到平衡发展的目标。

美国一些学者认为：社区发展既是经济发展，也是政治民主和政府权力下放与合法化，以及社会和社区状况不断完善的过程。在 1999 年出版的《城市问题与社区发展》这本书中，哈佛大学社会学教授汤普森等人提出了社区发展的五大目标：发展和增强社区的物质资本、人力资本、社会资本、财政资本和政治资本。

(二) 社区发展的功能

社区发展的主要功能如下。

1. 民主制度的建设过程

实施民主制度，不是口号，而是一套工作的程序和方式，包括人民积极参与公共事务，认识社区的共同需要，通过集体思考、集体计划与集体行动和方式，以解决共同问题。因此社区发展可以说是一种基层民主的训练过程。

2. 助人自助的方式

天助自助者的说法，是古今中外一致主张的。其理由是自助产生自信，而自信是一种内在的自强力量。但助人的方式常有三种：(1) 替人做事；(2) 与人同做；(3) 助人自助。第三种为最高级的方法。从上述社区发展的过程与目标而言，可知社区发展是一种最佳的助人方式。

3. 社会安定的力量

人类的社会生活中，最亲密的团体是家庭，其次就是社区。近百年来，由于工业上的革命与发展，社会的流动与变迁造成了社会解组的现象。第二次世界大战以后，各国的社会解组均有加速与扩大之势。人民的生活在物质上虽有改善的事实，但在精神上由于个人与家庭的解组，反而痛苦日增。因为个人解组是家庭与社区解组的结果，于是许多人认为社会的改造必须从解决家庭与社区的问题做起。古代大家庭聚族而居，是一种血肉相连的自治社区，守望相助，故社会安定。今日大家庭制度既不能复兴，而家庭功能日益缩小的趋势又不能遏止。于是社区建设工作日渐重要，并被认为是一种社会的安定力量。

4. 社区革新的方法

社会学家认为社会变迁可分为自然的与计划的两种。自然的社会变迁是缓进的，未经过人们计划的，称为社会演化。演化的结果可能有优有劣，故社会演化不一定是社会进步。计划的社会变迁可分为急剧的和缓进的两种，缓进而有计划的社会变迁，称为社会改革、社会革新或社会建设，急剧而有计划的社会变迁，称为社会革命。革命与革新都是人类有目的、有计划、有指导的一种集体行动，而革新是在承认现行社会制度的前提下，使用和平的手段施以各种改革，逐渐改进为一种新的社会制度。社区发展工作就是一种有计划、有目标的引导社会变迁的行动过程，但属于一种微观社会层面的改革。

因此，社区发展的社会变迁计划都是属于社区内或地方性的，即社会革新中从小处着手的改革方案，但它仍应属于引导社会变迁、使社会进步的一种方法。

至于其引导变迁的内容，由于是在一种微观社会层面，故多与社区居民的日常生活有关，或着重“社区环境”的改善而提出“创新改革模式”，或着重“居民态度的改变”而提出“改变习俗模式”，都属于一种有计划的变迁。

而所谓环境改变或态度改变者，不过是这种有计划变迁的“一体两面”。因为改善社区环境总要影响居民的生活方式，而改变居民态度也必有助于生活环境的改革。

在社区发展中，我们可以将社区居民视为案主体系，将社区社会工作者视为变迁推动者，将社区问题视为需要改革的东西，将变迁计划视为行动的体系。①

二、社区发展的组织及模式

（一）社区发展的组织模式

对于社区发展的组织，各国各有差别，主要可以分为三种类型。

1. 整体模式

由国家成立一个独立的单位负责推动全国的社区发展。以菲律宾为例，政府为了推行社区发展工作，设立社区发展总统助理办公室，设总统助理一名，代表总统负责全国的社区发展工作。省、市、乡各级政府都分别设立社区发展协会，由专业社区工作者负责。

2. 委托模式

国家负责同意规划各种计划，但是将这些计划根据其性质委托给相关的职能部门办理。以缅甸为例，为了推行社区发展，中央成立协调协会，由国家计划部部长任主席，从事社区发展计划的研究与规划。然后根据计划涉及的部门，分别分配任务。

3. 分散模式

各种计划分别由不同的单位规划，并由其自行实施，没有一个统一管理与协调的部门。这种模式的典型代表是美国。由于美国的立国理念是分权，所以，社区发展也分别由各州政府、非政府组织、社区企业自己规划实施。

（二）社区发展的实践模式

通过对联合国《通过社区发展促进社会进步》等文件的分析，我们可以发现，世界各地的社区发展工作有两种主要的推行模式：地方性计划模式和全国性计划模式。下面分别介绍各自的情况。

1. 地方性计划模式

社区发展的地方性计划，是依据社区所在地域环境的特殊性与社区的主观需要而制订的。工业化国家的都市地区与经济落后的农村地区的发展计划各不相同，如在工业化都市中所推行的都市社区发展，一般以传统的社区组织方法为主。有的设置以社会、文化、娱乐为主的社区中心；有的以睦邻组织为中心，侧重于文化教育方面的工作；有的以社区福利协会及联合募捐会等为中心，推行各

---

① 参见徐震：《社区与社区发展》，2版，167～170页，台北，正中书局，2002。

种社会福利工作。

至于经济社会落后地区推行的农村社区发展，各国采用的方式大致有以下几种：

（1）利用和改造旧有的社区中心。如泰国以佛教寺院为社区中心，有的东南亚地区将乡村的家族祠堂改建为社区中心等。

（2）新建社区中心。在社区建造房屋设施，用作社区中心。但根据联合国社区发展调查团的报告，研究者一致认为先筹建房舍，不如先动员人民研究问题，合作互助，决定改进办法，然后再筹建房舍，推行工作。如果政府先在社区代建房舍，而社区人民不予支持，社区发展工作就难以取得成效。

（3）以学校为社区中心。这种以学校为社区中心的方式，采用的国家较多。在工业都市以学校为中心推行社区福利，已是常见的方式；而在经济落后地区办社区中心学校，则成效更为显著。如菲律宾的社区中心学校相当发达。中国以往的乡村建设运动亦以学校为中心，都是较为成功的经验。

（4）以农村社团为社区全面改革计划的工具。印度、泰国在推行社区发展时，发现农村各种社会团体机构的协调配合和一致努力，是推进社区发展的重要动力。

（5）以民间团体推行福利中心的工作。如斯里兰卡以妇女会为中心，非洲刚果等地政府则以民间团体为主，来推行社区发展工作。

（6）由政府筹建农村中心及农村福利会社。这种方式的关键在于社区人民能参与支持。如斯里兰卡的战时农村新闻处，战后即为民间的社区中心。其他如波多黎各、伊拉克等也都是由政府计划筹建起社区中心，以推动社区发展。

（7）以合作社组织为社区发展的中心。如以色列的合作垦区是“共产主义”式的集体农庄，这种合作运动可以成为社区发展的极佳方式。

（8）以紧急救济的设施，衍生社区发展计划。如印度的难民新村、以色列的移民垦区，均为典型的例证。

2. 全国性计划模式

各国利用各种全国性的建设计划，来推行社区发展工作，其主要方式有以下几种：

（1）配合工程计划推行社区发展。第二次世界大战后，许多国家利用全国性工程建设计划来推行社区发展。这些工程以建设学校、医院、道路、水利工程等为主，如希腊、韩国战后重建工程，均由政府补助地方工人工资的一部分，通过工程建设带动社区发展。缅甸、斯里兰卡政府在制订工程计划时，与地方社区福利协会订立合同，以便同时兼顾社区发展的需要。非洲国家政府，则补助经费物资，协助地方人民从事工程计划。

（2）通过大规模的水利工程、土地改革及垦殖计划推行社区发展。仿照美国田纳西流域开发计划的经验，西非的尼格河水利计划、苏丹的乌姆格尔水利计划、巴基斯坦的泰尔水利计划、斯里兰卡的高尔奥雅水利计划、墨西哥的巴巴劳潘河水利计划等，依托大型水利工程，促进社区发展，皆有所成就。而非洲则多利用垦殖计划，波多黎各、墨西哥、玻利维亚更用土地改革计划促进社区发展。

（3）全国普遍设置社区福利中心，推行社区发展。如埃及政府自 1946 年起，决定在全国各地设置农村福利中心推进社区发展计划，在 1951 年建立了 5 个，1954 年达到 150 个，每一万村民有一个社区中心，作为推进社区发展工作计划的核心机构。中心由政府补助，地方自力维持：集合农工教育、卫生、社会福利设施于一处，以服务村民。当时的社会工作专家称之为社区福利组织的模范。

（4）农村福利协会计划。斯里兰卡的农村发展会社、牙买加的社会福利委员会为当时全国性社区发展计划较有影响的例子。

（5）配合全国教育计划的实施，推行社区发展。即在推行全国性教育计划的同时，推动社区发展。波多黎各的社区教育计划、缅甸的成人教育协会、印尼的成人教育委员会等均属此例。

（6）结合推广农业技术发展农村经济，推行社区发展。巴基斯坦 1953 年的乡村农产品加工业发展计划和印度 1952 年的社区发展与农业推广计划，都是希望通过推广农业技术发展农村经济，以求推动社区的发展。至于美、加等国由公立农科大学与有关方面合作，推行农村改革，推广农业生产技术，促进农村社区的发展，则已有了数十年的研究和实施的经验。

在世界性的社区发展运动中出现的这些实践模式，虽然有的并没能长期持续发展，有的成效不很显著，但它们都在不同时期、不同程度上促进了这些国家，特别是广大发展中国家的社会进步和社区发展，是现代社区工作重要的发展成果。

第三节
社区发展的原则与路径选择

一、社区发展的原则与推行方式

社区发展的原则可以分为基本原则和工作原则，但是，由于研究者和研究机构的视角、关注方面的不同，无论是在基本原则还是在工作原则的看法上，都有一些区别和差异。部分原则在上一章已提及，这里再分类简述如下。

（一）基本原则

1. 联合国的原则

（1）社区各项活动必须符合社区的基本需要，并根据民众的愿望，制订主要的工作方案。

（2）社区局部的改进虽然可以从各方面着手，但是，全面的社区发展必须建立多目标的计划与各方面的联合行动。

（3）在推进社区发展的初期，改善居民的态度和物质建设同样重要。

（4）选拔、鼓励和训练地方领导人才是各项社区发展计划中的主要工作。

（5）社区发展应特别重视妇女和青年的参与，以扩大参与基础，求得社区的长期发展。

（6）社区发展的目的是促进人民热心参与社区工作，从而改进地方行政职能。

（7）社区自助计划的有效开展有赖于政府积极、广泛的协助。

（8）建立全国性的社区发展计划应当有完整的政策。

（9）地方、全国、国际的非政府组织的资源，在社区发展中应当充分利用。

（10）地方的社会经济进步必须与全国性的发展计划互相结合。

2. 邓汉姆的七条原则

（1）民主自治原则。

（2）基层自发原则。

（3）大众参与原则。

（4）社区合作原则。

（5）社区服务基于社区需要。

（6）社区服务必须全盘考虑。

（7）社区服务应着重预防性的工作。

3. 徐震的八条原则

（1）组织的原则。

（2）教育的原则。

（3）整体利益的原则。

（4）均衡发展的原则。

（5）注重社区自助。

（6）注重工作扎根。

（7）注重地方计划与国家计划的配合。

（8）注重预防性的社区工作。

（二）工作原则

1. 罗斯的八条原则

（1）从鼓励居民发掘社区问题入手。

（2）将不满情绪导入行动。

（3）工作方案的设计要符合社区多数人的利益。

（4）社区的组织须具有各方面的代表。

（5）工作推动应当把握社区中活动的各种机会。

（6）应当加强沟通。

（7）社区活动应当了解社区内各群体的背景。

（8）应当注重长期发展目标。

2. 徐震的五条原则

（1）社区需要的决定，应当以居民的意见为主，专家的意见为辅。

（2）社区工作的组织，应当包容社区各界的力量。

（3）社区工作的设计，应当是综合性的，并尽可能满足多数人的利益。

（4）社区工作的宣传，应当了解社区文化背景，把握机会。

（5）社区工作的协调，应当促进各机构、群体、组织的沟通与互助。

（三）推行方式

推行方式可以分为两种，一种是直接方式，另一种是间接方式。

1. 直接方式

（1）主旨：强调“物”的建设。

（2）做法：以命令行事，由上而下地推行，社区发展计划由委派的人员设计，由政府机构的领导核定。可能有一些形式上的居民会。

（3）优点：办事迅速，可收“有形”之效；不需要征求普通民众的意见，计划就可以实施。

（4）缺点：此种推行方式全凭权力，工作计划未必适合社区的需要及符合居民的希望。因此，民众常不愿意参与行动，往往是政府费力不讨好。由于居民不认同这些计划是他们的，事事袖手旁观。上级人员走后，工作即停顿，无法保持成果。仅此一个缺点，就可将全部优点抵消干净。

2. 间接方式

（1）主旨：注重“人”的发展，发展居民的能力、知识和合作精神。

（2）做法：从根本做起，由下而上地启发。社区的需要和共同的问题运用居民共同讨论、共同思考的方式，通过自我教育、自我组织的过程，由工作人员协助确定。具体工作步骤：第一，先由工作人员与居民建立友好关系，取得信赖；第二，工作人员与居民一起寻求社区的问题和居民的意愿；第三，确定迫切的问题，提出可行的计划；第四，共同策划、共同行动，动员和利用内在资源，并寻找外来协助；第五，政府协助其自助计划，予以资助。

（3）优点：切合地方需要，可收“生根”之效。对居民而言，可以培养居民的责任感、归属感和公德心；对政府而言，是鼓励居民自助自发、互助合作的有效方法。从教育上说，是实际的、具体的社会教育；从经济上讲，是运用民力进行地方建设的不二法门。

（4）缺点：不易管理，既需要地方真正热心公益事业的人士，又需要训练有素、认真工作的工作人员。此种全靠教育和组织的工作过程，对于政府来讲，既慢，又因其是无形建设而不易体现成果。从个人行政绩效的立场，此种做法不易被采纳。而且，民众选择的计划，未必符合国家或地方政府的意图，政府常常不愿意资助。

基于以上分析，直接方式易于见功，而难以持久；间接方式则难以见功，而易于生根。①

---

① 参见徐震：《社区与社区发展》，2版，253～264页，台北，中正书局，2002。

二、社区发展的三种路径选择

社区发展存在着三种不同的路径，即自我帮助、技术支持和冲突。第一、第三种通常更贴近过程取向的视角，第二种则更贴近任务取向的视角。

(一) 自我帮助路径及其运用

1. 自我帮助

自我帮助（self-help）建立在自我决定的民主原则的基础上，其假设是“人民能够参与发展过程和能够完全控制这个过程”①。社区发展机构主要是一个“推动者”，地方居民对以下事务承担主要责任：（1）决定社区中需要的东西；（2）决定发展的方法；（3）进行发展工作。社区发展机构的目标是加强决策的横向模式和实施，特殊的任务几乎没有。这种路径的最重要部分是将社区居民团结起来一起行动的过程。

2. 自我帮助的实际运用

在社区内加强横向模式的过程既困难又复杂，困难之一是社区中居民的宿命论和漠不关心。社区中的普通居民可以影响地方生活质量的思想，通常是很难让那些有正当理由持怀疑态度的公众接受的。当然，这种漠不关心也是现代大众的社会病症之一，所以，社区组织者的首要任务就是灌输相互支持和集体行动的社区式理念。

从自我帮助的视角看，在建立社区式理念过程中的社区发展机构的作用是有限的，非常像某些社会学理论家所总结的群体的“情感性的功能”。社会学家帕森斯和贝尔发现，群体需要两种类型的领袖：一种是提出行动和分配角色的任务领袖；另一种是注意群体成员如何感觉和工作，消除群体内产生的紧张的情感性领袖。地方变迁机构的角色可以被看做是情感性的领袖，另外，任务领袖应当是社区内的产物，因为只有当地居民才有资格确定群体的目标。

第一，自我帮助的路径一般是在和谐的社区完成得更加出色。社区包括不同的群体和多元道德价值观，更加民主与和谐的社区可以避免利益僵局的产生。

第二，以中产阶级为主要成分的社区可能更加适合自我帮助的路径，因为，这些居民有相互帮助的偏好和资源。而对于那些无权、冷漠或者低下阶层的居民来讲，这种路径或许是一个天真的幻想。但是，对于那些上等阶层的居民来讲，由于他们关心的更可能是超地方的事务，所以，将他们围绕地方的事务而组织起来可能更加困难。

第三，具有多元主义权力结构的社区应当有开放和民主决策的传统，这些有利于自我帮助的路径。而具有精英论权力结构的社区，在进行自我帮助的社区工

① Donald W. Littrell, “The Self-Help Approach,” in *Community Development in America*, edited by James Christenson and Jerry Robinson, Ames, IA, Iowa State University Press, 1980, p. 3.

作中，可能没有多少经验方面的借鉴意义，其政治结构也不大适应。进一步讲，如果是那种统治精英的结构，也可能视这种类型的社区发展为一种威胁。

第四，在那些相对孤立和自治的社区，这种路径或许是最易于实施的。因为自我帮助的过程强调当地居民对其环境的责任，而那些纵向联系模式很强，横向联系模式很弱，即上下级等级关系强而自治较弱的社区，可能不大会接受自我帮助的路径。当然，那些具有极弱横向联系模式的社区，从自我帮助的角度来进行社区发展也同样是非常困难的。但是，这些社区却是非常需要进行这方面的社区发展的，会从中得到极大的收益。

（二）技术支持路径及其运用

1. 技术支持

在很多方面，技术支持（technical assistance）都是与自我帮助相对的。自我帮助强调横向的联系模式，而技术支持强调的是纵向的强加的任务。自我帮助建立在重建滕尼斯的礼俗社会的基础上，而技术支持常常建立在促进法理社会的基础上。

技术支持建立在专家假定的需要的基础上，专家包括计划者、项目管理者、成本—收益会计、律师、顾问等，通过这些专家的技能和知识，可以指导和评估社区发展的过程。从这个角度出发的社区发展自然要包括经济发展（如吸引新的产业）、社会服务提供系统（如救护车服务）以及协调现有的服务（如区域规划）等任务。这实际上常常是一种典型的社区发展形式，正如甘和费舍尔（Larry Gamm and Frederick Fisher）指出的，技术支持是我们现代社会法理社会特征的直接产物，“社区发展中技术支持路径的大量使用，促进了两种类型的力量。第一种是增加了现代社会中组织之间的复杂性、专业性和相互依赖性，这种力量或者动力使社区即使在那些传统上一直是由社区承担和履行的功能方面，也产生了对技术支持的需要。第二种力量是由外部组织让予社区或者扩大到社区的新的功能”①，使得社区越来越失去了社区的特色。简而言之，所有这些产生了“社区的丧失”、“大众社会的形成”的病态现象。

2. 技术支持的实际运用

在大众社会普遍性以外，谁能够决定什么时候需要专家、技术人员？谁能够决定谁有资格做专家？谁决定哪些项目或者计划需要技术支持？在大多数的案例中，这些问题的答案基本上是超地方的，往往是更大区域甚至是全国性的。一般来讲，技术支持的过程几乎都是纵向的模式，任务将会影响社区，但是，完成这些任务的刺激动力却来自社区以外。

今天，大多数社区发展的项目是由上级政府部门进行的，政府发动和资助这

① Larry Gamm and Frederick Fisher, “Technical Assistance Approach,” in *Community Development in America*, edited by James Christenson and Jerry Robinson, Ames, IA, Iowa State University Press, 1980, pp. 60-61.

些项目，决定专家的基本标准，这些专家提供技术支持和评估。换句话说，就是技术支持必须符合政府的要求，然后才能提供，并且要保证政府的指令与指示被遵守和贯彻，如此，社区才能获得资源。

在技术支持的大多数案例中，特定的任务往往要完全优先强调横向联系的过程，事实上，由于任务的基础是社区的纵向联系模式，所以，这往往会引起横向联系模式的退萎。技术支持往往会导致社区居民关注地方政府和国家或者外部的专家，而不是社区内大家一起解决社区的问题。

不过，当社区问题的解决是仅仅需要物质或者资金时，当社区问题和答案都已经得到清楚界定时，当关注点主要集中在物品和服务的有效送达时，技术支持无疑是最好的方式。但是，多数社区的问题并不适用这些标准。比如犯罪或者贫困，由于其复杂的成因和解决方法，一般不是仅仅靠以上方式就能够彻底解决的。通常我们喜欢将我们问题的解决归为技术方面的处理，而不是结构上的变化，所以技术支持是社区发展中最普遍的应用措施，即使这种路径很少能真正解决问题。再者，克瑞斯坦森指出："那些依赖于技术支持的地方机构的出发点是为人民，而不是与人民一起工作。……这种路径在相当程度上忽视了公众的投入和参与。"①

甘和费舍尔也指出："我们进行的外部技术支持越多，我们就应当越明白，这种路径根本不会像我们所希望的那样出色和有效。"②

（三）冲突路径及其运用

1. 冲突

在许多方面，冲突（conflict）的路径与自我帮助和技术支持是对立的。后两种表面上是无涉价值的。自我帮助假定，价值必须源于社区的居民；而技术支持假定，被提供的技术设施与任何价值观都没有关系。冲突取向的地方机构相信，在现存社区的结构中存在着公正的现象，冲突是沿着更平等的方向重新建构社区所必需的。

2. 冲突路径及其运用

社区发展的冲突路径非常接近于社区组织的工作。那么，如何进行冲突取向的社区发展呢？

第一，那些外面的专业社区组织者需要得到社区领袖的正式邀请。如果没有得到这方面的正式邀请，就应当创造条件来产生这种局面，以便形成广泛的社区赞同和利益关注。

第二，进行田野调查和研究，以便确定社区结构中重要的要素成分，如社区规范、权力结构、各个分支组织、潜在的领袖等。亚伦斯基（Alinsky）认为，这是倾听、观察和学习的阶段。

---

① James Christenson and Jerry Robinson, *Community Development in America*, Ames, IA, Iowa State University Press, 1980, p. 45.

② Larry Gamm and Frederick Fisher, "Technical Assistance Approach," in *Community Development in America*, edited by James Christenson and Jerry Robinson, Ames, IA, Iowa State University Press, 1980, p. 59.

第三，对全社区要求变革的情绪进行动员。通常的策略是设立一个能够将全社区团结起来的对手。亚伦斯基在其工作过的罗切斯特是这样做的，首先召开一个大会，在会上他将一个主要的企业确定为对手："也许我是清白无辜的，也许我没有被告知这里发生的一切，但是就我所知的唯一一件事情，就是柯达公司在种族问题上不大光彩。"①

第四，重新强化现存的社区组织，同时创建代表多个地方群体的新组织。这一步是比较困难的一步。"组织的目标应当是解决那些主要的问题，这些问题常常是那种单个的机构所无法应对的。然后，各个机构再继续实施自己的活动项目。"②

第五，赢得对对手的胜利，进行服务的提供。一般来讲，维持社区发展组织的活动是关键的因素，因为冲突的路径是短期的，而不是持续的发展。

以上三种主要的社区发展路径，其目的都是为了促进和提高社区的生活质量，但是，每一种路径关于社区问题和解决方案的假设都是不同的。表5—1列举了它们的异同点，指出了各种路径适合的社区情况。考虑到社区工作机构的价值观和社区的特点以及需要解决的问题的性质，某种路径可能比其他的路径更为合适。

当然，除了选择某种单个的路径外，也可以考虑综合性的方式，即罗斯曼提出的自我帮助、技术支持和冲突的"综合和同步的"方式。因为，社区可能存在许多问题，它们需要这种混合型的思路。比如，一个社区可以在最初启动时选择自我帮助的路径，然后再选择另一种路径。或者，也可以先进行冲突路径的实施，使得组织和社区权力结构可以保障自我帮助路径的引入，等等。

表5—1　　三种社区发展路径的比较

路径	机构的价值观	社区工作机构的专业	对案主的理解	与权力结构的关系	理想型的社区特征	任务/过程的关系
自我帮助	民主的	社会工作者、志愿者	在加强横向联系中需要帮助的、未组织起来的居民	希望扩大决策参与面，也许会被看做是对权力结构的威胁	同质性强，中产阶级为主	过程优先于任务
技术支持	中性的	社会学家、社会工作者、经济学家	需要更有效服务的未受训练的消费者	为权力结构工作	失去的社区，依赖于社区以外的帮助	任务是一切，过程无所谓
冲突	平等主义	社区组织者、社区工作者	被剥夺的居民、需要团结起来改变现存社区结构的人	对现存权力结构有所威胁	中下层阶级或阶层社区	任务和过程同样重要，任务或许更受欢迎

① Saul D. Alinsky, *Rules for Radicals*, New York, Random House, 1971, p. 137.

② Saul D. Alinsky, *Revveille for Radicals*, Chicago, University of Chicago Press, 1946, p. 86.

【本章要点】

本章介绍了社区发展的概念与历史过程、社区发展的目标与模式、社区发展的原则与路径选择。在有关社区发展概念的文献中主要存在两种不同的观点，即任务与过程。社区发展的实际内容随着社区的产生而产生。只要人们聚集而居，形成一个生活共同体，就会产生一系列共同需要。为解决和满足这些需要，就产生了一种相互合作的集体行为，这就是社区发展最为基本的内容。

社区发展的目标可分为直接目标和终极目标两种。社区发展的模式包括组织模式和实践模式。社区发展的原则分为基本原则和工作原则，其推行方式也分为直接方式和间接方式。社区发展存在三种不同的路径，即自我帮助、技术支持和冲突。第一、第三种途径通常更贴近过程取向的视角，第二种则更贴近任务取向的视角。

【关键概念】

社区发展　社区发展的任务取向　社区发展的过程取向　自我帮助　技术支持　冲突

复习思考题

1. 社区发展的概念存在哪两种不同的观点，其主要内容分别是什么？
2. 社区发展的主要目标是什么？
3. 试述社区发展组织模式的主要类型。
4. 试述社区发展的实践模式。
5. 比较不同社区发展原则的异同点。
6. 试述社区发展直接的推行方式和间接的推行方式的主要内容，以及各自的利弊。
7. 社区发展主要有哪些路径选择？比较各种路径的特点。

推荐阅读书目

1. J. Christenson，and J. Robinson，ed. *Community Development in America*. Ames，IA：Iowa State University Press，1980.

2. Saul D. Alinsky. *Revveille for Radicals*. Chicago：University of Chicago Press，1946.

3. Saul D. Alinsky. *Rules for Radicals*. New York：Random House，1971.

4. 徐震．社区与社区发展．2 版．台北：正中书局，2002.

第六章

社会策划

第一节 社会策划的含义、基本假设和价值取向

一、社会策划的含义

“策划”意指“出谋划策”，属于中性，具有褒贬两义。“策划”在《辞海》中被解释为“计划、打算”，在《现代汉语词典》中被解释为“筹划、谋划”。策划是一种程序、一种过程，是对未来要发生的事情作当前的决策，即根据各种情势与信息判断事物变化的趋势，确定可能实现的目标和预期的效果，并据此来设计、选择能产生最佳效果的资源配置与行动方式，最后形成正确决策和工作计划的复杂过程。简言之，策划就是预先决定做什么、何时做、如何做、谁来做。

策划是一种十分普遍的工作方法，事实上个人和组织都需要不同程度的策划工作。人类最早的集体策划开始于农业部族社会，巫师在其中充当了策划者的角色。那时的策划主要围绕战争、庆祝及宗教祭祀活动进行。到了奴隶社会和封建社会，策划的领域进一步拓宽，涉及城市设计、道路修筑、军事战争、庞大建筑等方面。进入到近现代社会，策划几乎涉及组织的方方面面。从经济和商业管理中的市场、投资、人事策划到整体的组织战略性策划，从城市发展的房屋、交通、环境、新市镇策划到社会发展中的人口、教育、医疗及福利的社会策划等，策划已经渗透到国家和社会的所有群体活动的空间。离开了策划，组织的发展几乎不可能。正如维达斯基所说：“既然策划无处不在，没有策划的情况并不存在，因此策划并不代表得了什么。”古代社会的策划多受实际经验及宗教信仰的影响，缺乏科学性、群众性。近现代社会的策划多以科学、理性和逻辑为指导，并以改善人类社会环境及生活素质为目的，具有鲜明的科学性、可行性、公益性和服务性等特点。

可见，社会策划作为一种社会发展的理性主义、社会工程学的具体应用，范围是广阔的。不论是国家的宏观发展计划、社会问题的社会政策策划、地区重建规划、项目管理计划，还是家庭计划、个人发展计划等，都可以体现理性和计划的理念。由于社区工作是就某个微型地理社区或功能社区开展的组织和服务工作，所以与社区工作相关的社会策划主要在地区重建规划、社区问题的政策策划、社区服务的项目管理、社区居民组织的计划管理等方面应用。社区层面的社会策划就是社区工作者以理性方法，通过清楚理解工作机构的工作理念、政策、资源和方向而确立社区工作目标，从多个预选方案中选择一个最理想的工作策略，然后根据社区需要而动员、分配资源，并在工作过程中结合变化的实际随时修改计划，使计划按预定的目标行进，待工作结束时对计划执行情况加以检讨和反思的行为过程。社会策划模式既是一种社区、社会发展的策略，也是具体的发

展项目的管理。

二、社会策划的基本假设

（一）社会策划的理论预设

1. 关于人性的预设

认为人是理性的经济人，追求个人利益和效用的最大化是人的本能。因此人们之间的关系一般体现为理性选择的工具性交换关系。但是社会策划模式的持有者并不认为这种关系会导致人际关系的异化和疏离，相反，在理性原则指导下的人际互动会带来社会活动效率的提高、个人满足手段的增多、个人需求的满足等。理性的经济人会在追求个人利益的过程中出于对自己长远利益的考虑而建章立制、规范行为，从而减少投机和“搭便车”行为，降低运行成本，提高行为的效率。

2. 关于社会、社区的预设

认为社会系统是既建立在个人之上，又相对客观、独立的一个系统整体，有自己的边界，有自己的平衡机制，有自己的分化增长机制，各个子系统通过能量交换实现自己的功能。外部冲击会带来社会系统的失衡，但是系统会通过调整渐渐恢复平衡，并提升原来的系统平衡的水平。社区是一个在一定的外部环境下互动的结构组织，它通过区分环境的关系表现出边界维持功能，它可以通过适应外界的变迁保持均衡，来把外界变化对组织结构的影响减少到最小。

3. 关于社会变迁的预设

认为社会变迁是人类有组织、有计划、有步骤的理性发展过程，是在人的理性指导下逐步建构、逐步完善、逐步推进的。但是这种理性进步观点不是自由主义的自然和谐论或自发演进论，也不是社会生物学的弱肉强食、适者生存的社会达尔文主义的进化论，而是一种主张通过对社会发展规律的系统研究认识，掌握社会发展的内在规律，然后统一计划、管理，促进社会的发展和变迁，或者说是一种有计划、有组织的控制和引导社会发展的社会工程论。

4. 关于人的行为动机的预设

认为人是理性的，有较强的认知能力和实践能力，他或她会在价值、利益等诱导下理性地追求个人利益最大化。在追求个人利益的过程中，不经意地增进了公共利益。无论是个人利益还是社会利益都不会自发实现，它需要配套的制度建设和文化环境，即法制建设和道德建设。只有对理性经济人的正向激励而没有对其行为的约束和监督即负激励，人的理性、自私的动机将会带来社会的混乱和人际的冲突，甚至是流血战争。因此，必须对人及其行为进行有计划、有组织的管理，才能带来社会的秩序和合力、繁荣与进步、人与人的双赢。

（二）社会策划的现实依据

社区问题的产生源于社区缺乏制订和实施科学计划的能力，也就是在人力、物力和组织等方面缺乏资源，尤其是缺乏优质资源。但这些资源又不是短期内所能够填补和提升的，所以最简便、最有效的途径是专业人员的介入和参与。

1. 居民素质低，缺乏社区领袖

素质低体现为知识水平、认知能力、思想道德觉悟、利他精神不高。这种状况限制了居民自己解放自己的认识问题和解决问题的实际能力。社区领袖通常是社区的政治领袖和精神领袖，对于社区、社区组织和居民来说非常重要。因为他们能够团结和领导有共同信念和利益的群众，争取合理的权益；而且他们能把所属的群体引向独立自主，并使之体现民主社会的参与精神。社区领袖之所以拥有这个能力，是与他的素质密不可分的，一般情况下，素质决定能力。素质好能力必强。一个好的社区领袖，通常具有以下特点：（1）热爱人群；（2）易交朋友；（3）善于聆听；（4）易与别人建立良好的关系；（5）勤奋工作；（6）乐于助人；（7）表达能力强；（8）思想开放，不故步自封；（9）勇敢面对困难；（10）严于律己；（11）自我认同感强；（12）协助别人建立自信；（13）有广阔视野；（14）具有历史感和前瞻性；（15）善于处理压力；等等。缺乏社区领袖，一盘散沙的群众就很难被组织起来，群众的利益也难以表达出来。

2. 财力资源匮乏

问题社区大多是贫困社区，缺乏足够的物力、财力资源。问题社区的问题多是贫穷引起的，贫穷往往是落后、愚昧、罪恶的渊薮。造成贫穷的原因有三：一是制度性、结构性的缺陷造成的资源分配不公。如产业结构调整带来的结构性下岗和失业，国民收入分配的不公、社会保障体制的不健全造成的社会两极分化，政府公务员的渎职以及政府的政策与行为的失当和偏差等造成的地方经济社会发展的滞后等。二是环境的破坏。环境问题与贫穷存在着直接的结构关联。居于贫民区的人被误认为只会关心自己的基本经济条件，而不注意整体的环保问题。事实是：他们是最受污染环境影响的一群，环境污染直接打击贫民，剥夺了他们的生产力、健康和其他生活条件。[①] 三是自身的道德和能力上的缺陷。新保守主义认为，自由市场制度为社会上的每个人都提供了公平的发展机会。只要个人肯付出努力，就必然能充分发挥其聪明才智，并得到回报。社会不平等与个人天赋的差异有关。自由市场制度将各人不同的天赋适当地反映出来，并形成不同的利益格局。贫穷往往是懒惰等道德恶习造成的。贫穷削弱了与当权者讨价还价的能力，限制了解决问题和发展自己的能力。经济是基础，有了经济手段，其他问题才容易解决。

3. 缺乏利益诉求的组织或已有的组织失去了应有的功能

一个人的力量是有限的，很难挑战当权者或解决困扰社区发展的宏观问题。团结就是力量，组织是解决凭个人力量不能解决的问题的根本手段。问题社区积贫积弱，没有合力，症结在于缺乏代表他们利益、有着共同目标的组织把他们组织起来，动员起来，把潜藏于他们当中的能量激发出来。组织是团结的基础。组

---

① 参见周勇新主编：《社会工作学概论》，香港，商务印书馆，1994。

织越严密，成员即越团结、力量也就越大。参与的人数越多，讨价还价的力量也就越大。已有的组织缺乏联系，甚或是心存误解，就会难以形成拳头，资源不能共享，优势不能互补，阻碍了经济更快更好地发展，降低了因不能结成同盟在社会性或社区性事件上向当权者施压的能力。所以问题社区问题的解决依赖于专家的介入。社区工作专家深入社区，运用专业方法和技巧，寻找需要和问题，制定切实可行的系统方案，动员群众挖掘、开发资源，建立组织，培养社区领袖，解决问题，达到社区变迁的目的。

三、社会策划的价值取向

（一）变革传统的取向

在变革传统取向下，策划者以研究国家在社会变迁中的角色为主，希望通过科学知识及分析，设计出理想的计划，改良现行社会制度内弱势群体的生活条件。变革传统的特点是站在保护和扩大低收入群体利益的角度，批评政府决策与政策，并希望和努力争取获得政府对他们建议的宽容与支持，改善社会的不正义不公平的结构，寻找和建立理想的社会模式。变革传统取向的社会策划仿效司法制度，建构了倡导策划模式。该模式认为，政府应该允许持不同意见的人士或其代表表达其对政策及计划的不同看法。策划者好比法庭上的律师，各自代表诉讼当事人的利益，以法理陈述和据理力争使国家出台的政策更多地照顾到其所代表的当事人的利益。由于一般的社会政策及计划都十分复杂、专业，普通居民难以认识和了解，几乎也不可能参与这些决策的听证与制定，这就需要策划者倡导政府在制定政策时更多地考虑到低收入群体的需要和利益，并想方设法提高弱势群体对政策的影响力以及话语权。

在变革传统的行动中，策划者既不能中立也不能退居幕后。因为社区的主要问题与居民的生活息息相关，但居民的诉求通常都不容易表达或为决策者所接受。因此，社区工作者不是停留在以专家的身份及鼓励者的角色为居民出谋划策的职责上，而是要尽可能提高居民对问题的关注及了解，并组织居民参与到批评及尝试令政府修改政策的活动中来。但传统的社区工作概念认为，这种策划手法侧重专家知识及领导，容易引起居民对专家的依赖，容易被政客利用，成为他们增加政治资本的手段。

（二）政策分析的取向

在政策分析取向下，策划者是受聘于政府的技术专家，他们的工作主要包括收集资料，利用统计及科技手段分析资料，寻找各种解决问题及应付危机的方案，以客观、中立的地位，协助、支持政府达到管制的目的。在高层，策划者以政府顾问或智囊的身份出现，为政府出谋划策。在社区层面，策划者首先作为草根社会的知情者，为上级机构提供世情和民意，这是科学决策、民主决策不可或缺的环节；其次作为政府政策的执行者，负责政策的贯彻落实，他们的状态如何直接影响着政策目标的实现，影响着政府的形象和威信，因为基层群众对执政党的认识是通过与他们打交道的公务员或事务员的实际表现形成的。总之，高层决策及实际执行工作上的配合是政策成功的重要因素。

（三）社会学习传统的取向

在社会学习传统取向下，策划者作为顾问或推动改变的中介人，与案主交往、合作，了解、分析及改变计划。策划过程是提高案主自我效能认知和集体效能认知的训练过程，是组织和教育的过程，其价值导向和最终目标是个人的成长与提高。该取向的理论依据是社会心理学及杜威的实用主义教育思想。社会学习传统认为，策划是一个灵活适应的过程，需要不断地从实践中学习，并根据实践的变化和要求及时对原计划进行适当的修改，与时俱进，永不僵化。

（四）社会动员传统的取向

在社会动员传统取向下，策划者作为组织者、指挥者、行动者，身体力行，与群众一道共图整体性的社会结构的嬗变。该取向的理论依据是马克思主义及法兰克福学派的社会批判理论。该取向有两个不同的趋向：一是退离社会、发展自力更生的另类集体社区；二是参与社会运动甚至革命，借以改变现有的政治经济环境。

在社会动员传统取向的持有者看来，专业策划工作是维护当权者的工具，是社会控制的重要机制，是统治者的帮凶和助手。因此，持社会动员传统的策划者们反对以经济利益为中心的计划及政策，强调改变社会不平等及权力集中的社会结构，策划者的工作就是动员群众去了解、批判现存社会制度的矛盾与弊端。由于社会动员传统是一种反对现存制度及其体制的思想，因此不可能成为社区工作的主流。在任何社会，政府都不可能支持和资助自己的反对者。

第二节 社会策划的功能、特征、内容、案主及工作员角色

一、社会策划的功能

社会策划如同一幅工作蓝图，在引导工作方向，加强工作者之间的沟通、交流、协调、分工，使资源效能得到最佳发挥的同时，还可以促进社区工作者对策划活动的理解，提升其自信心和领导力，形成团队精神，了解掌握案主的兴趣与

需要。具体来说，社会策划具有三个方面的功能。

（1）社会策划是开展工作前对社区总体状况的全面总结。社会策划的前提是对社区的整体状况作全面、深入的调查、了解，因此，社会策划是从社区的角度对组织进行一次较为系统的总结，在总结的基础上找到需要解决的问题，从而确定下一步的目标和任务。

（2）社会策划是培养工作者团队精神和居民社区认同感、归属感的载体。社会策划需要工作者、工作机构、社区行政管理人员、社区居民的参与和认同，而策划的实施则需要工作者和参与人员的配合、支持和努力，这就为社区工作者团队精神和居民社区认同感、归属感的培养提供了良机。团队精神和社区认同感是社区工作的核心问题之一，它可以使社区行为趋向自觉化。

（3）社会策划是下一阶段社区发展的指路明灯和融洽专业关系的途径。社会策划通过对既有问题的分析和对未来的预测，发现社区工作中存在的问题与不足，为社区以后的发展提供准确的依据，明确下一步工作的努力方向。同时，它还能发挥自身的咨询作用，帮助每一个工作者和案主对工作有一个整体的客观认识，认知存在的问题，从公众的利益出发，有针对性地制定工作方针，做出符合实际的新的决策，使社区工作者的形象在社区居民中经久不衰，使工作者和工作对象的关系和谐发展，从而使下一步工作更加顺畅。

二、社会策划的特征

（一）理性化

理性化是指在选择与决策时明确目标和假设，运用一致的考量标准，全面系统地考虑事实，以客观的理由和逻辑去分析各个可行的方案及可能出现的后果，然后做出最理想、最优化的选择。理性化可以说是策划的中心概念，而所谓合乎理性，应该包括如下特点：

（1）清晰的目标及价值趋向。

（2）列出可以解决问题或达到目标的方案及其可行性。

（3）研究及估计各方案的利弊得失及其所需要付出的代价。

（4）比较各方案的效果。

（5）选出能以最低代价达到最佳效果及效率的方案。

理性化的方法运用了一些科学化的策划技巧，尤其是数理统计中处理数据的方法。因为这些方法在收集、处理、分析资料上非常行之有效。这些科学化的技巧包括输入输出分析、代价及利益分析、网络图表、关键路线分析、管理资讯系统及一些预测与分析技巧等。

（二）自上而下的改变

社会策划是通过专业技术人员的知识、科学决策的能力及其权威自上而下地介入社区，以推动社区的渐进改变。作为策划者的专业技术人员，其权威、合法性地位及代表大众利益的可信程度来自其工作机构、专业知识、训练、社会地位及其对工作对象（案主）利益的认同。

社会策划的目的不但是解释现状及问题，更重要的是指导行动。因此，策划者本人的意识形态影响策划的价值取向，即策划的结果使一部分人获益，一部分人受损。不过一般的社会策划以公众利益作为出发点和归宿，力争实现帕累托式的最适度情况，即没有人会因计划的实施而受损，而计划却最低限度地保证每一个人在实施计划中获益。

（三）控制与指导未来

社会策划立足现在，面向未来，通过分析目前与过去的资料，预测将要发生的事情，设计应对之策，实现理想的目标。一成不变的例行公事或重复以往模式化的事情，是不需要策划的。若我们面对的未来高度不确定且超出我们可以控制的范围，社会策划也是无从下手的。

社会策划的目的是尽量减少未来的不确定性，因此选择了方案仅是完成了策划任务的第一步，更艰巨更重要的任务还在后面，这个任务便是预测可能出错的地方、可能发生的意外，并随时做好“如果发生这样的情况，我们便这样做”的心理准备及应变计划。策划需要权力，在策划过程中，为将意外、风险及错误减至最低，策划者要尽量集中权力，协调和统一各部门的行动，使策划的各个环节按预设的轨道前进。

三、社会策划的内容

社会策划因问题而起，所以策划的内容主要围绕解决这些问题展开。问题社区通常有至少一种问题，比如失业问题、治安问题、物业纠纷、医疗问题、子女教育问题、老年人问题、青少年问题、贫困问题、休闲娱乐问题等。存在单一问题的时候很少，更多的时候是多种问题叠加在一起，需要一揽子计划。制订一个科学合理、便于操作的行动方案，在有限的时间内有效地解决这些问题，是社会策划的主要任务。

（一）社区资源开发规划

社区资源开发规划是社区发展规划的重要内容。制定正确的社区资源开发规划必须在调查清社区的区位、地理、交通、自然资源和社会资源状况的基础上，根据市场竞争的“SWOT”（strength、weak、opportunity、threat）分析模型，确定本地区的资源开发利用方向、发展远景、发展速度、发展策略等。社区资源开发的整体规划通常由政府专业职能部门联合组织实施，社区工作者主要是倡导社区资源开发规划、负责联合协调规划、组织居民提出需求和建议等。

（二）社区基础设施规划

社区基础设施规划是社区发展规划的组成部分。社区基础设施主要包括社区道路、桥梁、公共交通、供水、供电、供暖、邮政、通信、公共建设设施等方面，属于社区建设的硬件部分。社区基础设施规划要根据整个城市或社区经济、社会发展远景的需要以及为此提供的物质条件来制订，绝不可超越现实条件和居民愿望而随意设定，否则再美好的规划也只能是空中楼阁。社区基础设施规划由政府专业职能部门制订，社区工作者主要是组织居民参与社区基础设施的规划、提出相应的需求和建议。

（三）社区服务规划

社区服务规划在社会策划中涉及最多、应用最广。因为社区社会工作本身就是根据社区的需求，针对社区问题，组织社区居民，动员各方资源，设计并提供社会服务的专业与实践。社区服务规划主要包括社区卫生医疗康复服务、社区安全防范服务、社区老人照顾服务、社区青少年学习辅导与精神健康服务、社区居民的日常生活服务、社区环境的美化和保护服务、弱势群体的救助、社区合作经济等。社区服务提供的主体可以多方调动：一是可以选择专业机构提供社区服务；二是可以动员社区自助服务团体提供自我服务，尤其是可以动员社区人力资源，使每一个人都能够参与到社区公共事务和公益事业当中来；三是可以调动社会上的人力和物力资源为社区公益事业做贡献。

（四）社区组织规划

社区组织是社区建设的依托，健全的社区组织体系是社区建设的重要支撑。在社区组织建设上中西方有着较大的差别。西方国家是在国家和社会相对分离的状态下开展社区工作的，社区工作是政府和非政府组织平等地根据社区状况，组织居民，提供服务。所以在西方国家，社区组织仅仅是社区居民自我服务、互助组织的建设，最多包括各个党派在社区中拉选票，组织居民参与议会政治或者是行政咨询等。我国的社区组织建设是在国家与社会高度一体的背景下开展的，社区组织建设是在党和政府的领导下，通过党的基层组织和社区自治组织建设，实现社区居民的组织化和社会的整合。我国的社区工作也主要是通过政府部门——主要是街道办事处及其下属的社区居委会来为居民提供社区服务。从组织性质上划分，社区组织分为准行政组织和自治组织。前者主要是社区党组织和法定的居民自治组织，后者主要是社区非营利组织、非政府组织。在社会快速转型的时期，我国社区组织建设应该发展更多的民间组织，使其能够承载政府和企事业单位转移过来的社会服务与社会管理的任务，并能够在完成任务的过程中组织和教育居民，提高他们的参与意识、群体意识、参与水平、决策能力，养成自我管理、自我发展、自我约束、自我监督的现代公民品质。因此现阶段我国社区组织建设规划一是要加强社区党组织建设，使社区党组织真正成为坚强的战斗堡垒，夯实党执政的组织基础；二是要加强社区自治组织建设，使其真正成为名副其实的居民自治组织；三是加强民间组织建设，使其在由政府组织、市场组织、社会组织构成的现代社会结构中占有相应的地位，充分发挥其社会服务、自我管理、利益诉求的重要功能，弥补因政府失灵和市场失灵带来的管理和服务的真空。

四、社会策划的案主

社区策划的案主可以是地理社区，也可以是功能社区。案主群被视为服务的消费者，也就是那些接受并使用策划方案的人，那些享用社会策划如心理卫生、福利服务、康乐活动等成果的人，或者说是方案的受益人。在社区策划中，案主是服务的接受者，亦即所谓的消费者，而不是社区活动或目标的决策者。

五、社会策划中社会工作者的角色

在社会策划中，社区工作者主要扮演的是专家的角色。也就是说，从策划的制订了解服务机构使命和目标、分析社区对外环境和对内机构、评估需要到制订工作计划和介入策略，从执行运作策划到总结评估，社区工作者一直充当着事实的汇集者，需要和问题的分析者，方案的制订者，行动的组织者、实施者、协调者，成效的评估者、反思者的角色，社区计划模式中社会工作者的角色是“为社区民众而做”，而非其他模式中的“与社区民众同做”，不难看出专家的角色实质上就是行政管理者的角色。

当然这里所说的行政不是政府的行政行为，而是指一种管理活动。在美国，行政被定义为在一个社会福利组织内为把政策转变为服务，协调所有活动所必需的，而且也是为了达到特定的目标而使用的计划、设计、协调、评估及调整独立的任务、功能、个人及活动的一种方法。据此定义，社区工作者是名副其实的行政者、领导者或决策者。实际上，社会策划中的社区工作者扮演的行政者、领导者或决策者主要体现在以下几个方面：

（1）项目的规划者角色。充当专家，完全依靠技术理性来调查社区问题，分析社区事实条件，评价各种服务方案，规划社区服务。

（2）项目经理的角色。充当项目经理，负责项目整个执行过程的业务操作、财务、人事、物资等管理工作，保证服务项目得到有效的执行。

（3）监督实施的角色。充当监工，监视业务的执行进度，收集业务执行过程中的意见和信息，反馈给决策者和经理人员，协调项目的良好执行。

（4）专业人员的协调角色。充当协调者，为专业技术人员提供服务，协调不同专业的协同合作，共同完成社区服务、社区建设的任务。

（5）动员居民参与和反馈意见的角色。充当组织者和反馈者，组织居民参与到相关部门的社区建设策划过程中，并提出自己的需求和意见，接受相关的服务，并就服务方案提出改进意见等。

第三节 社会策划的基本原则、决策模式和过程

一、社会策划的基本原则

（一）客观性原则

策划是为了达到某一目标或取得某种效果而进行的一种创造性思维活动，从这个意义上讲，策划是思维与行动、主观与客观之间必不可少的联系环节。策划的过程就是认识的过程，发挥人的主观能动性的过程。科学的策划首先要求人的大脑正确、全面地认识客观世界；其次，在准确反映客观情况的基础上，运用人脑的功能，进行判断、推理、联想、创意、想办法、拟方案，创造性地提出认识世界、利用世界、改造世界的计划。建立在科学基础上的策划，使人的主观意识更加符合客观现实，同时，为人的行动提出了一个指南和纲领，这就使人们的行动不再是盲目的，而是有计划、有步骤、有方法的。人们的实践活动在策划提供的纲领的指引下，从成功走向更大的成功。

在社会策划的运作过程中贯彻客观性原则，就是要求社区工作者对策划的项目及相关的各种客观因素进行深入细致的调查研究，广泛搜集有关信息资料。首先，要求从社区实际出发，正确地确定策划目标。无论是总目标还是分目标、是主要目标还是次要目标、是团体目标还是个人目标，都应该在对客观现象进行全面分析的基础上，恰如其分地加以确定，使策划目标明确而可行，任何超出实施可能性的目标都是毫无意义的。其次，在搜集有关信息资料时，应保持信息的完整性和准确性，使信息确切反映客观现实。一般来讲，策划活动中搜集的信息应包括三个方面：一是反映策划目标的信息；二是与策划目标有关的各种市场信息；三是对策划目标可能产生影响的环境信息。信息的准确性对策划方案的有效性具有直接的影响，虚伪的信息必然导致策划的失败。要保证信息的准确性，必须采用科学的方法搜集信息。再次，还要对搜集到的各种信息进行系统、科学的加工与整理，使那些分散的、不系统的信息综合化，并在此基础上对这些信息进行深入研究和分析，从逻辑上做出各种推理和判断，从而产生理性化的认识，为策划中的创意设计打下基础。搜集信息十分重要，一方面，它能使策划方案更切合实际，具有更大的可行性；另一方面，信息资料本身也能反映出一些可以利用的机会，使策划能产生多种新的创意。

在现实的策划活动中存在这样一种倾向，认为策划就是闭门出点子，无须进行调查研究，忽视信息在策划中的基础作用。其结果必然使策划方案脱离实际，难以操作，使策划目标不能实现。必须清楚地认识到策划是主观与客观高度统一

的过程。

（二）效益性原则

社会策划的目标是谋求社区的发展和居民福利的改善，为达到这一目标，需投入大量的人力、物力和财力资源，必须讲求效益。在整个策划过程中，策划主体必须具有效益观念，无论是在策划目标的选择、策划策略的使用，还是在策划实施方案的制订过程中，都应该以方案能够带来较高较好的效益为出发点、归宿点。如果说，一个策划方案的实施不能为社区工作创造经济效益和社会效益，那么，这个策划方案就是失败的。社会策划的效益有经济效益和社会效益两个方面。从经济效益方面看，策划应使经济行为以较少的投入产生较大的效益，这就要求策划主体认真进行经济核算，选择最优方案。通过策划所产生的经济效益，其表现可能是多方面的：一是选择了最优方案，降低了各种费用支出，相对提高了经济效益；二是通过执行策划方案，使经济行为产生了效益的增量，也就是经济效益的提高；三是通过执行策划方案，为后续的经济行为产生持续的高效益。从社会学、社会工作学的角度看，社会策划更应注重以社会公平、人民福祉、能力建设、可持续发展为考量指标的社会效益。通过社会策划所产生的社会效益，其表现也是多方面的：一是贫富差距、地区差距的缩小；二是居民生活条件的改善，幸福指数的提高；三是居民社区认同感和归属感的提高；四是环境的改善等。

（三）权变性原则

权变原则要求策划活动应该根据各种客观条件和因素的变化随机应变，制订适时适事的策划方案，并能使策划方案具有一定的可塑性，而不是一成不变。在策划的运作过程中，贯彻权变性原则要注意三个方面的问题。一是要做到策划方案具有可塑性。策划方案是一种行动纲领，不能是一成不变的，而应该是富有弹性的。由于任何策划都不是在绝对充分地占有信息的基础上完成的，因此，一个策划方案的形成只是在当时背景之下，根据有限信息设计出来的。在方案的实施过程中，客观环境、各种制约因素可能会发生变化，这就要求策划实施方案及时加以调整，使主观与客观相一致。二是在策划过程中，策划主体应具有充分的预见性，为方案执行过程中可能遇到的障碍和难点进行预测，为各种环境变化情况进行估计，并事先考虑好各种应变的对策和措施。三是策划主体应争取制订多套策划方案，使策划的实施具有一定灵活性，以尽可能降低策划的风险，保证策划的效益。

（四）可行性原则

策划的生命力在于创新。创新的结果可能是一些奇妙的构想，富于创造性的灵感组合，但如果这些构想或灵感组合脱离了实际，就会成为一种幻想、一种臆断而无法实施，更不用说达到策划的效益。任何不可行的创新都只能是一种思维垃圾。倘若强行实施，还将产生事与愿违甚至更严重的后果。要使策划具有可行性，首先要求策划者在设计方案的过程中力避异想天开、主观臆断。其次要求策划者在制订实施方案的过程中，对策划所包含的目的性、可行性、时间、步骤、地点、财力、人力、物力等进行认真分析，以一种现实的态度，对策划方案进行周密、具体的布置和安排，而不使策划方案成为一种“科学幻想”。

二、社会策划的决策模式

社会策划的过程就是选择和决策的过程。策划者就是决策者。决策的模式与风格影响着决策的正确度。从现有的决策理论与实践看，有如下几种决策模式。

(一) 完全理性主义

完全理性主义是新古典经济学的主要观点和理论基础。他们认为市场主体或决策主体是全知全能的，会在充分竞争、充分信息的市场上理性地追求自己利益的最大化。他们在面对高度不确定的外部环境和变化多样的需求偏好时，能够掌控充分的信息，掌握各种问题的性质，知晓问题发生的原因，明了消费者的各种偏好选择，能够做出决策的各种备选方案，预知所有备选方案实施后可能产生的后果，并从中选择出最优化的决策方案。完全理性主义指导下的决策就是一个在多种方案中的理性选择行为，而所谓的理性选择就是要充分全面地分析各种方案及其后果，然后选择出最能增加决策者价值的方案，实现决策的目标。所以完全理性的决策要求策划者分清价值和目标，分清事实和手段，并且始终采取逻辑的、全面的、有目的的行为方式。完全理性主义最早运用于资本主义的市场经济和企业微观经济行为中。后来许多社会主义国家建立的计划经济体制及其社会管理体制等实际上也是完全理性主义的具体应用。它在社会管理方面表现为政府办社会，政府是社会管理的中心，一切有关社会公共事务都由政府统一安排和规划。

(二) 有限理性主义

这是美国学者罗伯特·西蒙提出的管理决策原则，他因为提出有限理性而获得 1976 年的诺贝尔经济学奖。他认为管理的核心就是做出决策，但决策绝不是完全理性的，人们不可能在高度不确定的环境中做出最优化的选择。他发现，在实际生活中，人们的决策过程与完全理性模式有着明显的不同。第一，人们的决策过程通常并不是考虑所有的选择，而是只考虑其中的部分选择。第二，人们对不同选择的考虑不是像理性模式所说的那样同时加以比较评判，而是按循序成对的方式进行的，即人们在某一个选择与另一个选择之间加以比较，两者之间择其一。如果两者均不满意，则保留两者当中的较好者与下一个方案进行比较，如此循环往复，直至找到一个优化的方案。第三，人们在选择时不是追求最大化原则，而是追求满意原则，一旦在循序成对比较中发现满意的目标，搜寻过程即告结束，即只要作出令决策者满意或足够好的决策就可以了。这就是著名的决策过程中的“满意原则”。在面对信息悖论、认知有限的状况时，人们不可能做出最优的选择，次优的选择就可以了。你不可能从波涛汹涌中的大海中捞取一枚最锋利的针，捞到一枚可以缝衣服的针就可以了。

（三）非理性主义

美国经济学家马奇提出“工业组织是政治联合体”的观点。任何组织实际上都是由不同的利益集团组合而成的，因此，组织内部的决策过程是一个各种利益集团之间讨价还价、相互影响、相互妥协的过程，而不是一个理想的理性选择的过程。其一，利益的考虑意味着信息的使用是策略的，而不是中立的，因此信息量的增加并不一定会提高组织决策的质量。其二，组织的目标不一定是连贯一致的。随着政治联合体的分与聚，组织目标和方向也会随之而变。其三，决策的执行过程也是组织决策过程的延续，组织决策的执行人员有着自己的利益、是非观点，他们会在组织决策的执行过程中把自己的意志、解释强加于组织决策之上，从而使组织目标出现偏离，为其他目标所替代。其四，组织目标和组织决策之间的联系常常是松散的。组织目标与组织决策通常是上层做出的，而上层只是众多利益集团的一员。组织运行过程是一个政治过程，有许多其他群体参与进来，不断地进行着利益的博弈，所以组织目标与组织决策经常出现多变和不一致。后来的美国经济学家林德布鲁姆也认为实际的决策不是理性全面分析选择的，而是相关利益群体间协商出来的。而所谓相关利益群体的协商实际上是一个模糊的过程，通过有限的比较令当事人妥协一致的过程，而不是试图徒劳无益地做超人的综合分析。这种渐进决策过程的好处是可以避免致命的错误。对于具体的协调过程，林德布鲁姆提出了两种类型：一是在组织力量均衡的条件下组织间的互相调整妥协，包括适应性调整（指决策者根据周围决策作适应调整）和操纵性调整（指决策者根据其他决策者作出理想的反应），具体的手段有协商和谈判；二是在一个组织主导的条件下组织内部的非联合渐进主义，即一个组织自己在没有对手的条件下，一步一步渐进调整自己的决策，适应新的环境变化。

（四）混合扫描决策

公共事务可以分为常规性事务和非常规性事务，据此决策也可以分为常规性决策和非常规性决策。常规性决策通常是针对重大的、基础性的、重复出现的问题的决策，它需要循着程序化模式进行，因此需要广泛的理性讨论，属于理性主义的决策范畴。非常规决策通常是针对不可预期的突发事件的决策，这种决策注重快速反应，实行“谁在现场谁有权做出决策”。在这种场景下不允许广泛的讨论，只能是在场者进行决策，属于非理性主义或渐进主义的范畴。混合扫描决策就是试图综合理性主义和渐进主义（非理性主义）两种因素的决策模式，是由美国经济学家艾兹奥尼提出的。

三、社会策划的过程

社会策划是一个过程，这个过程的每一个阶段都有其内在规律性。

（一）认清自己

了解机构的目标使命和拥有的及可动员的资源是成功策划的第一步。每一个社会工作机构都有一套服务的目标和使命。目标指出服务所针对的社会问题和需要、服务的工作对象和工作策略，使命代表了机构将来的情况和蓝图、目标和信念。目标和使命可以为工作者提供工作的方向、范围、重要性和建立（策划者）工作目标，也就是告诉工作者什么可以做、什么不可以做、什么大做、什么小做，以及采取什么样的方式做。只有了解这些限制，才能做出合适的决定。评估自身拥有的资源，包括人力、物力、财力等。究竟居民组织有多少人手可以做宣传、活动推行呢？是否可得到其他人士协助呢？音乐、场地、布置如何呢？没有一个合理的评估，便不能适当地策划一个活动。

（二）认清社区

调查社区内外的情况是社会策划的前提。这个阶段主要是通过定性和定量的研究方法准确地收集、了解社区居民、团体和机构的意见、态度与反映，从中分析和确定社区的状态及其存在的问题，尤其是居民的需要，为社区策划提供客观依据。社区内的调查主要针对社区的历史发展状况、社区需要和问题、社区所拥有的资源、社区的政治经济结构等。社区外的调查也即对社区的社会环境进行调查。社会环境包括社会气氛和外界人士对问题、需要、机构和服务的理解与支持、不同团体对服务的影响力和要求。社会经济状况、生活水平和政府的立场决定了是否有足够的资源支持这项服务的发展。社区工作计划是社区策划的决定阶段，是一项系统工程，它是由界定需求、确立目标、界定对象、选择介入策略、编制预算、预见困难及解决办法等环节构成的活动流程。

1. 界定需求

界定目标群体的需求包括两个部分：一是目标群体的条件，谁具有什么条件是该服务的目标群体；二是目标群体的需求，根据布雷德肖的划分，需求分为规范性需求（由专家或社会所确定的需求）、自觉性需求（自己觉察的需求）、要求性需求（通过行动去表达的需求）、比较性需求（通过与某一标准比较时出现的差距来表达的需求）。当然在社会服务项目中，关键是界定清楚目标群体需求的性质、满足手段和数量等。

2. 确立目标

在社区自我评估调查的基础上确立社区工作目标，是进行社区策划的重要内容。社区工作目标的确立，也就意味着社区策划过程确立了方向。确立社区工作目标时，要注意分别确立总体目标和具体目标。总体目标是工作机构在社区策划活动中必须体现的方向，具体目标则体现在个别活动之中。大目标存在于小目标之中。没有一个个小目标，也就无所谓大目标。在实际工作中，在某个阶段内，社区工作的主攻方向可能只是一两个具体目标，即个别目标。因此，个别目标对于确立目标的工作最有意义。

3. 界定对象

在确定社区策划目标的基础上应对工作者的工作对象，也就是策划的使用者或消费者进行界定。确定了对象，工作者的工作才可能有的放矢。工作对象可以是地理社区，也可以是功能社区；可以是居民，也可以是团体或机构。

4. 选择介入策略

策略是实现目标的手段。在社区工作中，工作者为实现目标可以采用多种策略。但其中只有一个是最优的、最理想的，因此，策划者在选择介入策略时应充分考虑其可行性、效果和被接受程度。

5. 编制预算

社区工作需要一定人力、财力和物力。因此，必须对费用、时间和人力进行预算。预算是估计收入来源，决定是否需要寻找其他财政支持，然后对工作进行资源分配的活动。所以预算代表着对不同工作和服务功能的重视。在预算的收入方面，应该广开财源，多方争取社会机构的资助，为达到这一目的，策划者除了积极游说有关资助支持计划外，还应修改策划的部分内容以迎合资助者的期望。同时，策划还应得到机构的行政组织，包括领导和机构执行委员会的批准，以争取更多的财政拨款。在预算的支出方面，要确定聘用人手的编制，包括职员的级别、所需要的学历、人数等，量入为出，讲究效率。编制社区预算的方法多种多样。常用的是渐进式预算，即以以往的预算为基础，在各个项目上作少许的修改。这种预算方法能兼顾各方的需要而作一些妥协，利于有关人士、团体、部门间达成共识。

6. 预见困难及解决办法

当整个计划被制订出来后，策划者应全面审校是否漏掉或忽略了一些对策划及其执行可能产生重大影响的因素，预见在执行过程中可能出现的问题及应对办法，亡羊补牢，犹未为晚。

（三）服务方案的制订、分析和优选

根据不同的环境预测，制订出不同的服务方案，包括各个方案的资源投入、产出形式和产出数量以及受环境因素的波动概率等，然后进行成本收益分析、风险敏感度分析，选择一个成效高、风险敏感度低的方案。

（四）方案测试和调整

在选择出优秀方案后，还要有一个小规模、小范围的测试，评价方案的实际运行情况，作出调整，然后才能正式推行。

（五）方案的执行

根据预定的计划，组织实施方案，通常包括工作的指挥布置、人事的激励、工作程序的优化、工作进度的监测、工作质量的控制和服务对象的意见调查等任务。

（六）方案的反馈和调整

方案的反馈和调整也可以说是方案执行过程中的一个程序，是指根据对工作进度、工作质量和服务对象的意见调查，及时将结果反馈给决策部门，调整、优化服务方案，保证最佳服务成效。

（七）方案的评估

方案的评估是指在服务方案执行的一个阶段或方案结束时，对服务方案进行的评估，以评价工作成效、资源消耗、相关的社会影响，对工作人员进行激励。评估分工作投入评估、工作产出评估、工作成果评估、工作成本效益评估等。

第四节 影响社会策划的主要因素

社会策划是由策划的主体（社区工作者）、策划的客体（社区）及其与环境（自然与社会）的相互作用构成的。它受到社区系统、社会系统等多种因素的影响和制约，是众多因素综合作用的产物。这些因素包括社区的地理位置、面积大小、气候条件、资源状况等自然因素和社区的政治状况、经济状况、文化状况、教育状况、法律状况、人口状况、科技状况等社会因素。这些因素对社会策划具有重要的影响。在这些因素中，对社会策划影响最大的是社区的经济状况、社区的政治文化、政府体制或架构。

一、社区的经济状况

社区经济状况是社区策划的最基本、最重要的根据。首先，它是社区策划的基本出发点。一个社区的经济条件如何，处于何种发展阶段，综合实力如何，这是该社区策划应首先考虑的因素。任何超越或滞后于社区经济状况的策划都是行不通的、错误的。其次，经济实力是社区策划制订和实施的基本物质条件。社区策划只有与社区的经济整体发展相一致，才能获得实施策划所需要的财力、物力等各种经济资源的充分支持。也就是说，社区的经济实力是社区策划的制订和实施的基本物质条件，它左右着社区策划的走向，关系着策划的实施效率。因此，社区策划一定要在经济实力允许的范围内进行。如果超越了社区经济所能承载的能力，过多投入物力、财力，出现经济资源中的资本沉淀，那么一旦环境形势有所变化，便难以向新的计划过渡，或在一定程度上排除了政策替代的机会。最后，社区经济利益的分配调节是社区策划得以确立的主要依据。在社区生活的各个领域，在人们因交往所发生的各种关系中，经济利益关系是最基本的关系。人们在社会生产中拥有生产要素的数量和质量及由其决定的收入分配的不同，必然造成人们之间经济利益的不同，并由此带来和加深人们之间政治、思想和文化方面的差异与对立。社区存在的问题多半是由于资源分配不公、利益分配不合理引起的。因此，化解社区经济关系中的矛盾，调整利益的分配，是社区策划的启动之源和主要根据。

二、社区的政治文化

政治文化是社区政治生活的主观领域。在阶级社会中，一定的政治文化总是反映一定阶级的利益和意志的，是一定阶级意识形态的集中体现。历史上的统治阶级或政治集团在进行社会策划或制定社会政策时，都非常重视政治文化的作用。

“政治文化”的概念是由美国学者阿尔蒙德在 1956 年著的《比较政治体系》一书中首次提出的。随后的几十年间，众多的学者参与到这一研究中来，对“政治文化”概念做出各种界定。阿尔蒙德认为，每一政治系统都深入到具体的政治行动特殊的取向模式中，这种特殊的取向模式就是该政治系统的政治文化，而从个人的角度考察，政治文化则是个人对政治行为及政治评估的主观取向。后来，他在与小鲍威尔合著的《比较政治学：体系、过程和政策》一书中，把政治文化界定为“一个民族在特定时期流行的一套政治态度、信仰和感情”①。美国学者杰克·普拉诺（Jack C. Plano）在《政治学分析词典》中将政治文化界定为每一社会内部学习和社会传递得来的关于政府和政治行为模式的聚集，通常包括政治行为的心理因素，如信念、情感及评价取向等。② 美国学者 E. R. 克鲁斯在《公共政策词典》中把政治文化界定为：“政治文化是指一个民族在政治制度方面，社会遗传下来的传统和行为特征的总和，包括人民对政治过程所持的态度、信念和价值观以及由这些观点所产生的行为和制度。政治文化导源于政治社会化过程，是一个民族的整个历史经验以及人民所受的正式和非正式教育的共同产物。”③

尽管学者们对政治文化的界定不尽一致，但他们的“政治文化”概念都不约而同地包含三个方面的内容：一是政治文化属于人类政治生活中的主观意识范畴；二是政治文化是政治方面的某种主观取向，而且这一主观取向的集合体和沉淀物是社会传承下来的、相对固定的取向聚集和取向模式；三是政治文化中的主观取向目标包括政治系统中的信仰、认识、感情、情绪、评价和态度。

---

① ［美］阿尔蒙德、小鲍威尔：《比较政治学：体系、过程和政策》，29 页，上海，上海译文出版社，1987。

② 参见［美］杰克·普拉诺：《政治学分析词典》，111 页，北京，中国社会科学出版社，1986。

③ ［美］E. R. 克鲁斯等：《公共政策词典》，26～27 页，上海，上海远东出版社，1992。

政治文化作为一种先在的观念或思想，对社会策划有着深刻的影响。下面我们从政治文化的三个层次——政治心理、意识形态中的政治价值观和意识形态中的政治理想逐一分析它对社会策划过程的影响。

（一）政治心理

政治心理就是社会成员在政治社会化过程中所自发形成的对于政治体系、政治过程、政治行为等政治现象的认识、情感、态度、情绪、兴趣、愿望和信念，是社会成员对政治生活的一种自发的心理反应。它主要表现为政治认识、政治感情和政治态度。政治认识就是政治主体对政治体系、政治过程、政治角色、公共政策等国家政治生活各个方面的认识和理解。政治认识主要是人们从长期政治社会化过程中获取的。它又具体表现为政治知觉、政治印象和政治认知。政治感情是指人们对国家政治生活中的政治制度、政治团体、政治决策和政治领袖等的一种内心体验和直观评价。它表现为爱憎之感、好恶之感、美丑之感、信疑之感、亲疏之感等不同感受。政治感情是知识和经验的积淀，往往带有一定的主观成分，但它对人们政治行为的选择和国家政治体系的稳定都有着极大影响。政治态度是人们在国家政治生活中所表现出来的精神状态和反应倾向，是人们的政治认识、政治感情作用于政治行为的一种显现，如人们在参与国家政治生活时所表现出来的积极或消极态度，对国家政治决策的服从或反抗态度等。在政治心理层面，政治态度对人们政治行为的影响和支配作用最为显著。心理形态的政治文化是一种潜在的社会力量，它通过一定社会实践主体起作用。人们对政治的态度、情绪、动机等心理态势，直接影响到人们的政治行为。所以社会策划一定要分析和了解社区居民、社会大众的政治心理。通常一定的社会政治心理状况是一定的社会政治经济形势的晴雨表。占主导地位的社会政治心理，诸如社会情绪、社会思潮、公众的社会舆论等往往是社会变革、政治和经济危机的前兆。这种预兆显现出社会上一定阶层或统治集团的政治要求和思想倾向，因而是社会策划的重要依据。

（二）意识形态中的政治价值观

意识形态是一定的个人、组织、阶级及其政党对政治现实、政治关系、政治发展的系统认识和理解，是一种理论化的思想体系。它集中表达了政治主体的根本利益和愿望，是一定个人、组织和阶级进行社会策划的价值取向和行动准则。不同的意识形态影响着个人、组织和阶级对社会问题的看法，也影响着解决这些问题的建议。政治价值观是意识形态的核心内容，是政治主体对客体存在的政治价值关系、政治价值物和政治价值创造行动的反映。政治价值观一经形成，就以相当定型的观念模式存在，规范和约束政治主体的政治行为，规定政策实践的指向。政治价值观从不同的方面对政策主体提出各种标准以影响策划。政治价值观对社会策划的具体影响主要表现在以下三个方面：一是影响政策目标的确定和方案的制订。在策划过程中，策划主体总要以一定的价值观和价值尺度去认识和衡量策划问题，认识要解决的策划问题所面临的各种利害关系，从而形成解决问题的价值取向、政策的目标和方案。不同的政治价值观对同一问题的策划有天壤之别。二是影响对策划方案的评估。策划方案的分析和评估，在一定意义上就是用特定的政治评价标准和价值尺度对策划方案进行价值分析并做出价值判断。依据不同的评价标准，评估的结论是不一样的。在这种评价标准中，利可能是弊，弊可能是利；在另一种评价标准中，情形可能正好相反。三是影响策划方案的选择。政治价值观能影响政策主体对政治价值的创造和选择活动。策划主体对某种方案所蕴涵的政治价值属性持肯定态度，就会选择这一方案；否则，就会放弃这一方案。

（三）意识形态中的政治理想

政治理想就是政治主体对国家政治生活未来发展前景的认定和追求，是政治主体对政治关系、政治活动和政治发展所寄予的希望及对未来的设计，是每一个社会阶级进行政治活动时的极为重要的导向性精神因素。不同社会的不同阶级具有不同的政治理想。政治理想通过政治社会化转化为政治信仰，成为政治社会的定向因素和精神支柱，从而规定了政策的动机、基本目标、基本方向和指导原则。所谓政治社会化就是人们在政治实践中通过多种社会渠道，如家庭、学校、社会的各种传媒工具而培育的政治心理和政治观念等。政治理想的不同决定着社会策划的方案和路径的不同。

三、政府体制或架构

社会策划总是在政府体制下制订和实施的。政府体制为社会策划提供外部组织环境，社会策划过程的状况如何，在很大程度上受制于现实的政府体制。所谓政府体制就是国家机关、企事业单位的机构设置、隶属关系和权责划分等方面的体系和制度的总称。政府体制所包含的内容很多，其中对社会策划影响最大的有经济制度、政府政体和政府福利意识形态。它们对社会策划的影响主要表现为对社区问题和需要的选择与界定。

问题和需要是社区策划的基础和灵魂，从计划的制订到实施、评估，其中的每项工作都围绕发现、解决需要和问题。什么是需要？需要是缺乏一些正常的条件，包括物质、关系、成长机会及权利。什么是问题？当一个社区里大部分居民的基本需要和心理需要得不到满足时便成为社区问题。问题和需要的认定是其如何被政府、社会工作机构留意，进而认定为问题和需要的过程。当一个事件被认为是问题时，决策者便要对问题进行界定：这是一个什么问题？成因如何？影响如何？哪些人受害？哪些人受益？问题是否影响未来的政策？社会每天都会发生各式各样的问题，哪些问题才能进入政府的视野，引起政府的重视，成为政府议事日程的焦点呢？这显然取决政府架构的特性、社会事件的特征和当时的社会环境。属于政府体制特性的问题容易得到关注。在这里我们主要探讨政府架构的特性对事件选择和界定的影响。

（1）从社会经济制度上看，资本主义的政府多对国内的大企业予以照顾，重视促进生产及贸易的经济政策，而轻视照顾社群生活素质的社会政策。传统的社会主义政府大多在效率与公平之间更注重公平，满足人民日益增长的物质文化生活需要是政府的执政宗旨。改革后的社会主义在重视经济发展的同时，亦把提升人民生活素质的社会政策放在重要位置。尤其是社会主义中国，在把发展作为治国理政的第一要务的同时，又把以人为本作为经济发展的主要目的；在发展经济的同时，又关注以改善民生为重点的社会建设，将建设“学有所教、劳有所得、老有所养、病有所医、住有所居”的和谐社会作为执政的目标。可见，社会经济制度的性质决定了政府政策的导向。

（2）从政府政体看，民主政体较能听取、重视和采纳民众的意见，官民之间沟通的渠道较多。专制体制不重视、不听取，甚至排斥压制群众的意见，官民沟通渠道不畅，官民关系疏远。在民主政体下，居民能够通过制度化的渠道将反映自己诉求的愿望传递给当权者，并使其在压力集团的压力下迅速地做出回应，否则就有可能受到来自各方的攻击。民主政体基本上都是多元政体和自治体制，除了政府组织之外，居民还可以通过大量的非政府组织表达自己的诉求。非政府组织成了连接国家与社会的桥梁。在专制政体下，居民缺乏可以表达自己诉求的合法渠道或者合法渠道非常有限。居民的利益和呼声不能反映到政府的决策中去，无法得到政府的重视。专制政体基本上都是国家与社会高度统一，社会统一于国家之中，民间组织缺失或已有的民间组织高度行政化，成了政府控制民间的手段，失去了利益诉求的功能。

（3）从政府意识形态看，保守主义政策认为，在处理个人及团体问题时应看重个人及家庭的角色。社会不平等是个人能力差异在市场经济制度下的适当反映，是社会应有的秩序，问题的成因大多是个人的不幸或不努力的结果，所以强调政府的角色应尽量缩小。如果一任强化政府的角色和义务，势必增强问题人群的依赖性，从根本上不利于问题的解决，而且还会带来如下问题：政府以问题或需要为借口，强迫一些人接受服务，从而危害个人的自由。与之相对的民主社会主义政府则认为，个人—家庭的问题是由社会发展带来的，其中市场经济是主要成因，因此，政府在促进社会发展、提供社会服务方面责无旁贷。面对同一种社会问题，保守主义政府易视之为个人责任，或强调维护自由市场机制，拒绝政府的介入；民主社会主义政府则较多发现社会责任，较强调社会平均承担，鼓励政府的介入。意识形态的差异影响着政府是否介入以及以何种方式介入。

（4）关于社会工作机构及工作者的特性。哪些事件被挑选、被策划也深受社会工作机构特性的影响。在资本主义国家，社会政策多由非政府的社会工作机构和社会工作者负责执行，不同的机构有其不同的组织能力、办事作风；有些因循守旧，有些较为激进。所以与其运作原则相矛盾的问题和要求，很难为这些机构所接受。机构是戴着有色眼镜看世界的。同时工作机构还受到资助机构的制约。在社区工作中，工作机构出人（专业人才）、资助机构出钱，所以工作机构在选择问题和需要时不能不受资助机构态度的影响。资助机构的宗旨、理念也直接关乎问题和需要的被选定范围。因此，问题和需要的选择与界定不完全是一个科学化、理性化的过程，没有一个完全客观统一的标准，而是通过工作机构、资助机构、策划者之间的政治权力竞争过程做出的。制定和执行社会政策均要专业人士参与。由于他们从事的是专职工作，所以对政策及服务对象的认识要比政策制定者了解得多，加之这些政策涉及较多的专业知识，一般市民很难以知晓，所以他们的实际影响力非常大，他们自身的专业语言及利益都会影响他们的选择。从某种意义上讲，他们可以左右政策的走向，组织社会学中所讲的"组织目标替代"说的就是政策的执行者们扭曲组织目标的现象。

【本章要点】

社会策划就是社区工作者以理性方法，通过清楚理解工作机构的工作理念、政策、资源和方向而确立社区工作目标，从多个预选方案中选择一个最理想的工作策略，然后根据社区需要而动员及分配资源，并在工作过程中结合变化的实际随时修改计划，使计划按预定的目标行进，待工作结束时对计划执行情况加以检讨和反思的行为过程。

社会策划有四大理论取向：变革传统、政策分析传统、社会学习传统、社会动员传统。社区策划的理论预设包括：人性的预设、社会的预设、社会变迁的预设、社会行动的预设。社会策划的现实假设包括：社区缺乏制订和实施科学计划的能力，所以解决的途径是专业人员参与；社区内各团体的利益可能是一致的，也可能是矛盾的。社区策划的功能在于不仅引导工作的方向，加强工作者之间的沟通和协调分工，使资源的效能得到最佳发挥，而且可以促进工作者对活动的理解、自信心及领导能力的提升，促进团队精神的建立以及掌握工作对象的兴趣及需要。

社区策划的特征是：理性化、自上而下的改变、控制和指导将来。社区策划应遵循客观性、权变性、效益性原则。社会策划的过程包括：认清自己，认清社区，服务方案的制订、分析和优选，方案测试和调整，方案的执行，方案的反馈和调整，方案的评估。影响社会策划的因素有社区经济状况、社区政治文化和政府体制或架构等。

【关键概念】

社会策划　政治文化　政府架构　社会策划过程

复习思考题

1. 社会策划的含义是什么？
2. 何谓社会策划的假设？
3. 社会策划的特征及理论取向是怎样的？
4. 社会策划的内容都有什么？
5. 社区工作者在社会策划中充当什么样的角色？
6. 社会策划应遵循什么样的原则？
7. 简述社会策划的过程。
8. 影响社会策划的主要因素有哪些？

推荐阅读书目

1. 甘炳光，梁祖彬，等，编. 社区工作：理论与实践. 香港：香港中文大学出版社，1998.

2. 徐震，林万亿. 当代社会工作. 台北：五南图书出版公司，1984.

3. 苏景辉. 社区工作：理论与实务. 台北：巨流图书公司，1997.

4. 莫邦豪. 社区工作原理和实践. 香港：集贤社，1994.

5. 甘炳光，胡文龙. 社区工作技巧. 香港：香港中文大学出版社，1997.

6. 吴亦明. 现代社区工作. 上海：上海人民出版社，2003.

7. 周沛. 社区社会工作. 北京：社会科学文献出版社，2002.

8. 陈振明．政策科学．北京：中国人民大学出版社，1998.

第七章

社会行动

第一节
社会行动的含义

一、社会行动的道德基础

社会工作的价值取向是肯定人存在、发展的价值。个人是社会发展的推动力，也是社会发展的出发点和归宿。因此个人的尊严位居社会之上，服务个人、发展个人潜能是社会的应尽之责。社会工作的价值观可以分为两类。一是自由主义的价值观。它认为个人不能适应社会是个人心理精神能力障碍造成的，解决的办法是协助个人解决行动及心理问题。既然社会工作肯定人的尊严和价值，因此不论采取何种工作模式的社会工作者都应该以当事人（服务对象）的意愿为介入的依归，这就是当事人自决的社会工作原则。二是社会主义的价值。它认为个人不能适应社会是由社会制度造成的，只有改变社会环境才能解决问题产生的根源。当事人可能受制于社会环境而无法做出理智的抉择，因此社会环境的改造便是当事人自决的前提。在当事人不能自决的情况下，社会工作者介入是维护当事人个人利益不可或缺的手段。

制度的缺陷和漏洞制约了社区弱势群体的自觉，个人的自由是受外界条件制约的，只有创造一个良好的社会环境，当事人才可以自由地做出理智的选择。良好的社会环境是个人自由的前提。因此在一个不理想的社区，社工采取家长式的介入，即为了当事人的利益，在没有获得当事人默许的情况下干涉当事人的个人或社会环境是合法的、道德的。

二、社会行动产生的制度条件

社会行动是不会凭空产生的，它是社会体制、政治制度压迫的结果。社会行动是利益受损群体通过非制度化方式挑战受益群体或不良制度的行为和过程。因此国家与社会的合一吞并了社会行动的空间。只有国家与社会适度分离，社会有可供公民活动的空间，社会行动才能得以开展。

（一）国家与社会经济、政治的相对分离

缺乏作为一个主持公平分配、再分配及协调各社群之间利益冲突的角色的国家，社会将变得更加不平等，最终回到如霍布斯所说的人与人全面战争的原始状态。如果国家取代社会，便是国家至上的国家主义，在这种状态下，国家将变成一个庞大同时也可能死板的机器，所谓公民权利的实行只是一句空话而已，因此理想社会应该是国家与社会分离，各自独立，互相制衡。

西方马克思主义否定经济决定政治、政治为经济服务的阶级还原论，提出国家自主论，即国家可以是一个与经济分开的独立体系，而政府官僚体系是有其本身的理性的独立实体，它的利益可以异于资本家，资本家与政府可以是资本主义社会两大利益集体，政府可以利用资本家为其利益服务。同理，政府可以为了资本家集团利益而削弱资本家的权力，绝大部分资产阶级学者都持国家与资本家集团互相独立的理论，因此只有在一个独立于资本家的政府之下，社会行动所服务的非主流群体的利益才会有机会得到正视，因此，政府便有条件作为一个超乎各阶级利益集团的体系，而使用所拥有的强制力量，以强迫社会各集团人士服从它的决定。在这种分析之下，社会行动作为一种争取权力即社会资源再分配的方式，便有一个制度场所可以发挥它的影响。

（二）多元化社会

在一个多元化的社会里，不同的生产方式、生活方式、社会价值都可以并存，当然，不同的社会会产生不同的主流，以及相对于主流的边缘社群及思想。但是如果只是肯定某一生产方式、生活方式、社会价值，那么其他的非主流的社群思想便会受到排斥。在这样一种制度环境下，代表和反映非主流群体的社会行动的理论及实践很难出现。

在多元化社会里，国家权力掌握在各类精英手里，但没有哪一类精英集团可以垄断国家的全部主权，虽然也存在精英集团对公民的压迫，但这种压迫是多元中心集团造成的。在这种社会里，社会的不同利益应该组成不同的社群，以保障各自社群的利益，并产生互相制衡、权力平均的效果。

（三）自主性社会

在国家与社会分离的前提下，自主性社群才有条件出现，因为它独立于国家，并提供了活动场地，使不同的社群具有足够的活动空间而不受政治的压制。同时也由于政治与社会的分离，这个社群并不一定要依附于政治组织才能够生存，况且并不是所有社群都可以依附于政治组织的，因为一些边缘社群与政治组织所代表的群众的思想有冲突。政治组织尤其是政党，为了获得普遍的支持，其政纲必然趋向迎合社会大多数人的利益及意见，因此个别利益或少数社群便很难成为政治组织赖以生存的力量。

三、社会行动产生的现实原因

（一）社会上存在着处境困难的少数群体

由于存在先天条件和后天际遇的差异，尤其是权力结构不合理，必然产生在资源、地位及权力分配方面处于劣势的人群。他们生活窘迫，处境艰难。而与之相对的当权者、强势群体却拥有大量的社会资源，过着奢侈体面的生活。贫富悬殊、两极分化的现实使弱势群体感到自己被压迫、被剥削，从而产生仇富意识、反抗意识。只有把他们组织起来，向当权者施压，挑战不合理的制度和政策，才能争取问题的解决，才能改变不合理的社会制度，逆来顺受只能使自己的处境越来越糟，于事无补。因此，社会行动以其为无权无势的群众提供抒发不满、抗拒压迫、改变现状的可行途径而深受下层群众的欢迎。

（二）个人自由及人权受到保障

在一个专制独裁的社会里，即使存在着大量的弱势群体，即使社会权力结构的不合理程度达到了登峰造极的地步，即使贫富悬殊、两极分化的程度无以复加，社会行动也难以产生，因为当权者为了维护既得利益者的利益，是不会允许社会行动出现的。只有在一个尊重个人自由和人权的民主国家，弱势群体才可以通过社会行动表达心中的不满。因为这样的国家视人的自由和人权为生命，为最宝贵的东西，人民是主人，是委托人，政府及其官员是公仆，是为人民办事的被委托人。人民做法律范围内的事情是理所当然的，做超出法律范围以外的事情，只要是合乎正义、通过建制内的渠道难以达到的目的的，也是可以被接受的。

（三）拥有自由的传播渠道

拥有自由的新闻传媒是现代文明民主国家的重要条件和标志。传播媒介拥有巨大的权力和能量，它所制造的舆论被称为继立法、司法、行政之后的第四种权力。舆论以其特有的道德评价褒贬世间万物，引导着人们的视线，制造着喜悦和哀伤、高兴和愤怒，调节着人们的情绪和神经。对丑陋事件的曝光及抨击，会激发人们去捍卫公理正义，会引起万众的谴责和抗议；对弱势人群的苦难的报道，会招来无数的援助之手，掀起巨大的抗议浪潮。不论是对公理正义的弘扬，还是对罪恶的鞭挞，不论是对强者的谴责，还是对弱者的呐喊，都会对强势群体、当权者构成巨大的压力，迫使他们遵纪守法，尊重人权，按人民的意愿行使自己的职权。新闻媒体无孔不入，任何罪恶最终都难逃舆论的法网。没有自由的传播媒介，社会行动难以启动；没有自由的传播媒介的声援支持，社会行动难以壮大与成功。社会行动只能发生在拥有自由的传播媒介的民主国家。

（四）群众缺乏政治参与渠道

现代大多数国家，既是精英政治，也是大众政治（议会政治）。精英政治是指政府由一群精英所管制，无数委员会都由政府首脑委任的中上层人士组成，普通群众根本没有机会参与政府的决策机构，群众有不满或有要求时，完全没有途径在政府的架构之下去表达和争取。香港学者王卓祺在《社会行动与香港》一书中指出，一旦缺乏了正式参与的渠道，普通群众的不满必然以社会行动的冲突形式宣泄。[1] 议会政治就是政府由群众选举出来的议员或代表来管理。按道理讲，实行议会政治后，政府参与的途径向群众敞开了，群众有更多的渠道影响政府的决策，所以社会行动很容易被纳入建制内，群众可以依靠选出的议员在议会内、在建制内争取利益，解决问题，根本用不着上街示威。事实情况却并非如此。社会行动不仅没有减少，反而有增加的势头。原因是议会政治只是政府全面开放参与途径的象征，其实群众的参与途径仍然有限。议会政治大都是通过正当的轮流坐庄实现的，议员不是根据民意而是根据政党的需要做出取舍。因此，议会政治并没有为群众带来更多的参与机会，也没能在建制内解决问题，争取更多的权益。为争取和保障本身的利益，群众仍需要采用建制外的抗争行动。议会政治或政党政治不能取代社会行动，社会行动仍然在建制外发挥很大的影响力。

（五）社会行动并不压制以冲突方式作为解决问题的方法

一个开明的社会肯定是个多元化的社会。在这样的社会里，没有正统和异端之分，只有主流和支流之别。任何一种思想都有生存和发展的空间，都有一些拥护者、追随者。思想是行动的基础，有了思想的合法性，在其指导下的各种各样的社会行动也就有了依托。从终极意义上讲，一个社会只有两种思想（肯定或否定现存社会制度）、两种文化（封闭或开放）。任何一种社会制度都不是完美的，既有优点，亦有缺陷。在某种程度上，揭示社会制度的反功能，比一味地歌功颂德更有利于社会的进步，社会批判思想从另一个角度为社会的发展开出了一剂良方。良药苦口利于病。功能主义有助于社会的稳定，冲突主义方便于社会的变更，静中有动，动中有静，动静取长补短、相得益彰更符合进化的规律。对一个民族和国家来讲，对支流文化或外来文化持何态度，是排斥还是包容，对于其自身发展的速度、未来的命运举足轻重。一花独放的专制主义只能使自己在未来的社会变迁中因缺乏变异基因而走进历史的死胡同，不是生就是死，别无选择。海纳百川的文化多元主义不管面对怎样的生存环境，都能因基因物种的多样性，而几乎不费任何代价便可以实现再造再生。在包容的文化环境里，各种思想共生共存，取长补短，表面上看纷然杂陈，实则生机盎然、杂而不乱。在这现象背后有一种观念作为支撑，那就是各种思想、文化、价值观、信念都有一定的合理性，都是人们做出的选择，应该受到尊重和保护。这样的文化环境只能在民主的、多元化的社会里缔造。

四、社会行动的本质

社会行动虽缘起于资源、权力分配的不公，但其目的并不是为了改变政治、经济及社会结构。社会行动的本质是在承认社会制度的前提下，在建制内对社会作有限度的改革。社会行动的目的是为社会弱势群体争取更多的资源分配，改善

---

① 参见王卓祺：《社会行动与香港》，2页，香港，青文书屋，1989。

他们的生活素质，改善他们在社会结构中所处的不利地位，使社会更趋于公平、公正，消弭社会的隐患。社会行动不同于社会运动。社会行动没有一套清晰的意识形态，也没有广泛的动员。它的影响是短暂的、有限度的。而社会运动则是深远的、持久的，社会运动的结果是引发一场天翻地覆的革命，社会行动则只能带来社会的局部改变。社会行动是一个自下而上的参与过程。若无群众的主动参与，或群众没有感受到问题的存在，或没有不满的情绪，仅靠社区工作者的积极动员与策划，要组织社会行动是不可能的。即使一时侥幸，开展了社会行动，但它也注定是短命的、无结果的。

五、社会行动的案主

社会行动的案主是社会低下层群体，他们无权无势，拥有较少的资源、权力及地位，是社会上的边缘群体、弱势群体、失势群体，备受社会其他阶层人士的忽视，得不到社会的适当关注。社会行动案主通常是如下四种人群：（1）经济上最缺乏市场价值的人，如贫困者和失业者；（2）政治上最缺乏自我组织的人，他们参与公共活动不积极，不善于运用合法途径维护和表达自己的利益；（3）社会上最缺乏选择权利的人，他们在教育和择业上缺乏主动选择的机会；（4）文化上最受身份歧视的人，他们经常被别人贴上标签。

社会行动的案主可以是住在一个贫穷或贫乏的、面临着相同的环境问题及受到政策不公平对待的地理社区的边缘群体，也可以是住在不同地理社区但有着共同遭遇及境况的功能社区的阶级阶层。这些案主通常认为自己是无权无势的，对时下的境况感到无奈无助，更缺乏争取自身权益的资源。社会行动就是去组织这些无权无势的人士，改变他们的无助心态，强化他们改变现状的能力。社区权力精英往往是社会行动所针对的目标，不属于案主系统。案主的角色被认为既是不良制度、不良系统的牺牲者或受害人，也是所进行的社会行动的受益者。

六、社会行动的基本假设

社会行动假定社区内有一群处于不利地位的群体，它们同当权者存在着利益冲突。冲突的出现可能是由于当权者对贫困群体的了解及关注不够，也可能是彼此缺乏交流沟通，未能充分表达出各自的需要，存在着资源分配及决策权分配的不均。

这些利益冲突反映了弱势群体的利益未被重视及受到剥削，社会上出现了不公平、不合理的制度和政策。由于利益的不可调和，既得利益者不会轻易放弃权利，所以，冲突或分歧不易通过协商或运用制度内的途径获得缓和或解决。这样弱势群体就需要组织起来，与他人联合，并根据社会正义或民主的理念，以强制性的措施如立法、联合抵制、政治与社会动乱等向当权者施加压力，迫使对方不能正常地运作，最终迫使他们让步。因此，“让我们组织起来，去对付我们的压迫者”即组织大众行动起来，去实现预定的目标便成为他们的策略。

第二节 社会行动的策略和原则

一、社会行动的策略

策略是指行动的全盘及整体计划。在西方资本主义国家，关于社会行动的策略影响较大的是布赖恩特（R. Bryant）和沃伦（R. L. Warren）提出的。布赖恩特的社会行动策略有两种：一是交易策略，适用于双方存在谈判的可能性，在正规制度的架构内，可以解决问题，约见议员、请愿及宣传运动等都是其形式；二是对峙策略，适用于双方两极分化、水火不容，仅凭传统的制度架构难以解决问题，示威、罢工、游行及静坐示威等都是其表现形式。沃伦的社会行动策略有三种：一是合作策略，适用于社区内的不同系统可以和谐共处，通过理性讨论及教育可达成共识；二是运动策略，适用于由于资料不全、双方关系淡漠从而缺乏共识的社区，通过游说、宣传、社会有名望人士的推介及强化公关技巧，才可以减低彼此的分歧，在此基础上达成共识；三是竞争策略，适用于社区内的两方分歧太大、互相猜疑并挑战对方的合法地位，令任何合作都无法进行，只有通过游说、示威、罢工等激烈手段，才能使对方做出让步。①

我国香港学者吕大乐等人也提出社会行动的三种策略。②

（一）对话性行动

弱势群体与当权的群体之间对解决办法存有分歧，但尚未失去基本的信任。前者仍承认后者的统治合法性，只要论据确凿，使对方接受自己的观点还是大有希望的。行动形式包括游说议员、约见官员、给官员去信以表达自己的要求等。这种策略类似于布赖恩特的交易策略、沃伦的运动策略。

（二）抗议性行动

弱势群体受资源局限，难以使当权的群体接受谈判，只有诉诸社会行动，引起大众传媒的关注和没有直接关系的广大市民的同情及支持，才能对当权者造成一定的压力，使他们因感到尴尬不安、内疚及良心受责备而让步。常用的抗议性

① 参见甘炳光、梁祖彬等编：《社区工作：理论与实践》，143～145页，香港，香港中文大学出版社，1997。

② 参见甘炳光、梁祖彬等编：《社区工作：理论与实践》，144页，香港，香港中文大学出版社，1997。

运动的形式有以下五种。

（1）签名运动——以最少资源争取最多人支持的有效方式。

（2）记者招待会——通过大众传媒向广大群众揭露政府政策的弊端，引起人们的注意和同情。

（3）请愿游行——与问题相关的弱势群体冲破政府层层叠叠的官僚架构，在传媒及社会舆论的支持下，直达有关负责机构及部门。其力量和影响的大小取决于参加游行人数的多寡，人数越多，力量和影响越大，当局解决问题越快，这是最常用的社会行动形式。

（4）露宿及绝食——虽有点过激，但不失为赢得人民同情、表达心中愤懑的有效方法。

（5）群众集会——与请愿游行相似，其力量和影响取决于参加集会的人数，人数越多，力量和影响越大，效果越佳。但较为静态，地域影响较小。

（三）对抗性行动

与问题相关的弱势人群组织起来，以行动滋扰当权者的利益，使他们不能正常运作，为了维护自身利益而接受前者的谈判。常用的对抗性行动主要有三种。

（1）罢工、罢交租金、拖欠租金等。

（2）占用房屋及土地——非法侵入他人地方、阻止对方施工或清拆，迫使对方作最大让步。

（3）抗命——冒着被捕的风险、公开违反未体现公平正义的政策和法律、径直向政府的权威挑战，迫使政府修改法例。这是一种与当权者不合作的运动。

（四）暴力性行动

这是弱势人群在没有其他办法的情况下做出的最后选择。向有关部门人员投掷器物、泼水、挥动武器或追打是其常用的手法。

二、运用社会行动策略时必须考虑的因素

（一）群众的资源

包括组织力、知识、金钱等。对抗性行动所需要的资源往往远远高于抗议性行动。因为对抗性行动需要具有较强的组织力、较高的操作技巧、较多的金钱等，否则对抗性行动很难发动，即便是发动起来也难以持久。在抗议性行动中，集会示威所动用的资源也远高于举行记者招待会。比如在一起罢交租金的集会示威中，要使行动持久，便需要大量的资源以巩固内聚力。但一次请愿行动可能只需要事前收集意见、推举代表、事后作出交代便可。

(二) 群众的投入程度

包括群众投入的人数、程度、心理准备等。对抗性行动因超出了法律许可的范围，风险较大，需要群众较多的投入。

(三) 社会氛围

如果社会民主自由程度很高，群众的权利意识很强，对过激行动容忍程度就高，自然适宜对抗性行动。如果群众求稳思定，便会排斥过激行动，自然就不易采用对抗性行动。

(四) 事件的性质

如果事件容易引起人们的同情和支持，则宜采用对抗性或抗议性行动。如果事件存有争议或政策牵涉的层面很大，则不宜采用对抗性行动。

三、社会行动的一般原则

(一) 循序渐进，先礼后兵

弱势人群总希望用和平合法的手段达到理想的目的，谁也不会一开始就使用社会行动的手段。只有当面临的问题既迫切又严峻，而当权者又置若罔闻，沟通的渠道受到阻碍的时候，无权无势的弱势人群才会走上街头。因此社会行动是在别无他法的情况下做出的最后选择。在行动开始后，其策略——暴力通常也是先温和后冲突，按照对话—抗议—对抗—暴力层层递进、步步提升的步骤运作。在这一原则指导下，社会行动较能得到其他阶层的理解、谅解和支持，避免不必要的风险和损失。

(二) 以赢得让步为至上目标

不管采取社会行动的何种策略，最终目的都是为了通过谈判迫使当权者让步，改善自己的不利处境。破坏不过是达到目标的手段或策略。为破坏而破坏的社会行动是不存在的，也是行不通的。

(三) 以和平手段换来公众的支持

在中产阶级占主体的资本主义社会，尊重人权，追求公平正义，渴望稳定，反对暴力或恐怖活动是占主导地位的价值观和社会心理。弱势群体把自己塑造成无辜、被歧视、被亏待的善良者，把当权者塑造成无理、无义的压迫者比使用暴力获得的效果更理想，因为前者更容易赢得群众的同情和支持。任何带有暴力性的社会行动若得不到大众的支持或认可，随时都会被当权者以“违法”的名义予以取缔或镇压。

（四）环环相扣，步步相连

社区中弱势群体面临的需通过社会行动解决的问题通常都是制度性或结构性的问题，很少通过一次社会行动就可以从根本上得到解决，往往需要一连串的社会行动一步步地解决。如果某一行动未达到预期目的，马上应有相应的行动跟上。如能令当权者猜测群众下一步的行动方式，说明社会行动已对其构成一定的压力。

四、亚伦斯基关于社会行动的原则及权力战术

亚伦斯基是蜚声国际的研究社会行动的权力战术的美国专家。他的社会行动思想和策略对全球的社会行动产生了深远影响。

（一）亚伦斯基的社会行动哲学及原则

亚伦斯基认为，社会的民主结构不足以保证听到每个人的声音，只有通过组织人民去争取权利，才能实现真正的民主。权利不是恩赐得来的，当权者只有在受压的情况下才会让步；一般市民无钱无势，唯有凭借好的战术才能赢得自己的权利。群众的最大势力和优势源自人数以及他们是否被组织起来。因此，建立起自己的组织是向当权者显示力量的最有效的方法。成立群众组织，就是向一切构成群众痛苦的邪恶宣战。这场战争不是你死便是我活，没有妥协的余地。生命本身就是一场战争，如果我们袖手旁观，邪恶便会得逞。社区事件如果没有争议性，人民便不会关心。惹起不满，挑起争端，制造冲突的情绪，是促进改变的条件。最佳的入手点是从人民的切身利益及具体问题开始。

（二）亚伦斯基的权力战术

（1）权力的大小不在于你实际拥有多少力量，而在于敌人认为你有多少力量。如果你的力量很弱小，不妨掩藏自己的力量，虚张声势，制造假定，迷惑对方，使敌人误以为你的力量很强大，对你做出让步，达到不战而屈人之兵的目的。

（2）威胁若不答应你提出的要求就要进行某些事件往往比实际进行事件更可怕。在事件发生前，扬言要进行某种事件会对人的心理造成一定的威慑，使人感到不安，前途未卜，备受心灵的折磨。一旦发生，人们会清醒理智地面对突发事件，有条不紊地处理问题。心理的重负得以释放，他们会觉得危机已经过去，光明就在前面。在当权者看来，不该发生的突发事件发生了，并没有什么可怕，不过如此而已。已发生的后果远没有威胁即将制造的后果可怕。

（3）绝对不要超越自己群众的经验，否则会自乱阵脚。不管在什么时候，所用的战术都要出乎“敌人”的意料，打乱他们的部署，让他们感到无能为力，像哑巴吃黄连一样有苦难言。

（4）努力使“敌人”按照他们自己订下的规矩行动。以子之矛，攻子之盾，使其陷入进退维谷的境地，在群众面前威风扫地，丢尽面子。嘲弄戏耍“敌人”

是人类最有力的武器，它灭了“敌人”的威风，激怒“敌人”，使其做出不理智的举动，扬了我方的锐气，增强了群众战胜“敌人”的雄心。

（5）尽可能速战速决。因为大部分人只能在短时间内保持对某一事件的强烈兴趣，如果持久则必使我方拖累至垮，也为“敌人”提供了喘息的机会，便于他们积蓄力量，等待八方援兵到后，以重拳出击。因此，速战速决并对“敌人”保持持续不断的压力，在我方斗志松懈以前，一举击败“敌人”。

（6）若要攻击成功，既要列举“敌人”方案的种种缺陷，又要拿出自己有建设性的替代方案，否则只能使自己陷入不能自圆其说的境地，为对方留下攻击的话柄。要改革社会制度，最重要的地方是改变制度背后的价值观念及道德规范，而最彻底的方法就是向市民提供另一套更优胜的选择。当然，在现存主流价值观垄断了大部分市民的意识形态的形势下，要提出另一套完全可行的方案，似乎不可能。但改革者所提出的建议，起码也需具备结构完整、持续稳定、极具指导性等特性，而这些特性既可令市民明白其建议的大方向，亦方便他们考虑是否认同及承担推动的责任。在机构臃肿的官僚架构内，所有受攻击的目标都想方设法摆脱责任。因此，在攻击“敌人”时一定要找准目标，并把它固定及个人化，然后将它推向极端，进而加入到行动的队伍中来。例如在我国香港地区，争取社区发展服务的居民便曾张贴时任政务司司长孙明扬的单头海报，对其做人身攻击，焚烧其纸人像。①

第三节 社会行动的介入目标和功能

一、社会行动的介入目标

社会行动的目标可分为事工目标和过程目标。有些学者也将事工目标称为短期目标，将过程目标称为长期目标。事工目标就是通过群众的行动，给当权者制造一定的压力，迫使他们在制度上做出一些有利于弱势群体的变革，从而改善和提高弱势群体的生活环境、生活质量。香港学者何志教授认为：“采取社会行动的目的是要表达不满，将市民的怨愤联结起来。组成压力集体与当权者对抗，争取市民的权利，获取更多资源及较佳的服务设施。”② 社区工作模式的提出者，美国学者罗斯曼认为社会行动的目的是达到制度的改变，令权力、资源及决策权

---

① 参见甘炳光、梁祖彬等编：《社区工作：理论与实践》149～152 页，香港，香港中文大学出版社，1997。

② 参见甘炳光、梁祖彬等编：《社区工作：理论与实践》，138 页，香港，香港中文大学出版社，1997。

得到分配，并影响基本政策的转变。过程目标就是通过社会行动的过程，提高参与者的权利意识，改变他们无助、无能、怨天尤人的心态，树立战胜困难的信心和勇气，提高解决问题的能力和水平，学会组织行动、赢得胜利的技巧，同时让他们认识到组织的重要性、团结的重要性。遇到问题，只要万众一心，结成一体，以组织力量挑战当权者，就没有解决不了的问题。因此，对社区工作者来说，“授之以鱼，莫若授之以渔”。群众醒悟了，认识到社会的不公，自觉自愿地组织起来，自身的解放才是可能的。

二、社会行动的功能

功能是指对系统发展起积极作用的特质。社会行动的功能主要体现在以下三个方面。

（一）具体问题的解决

弱势群体组织起来、参与行动的直接目的是争取被剥夺的权利，解决困扰他们的具体问题。社会行动以其威力，可以跨越政府的科层框框，避开中下层官僚的阻挠，直接向政治权力核心陈述意见主张，迫使当权者从根本上或较低的层面采取切实措施，解决弱势群体提出的问题。因此，社会行动是在多元化社会中维护和发展弱势群体利益的一种行之有效的方法。

（二）提升居民的自我意识和能力

社会行动锻炼了参与者，培育了参与者。首先，重塑了参与者的形象、心态。人在冲突时能消除自卑感及无助感，亦可以重新确立自己的能力。他们自信了，开始觉得自己有能力组织在一起，改变不公正的事情。心态变了，从冷漠、被动一下子转变成积极活跃，成了自己的主人，不再怨天尤人、逆来顺受。其次，唤醒了他们沉睡的政治意识。社会行动提高了人民的自我意识，使他们不再一味沉默。社会行动亦使群众相信：很多社会问题的产生并不是由于个人的不足引起的，而是环境偏差、结构不合理导致的。只要大家同舟共济，不管多大的问题都可以解决。

（三）推动社会全面进步的重要力量

社会行动的威慑及后果，令当权者更加尊重群众的意见，更加为群众尽职负责，广开言路；使政府或政党不致僵化，从而失去发展动力，脱离群众；使政府不断关注民主参与、富足平均、自由及人民权利这些问题；使社会及政府在这种警惕意识中不断进步。

社会行动可减少暴力及种族骚乱。在多元化社会中，社会行动有积极作用，它能宣泄积怨，缓和矛盾，避免因积怨太深而达到不可收拾的地步，正如香港学者所说，冲突虽然摇曳着社会大众的船，但正是有了适当的摇曳，船才会前进。著名社会学家哥沙也说，冲突可将内部的不满及不和浮现出来，使社会及早处理；冲突可将结构松散的群体重新凝聚，并刺激社会，避免停滞不前。①

社会行动将潜藏的问题及早暴露出来，令政府及早采取措施修复法律、政策及社会结构上的微瑕小疵，将引发更大规模冲突的社会运动的隐患消灭在萌芽状态。一个缺乏社会行动的社会，必然会因积怨的累积最终酿成无法遏制的社会革命。流水不腐，户枢不蠹，正好说明了冲突在社会变迁中的积极作用。在一个开明开放的多元化社会，应该允许和倡导群众诉诸社会行动以解决他们的问题。因为就其本质而言，社会行动针对的只是失当的规范及政策，而不是政治、经济制度，它所寻求的只是社会的改良，而不是制度的根本变革。即便有时被认为对制度构成一定的挑战，也不过是当权者不能平心静气面对这种合乎规则的活动而已。即便真的因此而对当权者构成麻烦，亦可看成是多元社会必须承担的代价，万不可关上社会行动的大门。

社会行动是西方社区工作的重要方式，社会行动也已成为市民生活的一部分，越来越受到市民的认可。当然，由于社会行动带有某种集体行为的性质和特点，如引导和控制不当，就会产生消极的乃至破坏性的社会后果，造成社会动荡和不安。

第四节 社会行动的社区工作者、介入方法和步骤

一、社会行动中的社区工作者

社区工作者在社会行动中扮演倡导者、行动者的角色。作为倡导者，社区工作者在行动之前，要鼓励居民团结起来，争取自身权益，要提高居民的认识水平，令他们明白社会制度的不合理，强化他们的社会意识，还要训练居民学习行动技巧及政策分析技巧。当居民受到当权者的欺骗、威胁或操纵时，社区工作者不能坐等居民的醒悟，而应大胆地站出来唤醒居民，教育居民进行反操纵时。用我们的话说，这是动员群众、组织群众、启发其革命觉悟。此时，社区工作者是革命运动的桥梁和中介。毛泽东同志曾说，任何一场革命都离不开知识分子的参

---

① 参见甘炳光、梁祖彬等编：《社区工作：理论与实践》，157页，香港，香港中文大学出版社，1997。

与，他们是革命的发动者、组织者，是革命的桥梁和纽带。当然社会行动不同于社会革命，社区工作者也不是职业革命家，这只是一个形式上的比方。在行动开始后，作为倡导者，社区工作者有时需要站在居民领袖的身边，给予他们鼓励及支持，并与他们并肩战斗，共同面对当权者的威胁和恫吓。这时的社区工作者既是倡导者，也是身居前线的战斗者、行动者。在这一过程中，社区工作者恰如革命或运动中的领袖或将军，是一线指挥官。

与其他以社会服务为主的社会工作者相比，社会行动中的社区工作者多以主导者的角色出现，一反传统社会工作强调工作员的辅导者、非主导者或使能者的形象。当然，社会行动中的社区工作者的倡导者、行动者的角色并不能违背社会工作案主自决的原则。社会行动的目标、方式及策略等一定要有居民的参与，决定权也属于居民。

社会政府对社会行动的社区工作者的指责往往有：

（1）肇事者。有人认为，社会行动是社区工作者挑起人民不满而导致的，人民的情绪并非太大，行动组织者只不过是在火上浇油、无事生非而已。这种指责是没有道理的，因为社会行动是社会结构的缺陷引起的，行动的组织者和领导者不可能制造出运动的形势。列宁指出，谁也不能想当然地制造出一个革命的形势，只有客观上具备革命的情势，领袖的主观能动作用才有用武之地。如果人民不是真的受到亏待，如果社会真的不潜藏不公的事实，那么纵使社会行动者有三头六臂，人民群众也不会跟随其后的。

（2）利己者、不道德者。在社会行动中，组织者难免在实施专业行为时操纵案主，据此有人攻击组织者操纵群众以达到个人的目的。这种攻击是站不住脚的。其一，若过分强调专业中立，只能使案主更加成为问题的受害者，进一步削弱案主争取资源重新分配的能力。其二，组织者的权力较小，短暂的操纵不足为虑。其三，操纵应遵循如下原则：操纵的目的不是为了提高专业的私利；与群众共同衡量风险；若群众权益受到严重损害，例如基本生存需要得不到满足是因为存在着明显有违公理正义的地方，则操纵是可以被接受的。在发动和组织社会行动中，由于行动者经常与当权者发生冲突，有人怀疑行动者是否为了达到目的而使用不道德的手段。对于这一非难，亚伦斯基给出了最具说服力的驳斥。他说目的与手段的道德问题从来都是建基于不同政治立场的判断，不是一成不变的；道德本身没有对错之分，很多时候，只要目标正确，是可以将手段合理化的。在他眼里，为了达到预期的目标，可以不择手段，道德问题是不用考虑的，因为自古就是胜者王侯败者寇。

（3）当权者的帮凶——社会控制的工具。有些激进人士以社会行动针对的只是表层的资源分配，不是社会问题的根源，政府也没有因此做出彻底的让步为由，攻击社会行动只不过是政府的一项社会控制手段，社会工作者是当权者的帮凶。还有的激进人士认为，社会行动的组织者、倡导者往往采取直接主导的手法，影响案主的决定，并企图将案主的行为纳入建制内的轨道，防止他们离经叛道。这一点在对话性、抗议性社会行动中表现得非常明显。正因为如此，他们批评社会行动中的社会工作者的真正角色是推行社会控制的工具。这些指责虽然在某种程度上是正确的，但忽略了社会行动的本质，把社会行动等同于革命。社会行动不同于革命，它只将冲突作为一种手段和姿态，以显示短期的压力，从而迫使当权者让步。

革命视冲突为被压迫群众彻底解放的唯一途径。社会行动虽不能带来社会的根本变革，但对参与者及社会带来的转变，可能比革命来得实际些。

二、社会行动的介入方法

(一) 从群众最关切、最急迫的具体问题切入

社会行动应从具体问题入手，找准群众最关心、最需要解决的问题，以此为纽带把具有相同境遇的群众联合起来，以集体的力量向当权者表达对问题的不满，共同找出彼此要争取的目标及可行的方案。社会行动能否成功取决于问题的性质（本质），如果问题是群众关心、关注及渴望解决的问题，且这一问题正是由于社会结构的非正义性造成的，那么社会行动就容易得到群众的积极参与和倾力支持，当权者也就会面临比较大的压力，社会行动也就易于成功。相反则社会行动不可能发生，或即使发生了，也会因得不到群众的支持而陷于失败。所以，社会行动应从具体、单一、群众关心关注及亟须解决的问题入手，并将问题演化成公众关注的社会事件，事件越大越好。

(二) 集体行动

普通的下层群众无权无势，没有足够的资源去抗衡当权者，唯一的优势是人数和团结性。因此，社会行动通常要求群众组织起来，集体行动，壮大自己的声势，使当权者感到问题的严重性，不敢掉以轻心，并以积极的姿态与群众沟通对话，早日解决困扰他们的问题。因此，若要社会行动成功，一定要保持持久的压力，而持久的压力源自每一位受害者不约而同地、齐心协力地参与到集体行动中来。

(三) 较多采用对抗性、非制度化的方法

中国香港学者何志指出："社会行动是运用冲突的方法达到改变。"① 冯可立认为："社会行动是人民的一种感性行动，它是人们在看到或感受到不公平的对待、在建制内得不到适当及合理的反映的时候，而采取更直接的行动而已。"② 王卓祺也说："社会行动是一种社会介入的方法，它突出了对峙、冲突行为是争取解决社会矛盾的方法，对社区工作者来说，它是以冲突策略作为改变当事人处

① 转引自甘炳光、梁祖彬：《社区工作：理论与实践》，140 页，香港，香港中文大学出版社，1997。
② 同上。

境的介入方式。”①

社会行动的兴起是由于资源、权力及地位分配不公，换句话说是利益分配的不合理引起的，基于利益的不可调和的群众与当权者的冲突很难通过协商和合作来解决。对群众而言，由于缺乏专业知识，又没有足够的资源，其能选择解决问题的方法有限，只能运用冲突、对峙的手段，增强与当权者讨价还价的能力，迫使当权者让步，实现预定的目标。

以往的群众运动表明：仅靠制度的途径不足以解决群众表达的问题。部分是官僚体制的局限使群众的要求及意见常被忽略、蔑视，不能做出及时的回复。因此，群众采取非制度化的方法是被迫的。但非制度化的方法更能引起当局者的重视，问题也能够得到及时的回复和解决。当然社会行动中较多地采用对抗性、非制度化的手段并不意味着排斥非对抗性及社会吸纳策略的使用。兵不血刃，不战而屈人之兵，是弱势群体梦寐以求的事情。冲突的策略也无非是希望迫使当局者坐下来同群众谈判，根本就不需要对峙的策略。因此选择对抗性、非制度化的方法不是达到目的善之善者也，充其量只能算是退而求其次的无奈之举。至于采取何种策略，取决于事件的本质、对手的反应及行动是否容易成功等因素了。

（四）争取第三者的支持

所谓第三者指社会大众传播媒介及有影响的人士等。群众资源有限，在与当权者的斗争中，即使采取了冲突性的策略，也未必能使当权者就范而接受他们提出的条件。如果冲突选取不当，还可能令公众误以为是滋事分子搅扰社会秩序，不仅得不到公众的同情支持，反而孤立了自己，帮助了对方。因此聪明的组织者会首先通过公共传媒把事件报道出来，尤其是将问题的受害者的苦况及当权者的不合理向公众披露，以争取公众的认同，制造舆论，获得广泛支持。

大众传媒与公众的指责所造成的影响和压力远远大于弱势群体参与者直接施加的压力。在民主国家，新闻媒体有极大的能量，官员的不轨行为、社会的阴暗丑陋一旦进入新闻媒体的视线，必将被揭露得体无完肤，官员身败名裂，正义得到伸张，罪恶遭到严惩。故此当权者最怕恶行败露，最怕舆论的挞伐。因此利用新闻媒体及时将事件公之于众十分重要。而运用大众传媒及尽量获取新闻界的关注便成为社会行动惯用的手法。

三、社会行动的步骤

（一）酝酿期

工作者找出共同关注的问题，进行初步的资料搜集，估量群众的反应及他们的参与意识，初步确定争取事件的目标及对手的反应。

---

① 转引自甘炳光、梁祖彬：《社区工作：理论与实践》，140页，香港，香港中文大学出版社，1997。

（二）宣传组织期

广泛宣传社区问题，召开居民大会，目的是：推举代表，成立赢得人们同情和关注的机构；定出争取的要素；通过一系列争取行动；统一步伐，团结士气。

（三）行动期

对话性行动：接触官方，尝试约见并陈述意见；进行调查，收集数据。

抗议性行动：进行签名运动，争取基层支持；发动群众参加行动，迫使对方谈判或让步。

对抗性行动：直接干涉部门运作；争取第三者的了解与支持，迫使对方谈判与让步。

在行动期，工作者应着重于：促使领导小组向群众交代进度；通过间歇性的群众大会，动员居民参与，提高群众士气；经常与领导小组检讨进展，反省组员在过程中的得失，维持领袖参与的热情。

（四）总结期

问题得到改善；检讨行动。

第五节 有关社会行动的评价

社会行动缘起于美国，后来波及其他发达国家和地区。从美国来看，社会行动孕育于20世纪30年代，发展于20世纪60年代，衰落于20世纪七八十年代。第二次世界大战后，社会行动在我国港台地区也曾一度如火如荼地开展起来，对港台地区的政治体制以及经济社会发展产生了巨大影响。我们如何评价曾盛行于西方和我国港台地区的社会行动？在我国内地有没有开展社会行动的可能性和必要性？

社会行动的积极功能表现在：是多元化社会中维护弱势群体利益的一种行之有效的方法；是锻造居民自我意识和自我能力的熔炉；是防止政府僵化和腐化，使国家充满活力和长治久安的必不可少的制度安排；是个人自由和社会自主的度量器，是社会进化程度的标尺。

社会行动的消极功能表现在：容易被对政府不满的政治势力所利用和操纵，成为他们反政府的借口和达到目的的工具；激化事端，制造出乎人们意料的极端事件，酿成悲剧；社会行动虽然以改变社会制度的不公为目的，但并不是要彻底解构现有制度，要的只是局部的改良，政府也通常将迫于压力做出的让步和妥协视为缓解矛盾的权宜之计，因此，社会行动缺乏长远的根本目标以及主动改造和建设的意识。

客观地讲，作为社区工作的三大方法之一的社会行动，与其他政治和社会改革一样，都具有正反两方面的作用，不能因为它的积极作用就不分情况地大力提倡和肆意推广，也不能因为它的负面影响就谈之色变甚而“封杀”之。虽然社会行动在西方和我国港台地区已经失去了昔日的风采，但作为社区工作的一种方法，仍然在居民的日常生活和国家的政治生活中发挥着重要作用，仍然保留着合法的地位并不同程度地为社会工作者和社区居民所使用。

社会行动能不能在我国开展？对此学术界有两派观点。

一派主张社会行动不适合在我国开展，原因是我国城乡社区属于行政主导型的社区，政府通过准行政化的村委会和居委会将权力的触角延伸到社区的每一个角落，居民对政府的依赖意识非常强，遇到问题可以求助于政府和单位，社会行动难以形成。①

另一派主张社会行动可以在我国适度开展，原因是：基层民主建设已经初见成效，居民的民主意识和法制意识已经有了较大程度的提高，居民开始学会运用法律手段和体制内的途径捍卫自身的利益，已经意识到社会舆论和新闻媒体在维护自身利益方面所具有的强大作用。近些年，不论是在农村还是在城市，社区冲突事件都日渐增多，冲突程度日渐升级。在农村，冲突主要是围绕村有经济收益分配、干部的贪污和公款吃喝、乱摊派、乱收费等严重损害农民利益的问题展开的。在城市，冲突主要是围绕房屋拆迁、环境治安、房地产商背信弃义等问题展开的。这些冲突事件着实锻炼了人们，唤醒了他们的参与意识和社区意识，提高了他们处理问题的自治能力，使他们尝到了问题在短期内解决的甜头；对政府来讲，问题的妥善解决提高了上一级政府在人民心目中的形象，使人民保持对党的信心，提高了党的执政的合法性，巩固了党的执政基础。

尽管如此，我们认为，从历史和现实来看，我国仍然缺乏开展激进社会行动的传统与土壤，开展过激的社会行动会危害我国安定团结的政治局面，一切不利于社会稳定的事情都要三思而后行，要持审慎的态度。

作为社区工作的实践类型之一，社会行动曾在社区工作发展史上发挥过重要作用，这无疑是社区工作研究者无法回避的。有鉴于此，本书专辟章节对社会行动作了介绍。社区工作实践者在对其原则、策略有所了解的同时，尤其要结合国情对其适用性进行深入思考。

【本章要点】

社会行动就是社区居民在社区工作者的组织和领导下，以非制度化的渠道和方式向政府有关部门、市场组织等强势群体示威抗议，旨在改变不平等的地位和所遭受的不公正的待遇。社会行动产生的制度条件是国家与社会的分离、多元化和自主性社会的形成等。社会行动产生的现实基础是社会上存在少数弱势群体、

---

① 参见徐永祥主编：《社会工作》，133页，北京，高等教育出版社，2004。

个人的权利得到保障、拥有自由的新闻媒介、群体在政治上缺乏表达的渠道、社会和政府比较宽容。社会行动的本质是在承认社会制度的前提下，在建制内对社会作有限度的改革。

社会行动的案主是弱势群体。社会行动的策略有对话性行动、抗议性行动、对抗性行动、暴力性行动。社会行动的目的是达到具体制度的改变，使权力、资源及决策权得到相对公平的分配，并影响基本政策的转变。社会行动的介入方法是从群众最关心的问题入手、集体行动、多采用非制度化的手段、争取第三者的支持。社会行动可分为酝酿期、宣传组织期、行动期、总结期等阶段，并相应采取不同的步骤。

【关键概念】

社会行动　对话性行动　抗议性行动　对抗性行动

复习思考题

1. 社会行动产生的原因是什么？
2. 试述社会行动的策略。
3. 试述社会行动的本质、目标、功能。
4. 试述社会行动的介入方法。

推荐阅读书目

1. 王卓祺. 社会行动与香港. 香港：青文书屋，1989.
2. 徐震，林万亿. 当代社会工作. 台北：五南图书出版公司，1984.
3. 苏景辉. 社区工作：理论与实务. 台北：巨流图书公司，1997.
4. 甘炳光，梁祖彬，等，编. 社区工作：理论与实践. 香港：香港中文大学出版社，1998.
5. 莫邦豪. 社区工作原理和实践. 香港：集贤社，1994.
6. 黄威廉. 香港社会工作的挑战. 香港：集贤社，1985.
7. 徐永祥，主编. 社区工作. 北京：高等教育出版社，2004.

第八章

社区照顾

第一节
社区照顾兴起的历史背景

何谓社区照顾，这是我们首先需要解决的问题。不过，不了解社区照顾兴起的历史背景，就无法准确把握社区照顾的内涵。为此，我们应当先行探究社区照顾的兴起。第二次世界大战结束后，社区照顾开始在西方社会产生。究其原因，不外乎以下四个方面。

一、正常化：对院舍化的反思

20 世纪 50 年代初期，西方社会开始关注孤儿院、老人院、精神病院等院舍照顾（institutional care）的非人性化后果，反院舍化运动（anti-institutionalization movement）倡议在社区内而不是在院舍内为服务对象提供舒适的服务。

（一）院舍照顾的弊病

19 世纪欧洲各国相继建立了许多院舍，将需要照顾的孤儿、老人、精神病人等集中于院舍中进行照顾。院舍照顾在一定程度上弥补了家庭结构因工业化而遭到削弱的消极后果。随着时间的推移，人们认识到院舍照顾存在诸多不足，甚至影响居住其中接受照顾的弱势群体的身心健康。

1. 院舍化

生活于院舍中的弱势群体，通常被院舍的工作人员甚至社会上的其他人有意无意地视为“弱者”，认为他们需要帮助，却很少关注他们的自主选择的权利。其结果就是出现了院舍化现象：接受长期院舍照顾的人丧失了自立能力，变得过分顺从，过分依赖工作人员的指导和建议，甚至在日常生活的小事上也是如此。[①]

对于儿童而言，与成年人形成亲密的依恋关系是其健康成长的重要条件。只有这样，儿童才有安全感。否则，他们就会在感情交流、社会交往甚至智力发展方面产生障碍。生活在院舍中的孤儿也不例外。由于孤儿所接触的成年人主要是院舍工作人员，而且孤儿人数众多，常常出现向院舍工作人员“争宠”的现象。一些“不乖巧”的孤儿就可能为院舍工作人员所忽视，甚至敌视，长此以往，这些孤儿无法与成年人形成亲密的依恋关系，就会陷入绝望，进而沮丧、压抑、自我封闭。即使那些与院舍工作人员形成亲密依恋关系的孤儿，其人格发展也可能存在问题。院舍工作人员通常是女性，孤儿只得到了“母亲”，失去了与“父亲”

---

① 参见［美］史蒂文森：《社区照顾——概念和理论》，见夏学銮主编：《社区照顾的理论、政策和实践》，8 页，北京，北京大学出版社，1996。

交流的机会。他们无法获知男性的社会行为规范，虽然这种规范本身并非完全合理，不过这是儿童步入社会之前必须经历的社会化过程。

对于生活在院舍的老年人而言，其境遇较儿童为好。毕竟绝大多数老年人在进入养老院之前，过着自食其力的生活，拥有自主选择的权利。一般而言，他们能够与院舍工作人员进行沟通，并保持自尊。不过也不应高估他们适应院舍照顾却又不失去自我的能力。由于年事已高，在生活的很多方面他们都要依赖院舍工作人员。这种依赖会在不知不觉中一丝一丝地夺走老年人的自主意识，使得他们学会“忍气吞声”。因此，不少生活在院舍中的老年人虽然衣食无忧，但并不快乐。长期的院舍生活使得他们或多或少地丧失了“自我”，或多或少地“放弃”了选择自由生活的权利。简而言之，集体生活同样可能抹杀老年人的个性。

对于精神病人而言，将其视为正常人是其早日康复的重要条件。国外不少实验表明，精神病人之间的交流与正常人之间的交流并无太多不同之处。从这种意义上说，精神病人是生活在另一种状态的“正常人”。院舍工作人员通常对精神病人的行为进行控制，其目的在于促进精神病人的康复并防止对他人造成损害。然而这种控制导致精神病人被非人地对待，过着没有尊严的生活，没有获得应有的尊重。与人性化照顾相比，后者显然更加有利于精神病人的康复。更有甚者，一些院舍中还存在着虐待精神病人的现象。

2. 官僚化

院舍本身虽然不是官僚机构，但难免滋生官僚作风。院舍工作人员往往缺乏主动性，漠视孤儿、老年人、精神病人等的实际需要，要求这些需要照顾的人士严格遵守院舍的各项制度。院舍工作人员冠冕堂皇的理由就是维持院舍的正常运转。其实，人们发现严格遵循院舍各项制度虽然在一定程度上维护了院舍秩序，但并不一定符合需要照顾人士的意愿，最大的受益者似乎是院舍工作人员，使他们工作生活更为方便。一般而言，院舍设有严格的用餐时间甚至是作息时间，从而在一定程度上限制了需要照顾人士的自由生活；而需要照顾人士尤其是老年人，他们已有自身的生活习惯，由这些习惯所产生的服务需求通常处于合理的范围内。只要院舍工作人员听取需要照顾人士的意见，举手之劳就能满足他们的需求，其结果就是院舍照顾并没有过多改变需要照顾人士的生活习惯，他们会感到在院舍中生活很舒适。然而，事实往往并非如此。官僚作风使得院舍工作人员认为需要照顾人士提出的合理要求并不合理，甚至为其工作增添了麻烦。“要饭吃还嫌饭凉”或许就是一些院舍工作人员对需要照顾人士的真实想法。

当然，我们谈论院舍照顾的弊病，只是希望需要照顾人士生活得更好，并没有否认院舍工作人员成绩的意图。客观而言，院舍照顾曾经庇护了大量的需要照顾人士，现在依然如此，将来或许仍会如此。

（二）正常化

所谓正常化是相对于院舍化而言的，它肯定了需要照顾人士的个人权利：按照一定的社会文化和社会价值，过尽可能正常的生活。① 由此可见，正常化包含了价值判断，具有道德色彩。如前所述，院舍化和官僚化的存在导致生活在院舍中的需要照顾人士被迫过着“非正常化”的生活，过度的保护反而剥夺了他们选择自由生活的权利。从而应验了西方女权主义者的名言：“保护就是歧视”。因此，正常化概念对社区照顾的专家和工作人员产生了深远的影响，从而推动了社区照顾的产生和发展。

那么，如何实现正常化呢？

首先，正确理解正常化。正常化是一个双向的过程，要求正常人也应当将需要照顾人士视为正常人，为其提供独立生活的便利。进一步而言，我们应当重新界定正常人。正常人除了认为自己是正常的外，还应当认为需要照顾人士也是正常的。只有这样，院舍工作人员才能转变长期以来的“需要照顾人士是非正常人”的固有观念，从而努力适应需要照顾人士，保障其过正常人的独立生活。盲人专用道路的出现就为盲人的正常生活提供了便利。当然，对正常化的接受程度是一个值得探讨的问题。虽然正常人在心理上将需要照顾人士视为正常人，但他们毕竟在生理上或者心理上存在些许障碍。例如，能否满足精神病人结婚生子的要求呢？坚持正常化理论，就应当满足精神病人的这一要求；但是从优生学的角度看，不应当满足精神病人的这一要求。而两者均有其道德支持，从而产生道德价值的冲突。如何解决这一棘手问题，则有待于进一步探究。

其次，为需要照顾人士的正常化提供合适的环境。在解决了认识问题之后，实现正常化在很大程度上依赖于正常化的环境。保证需要照顾人士生活在正常化的环境中是其正常化的重要方法。通过与正常人交往，需要照顾人士可以适应正常化的环境，继续其社会化进程，从而发挥其主动性而独立生活。进一步而言，如何获得正常化的环境？就是让需要照顾人士回归社区。借助社区照顾，克服院舍照顾的弊病：儿童得以和成年人建立亲密的依恋关系，老年人能够自主地生活，精神病人获得人性化的照顾。

二、福利国家的困境

社区照顾的兴起亦有其社会政策原因。20 世纪 70 年代以来，西方国家对其福利政策的反思推动了社区照顾的发展。

（一）福利国家的弊病

福利国家理论的起源可以追溯到 19 世纪末。德国历史学派的施穆勒宣传过“国家是人们道义上的结合”，“国家可以通过办理社会保险和铁路国有化等方式来调节劳资之间的矛盾”。英国的费边学派也倡导福利国家理论，主张用温和渐

① 参见［美］史蒂文森：《社区照顾——概念和理论》，见夏学銮主编：《社区照顾的理论、政策和实践》，10 页，北京，北京大学出版社，1996。

近的改良办法，通过选举和代议制，利用现存国家结构调节经济，主张收入再分配，逐步把土地和资本转归社会所有，以实现福利国家的理想。

20 世纪初，英国工党建立时即接受了费边派的福利国家理论，把实现福利国家作为自己的纲领。1942 年在第二次世界大战炮火中诞生的“贝弗里奇报告”——《社会保险及有关的服务》，以消除贫困、疾病、肮脏、无知和懒散等五大社会病作为目标，制订了一个以社会保险制为核心的全面的社会保障计划，构筑了英国福利国家的蓝图。1944 年，英国议会就制定了一项具有深远影响的教育改革法案，旨在消除愚昧无知。1945 年，执政的工党政府立即着手工作，履行在战争期间许下的关于全面扩大社会公益服务的诺言。截至 1948 年，英国国会又先后通过《家庭补助法》、《国民保险法》、《工业伤害保险法》、《国民健康服务法》和《国民救助法》等五大法案，加上此前已颁行的《国民住宅法》、《劳动交换法》、《职业训练法等》，构成了完整的社会保障制度。英国宣称其已建成“福利国家”。此后，英国的社会保障制度不断修改补充，日趋完善。福利国家政策在相当程度上消灭了贫困和疾病，实现了社会公平。因此，西方各国民众从中获益匪浅。但它也有自己的弊端，政府财政负担过重就是其中之一。其他西方国家也不例外，例如，20 世纪 70 年代后期，除英国外，欧共体国家的社会支出占总公共支出的 50%以上，荷兰、瑞典、丹麦等国 1981 年的社会支出超过 GDP 的三分之一。①

（二）对福利国家的反思

福利国家是欧洲社会民主党几十年经营的得意之作，被该党称为 20 世纪的一个重大的创造。然而在表演了“从摇篮到坟墓”大包大揽一幕后，其弊端暴露无遗。20 世纪 80 年代后，英国政府以社区照顾为主要的福利哲学，尝试减轻地方政府提供正规服务的压力，鼓励非正规服务和私有化服务的发展。② 1998 年 5 月，英国工党领袖布莱尔的精神导师安东尼·吉登斯，出版了他的《第三条道路——社会民主主义的复兴》一书。该书在系统阐述英国新工党的理论和政策主张的同时，明确提出改革社会福利国家的新设想，建立“社会投资型国家”（social investment state），建设一个“积极的福利社会”，并在风险和安全、个人责任和集体责任之间建立起新的关系。所谓“社会投资型国家”，按照吉登斯的说法，其主要原则可以简要地表述为：国家将在任何可能的情况下通过教育和培训的途径投资于人力资本，而尽量不直接给予利益或提供经济资助。③ 在社会福利问题上，“社会投资型国家”理论认为，应当努力改变以往营造社会安全网的做法。通过积极推动“公民公共道德”发展，来尽量避免因一味依赖社会福利而导致的“道德公害”。同时，倡导全社会树立“积极福利”的观念。强调要利用风险

---

① 参见牛荣科：《中国成为福利国家的可能性分析》，载《求是学刊》，1997（6）。

② 参见甘炳光、梁祖彬等编：《社区工作：理论与实践》，251 页，香港，中文大学出版社，1994。

③ 参见［英］安东尼·吉登斯：《左派瘫痪之后》，载《新政治家》，1998－05－01。

的积极的和有活力的一面，通过国家与其他组织的合作，最大限度地以“培养人的潜力”去取代“事后”的再分配。通过培养个人对自己负责的精神和独立的意识，充分发挥各社会组织和机构的作用，使之在整个社会福利体系当中扮演更加重要的角色。全民而不单纯是政府办福利将有助于政府从沉重的财政负担中解脱出来。

在对福利国家进行反思的背景下，西方国家的福利政策发生了变迁，更注重发挥社会各方面在社会福利中的作用。在政府的积极推动下，社区照顾获得了生存发展空间。

三、新保守主义思潮的影响

（一）新保守主义概述

20世纪，古典自由主义转型为新自由主义，承认并倡导国家对市民社会的积极干预。保守派对此持批评态度，主张退回放任的自由主义。随着新自由主义政策弊病的暴露，20世纪70年代新保守主义在西方迅猛崛起。这股思潮在西方社会的政治、经济、文化、宗教、社会、军事、教育等各方面都有较为系统的理论主张。新保守主义的核心主张可以归纳为三点：（1）维护按价值取酬的市场制度，停止实行给予社会下层补偿利益的福利国家政策；（2）恢复个人自主精神，依靠私人自由市场来保证公民的机会均等；（3）依靠精英人物的智慧来拯救民主政治，摒弃“大众政治”。[①] 其中有关社会问题的见解和看法，是新保守主义理论的重要组成部分，对二战后特别是20世纪80年代以来的西方国家社会政策的走向产生了不可低估的影响。

（二）新保守主义的社会问题思想

新自由主义认为平等不仅指自由的平等、法律的平等，还指社会地位的平等、经济条件的平等，因此政府应扩展其经济管理职能和社会服务职能，兴办公共福利事业，为每个公民提供必要的收入和财产保障。新保守主义猛烈地抨击了新自由主义的平等观，反对福利国家政策。新保守主义主张“机会平等”，反对“结果平等”。所谓机会平等，就是说每一个人不应因种族、民族、宗教、性别、年龄等受到差别对待，都应得到同样的就业机会，并通过个人的努力奋斗改善自己的生活条件。而所谓“结果平等”，则是说不管个人的才能如何和是否努力奋斗，人人都一样，一切平等。这种观点集中体现在对妇女、穷人等弱势群体的态度上。新保守主义并不歧视弱者，但反对因为这些人过去所受的不公正待遇而普遍地给他们以特殊的照顾。新保守主义认为对弱势群体应当区别对待。对那些有“天赋”和“才能”的弱者而言，改变其处境的办法不是直接救助，而是给予其平等的机会，由其自己改善自己的生活。不应当不加区分地给所有弱势群体以同样的社会福利。这种结果平等的实现依赖国家干涉，即借助国家强制力使得每个人

---

① 参见朱士群、万军：《西方文明的伦理学反思》，载《安徽大学学报》，1997（2）。

拥有相同的社会和经济地位。强制实现的结果平等，不可避免地造成对自由的限制和摧毁，甚至会毁灭自由社会。因此，新保守主义虽然不从根本上反对社会福利，不反对给需要帮助的人予以援助，使他们靠自己的努力过上体面的生活；但是反对过度地扩大社会福利、反对“福利国家”，主张削减社会福利支出，减少税收。

新保守主义的代表人物罗杰·斯克拉顿（R. Scruton）认为，财产与正义之间存在有机的联系，正义是一种财产持有的正义，即“自然的正义”，它只是法治之下的一种标明财产归属关系的法律关系。换言之，正义意味着人们追求数量不等的财富的自由以及享受财富的安全，任何在法律之外对这种自由与安全的侵犯都是非正义的。显而易见，斯克拉顿的正义与罗尔斯所说的“作为公平的正义”之间存在天壤之别。斯克拉顿的正义概念不涉及任何物品或利益的分配，而只存在于一种特定的行为者之间，以及行为者与社会之间的交往之中。强迫他人工作或是不经其同意就获得他的产品就是非正义的。由于在个人的交往中，所有权以及优势所产生的利益是自然地分布的，那么只要维护了这些不同的权利就是正义的，正是产生和获得权利的过程导致了它们分布的不平等。这种自然正义的敌人，就是人们试图消除财产之间的差别，实现以平等为基本内容的社会正义。在斯克拉顿看来，这种正义观念从社会交往领域中消除了个人的责任感与义务感，破坏了人们相互依赖的一致性。①

（三）新保守主义对社区照顾的影响

20世纪70年代，西方福利国家面临严重的财政危机，新保守主义思潮的兴起为其提供了一剂救世之方。各国政府逐渐接受新保守主义思想，在保证公民基本社会福利的前提下，推行社会福利改革。虽然政府依旧是社会福利的主要承担者，但政府注重多方挖掘社会各界力量，共同发展社会福利事业。为了弥补政府对弱势群体照顾的不足，政府鼓励社区照顾的发展。这一政策在减轻政府财政负担的同时，也实现了个人自主精神的恢复。从这种意义上说，社区照顾的产生和发展也是新保守主义的实践。

四、社会对社区照顾的现实需要

社区照顾的兴起除了上述原因外，居民对社会服务现实需求的增长也是不容忽视的重要原因，主要包括以下两点。

（一）养老需求的增长

养老需求的增长是人口老龄化的直接后果。社会中老年人相对和绝对数量的增加必然带来养老需求的增长。

一般而言，社会经济的发展水平、城市化水平和人口老龄化虽然是相对独立

---

① 参见王皖强：《斯克拉顿的新保守主义政治哲学》，载《学海》，2001（2）。

的不同过程，各自具有本身的特点和发展规律，但三者之间通常存在着密切的正相关关系。一般的规律表现为：一个国家或者地区的经济越发达，城市化水平越高，人口的老龄化程度就越高。

西方发达国家经济发展处于领先地位，城市化水平高于其他国家和地区，人口老龄化程度也比较高。20 世纪 70 年代后，西方发达国家陆续进入老龄化社会，老年人问题逐渐显露出来，为社会所关注。养老需求的增长使得原本不堪重负的社会保障制度更加捉襟见肘，客观上要求更多的服务主体和更多的社会资源介入养老服务，推动了社区照顾的产生。

（二）居民需求更加全面、更加周到的社会服务

随着社会的进步，人们更加关注自身的生存状况，要求更加全面、更加周到的社会服务。美国心理学家马斯洛指出，除了少数病态的人之外，社会上所有的人都有一种对于他们的稳定的、牢固不变的、通常较高的评价的需要或欲望。他把这种心理需要归纳为自尊需要，认为这种需要的满足导致一种自信的感觉，使人觉得在这个世界上有价值、有力量、有能力、有位置、有用处和必不可少。然而这些需要一旦受到挫折，就会产生自卑、弱小及无能的感觉。[①] 马斯洛研究表明了人们追求价值尊重的渴望和执着。

这种要求同样应当体现在社会服务中。物质生活的改善使得人们对精神服务的需求愈加强烈，自尊意识的增强使得人们对社会服务提出人性化的要求。社区服务的数量和质量均无法满足人们日益增长的物质文化需要。如何有效增加社会服务量的供给，如何有效提升社会服务的质量，就成为必须解决的问题。单纯依靠政府的财政支持，似乎难以满足人们对社会服务的需求，因此引入其他组织提供社区照顾弥补政府福利制度的不足就成为必然。

综上所述，社区照顾是在特定社会条件下多种因素综合作用的产物。虽然各种因素在其中发挥作用的程度并不相同，但抛开其中任何一方面，都无法准确解释社区照顾的兴起。

第二节 社区照顾的基本内容

一、社区照顾的理论

（一）社区照顾的概念

通过对社区照顾兴起的论述，我们已经对社区照顾有了基本了解。所谓社区

① 参见［美］马斯洛：《动机和人格》，51～52 页，北京，华夏出版社，1987。

照顾，是指整合全部社会资源，运用正规照顾和非正规照顾网络，为需要照顾人士在家庭或者社区中提供全面照顾，促成其过正常人的生活。

为了准确把握社区照顾，我们有必要探究照顾的内涵。一般而言，照顾基本可以从四个不同层面进行界定：

（1）行动照顾——照顾起居饮食、打扫居所、代为购物等；

（2）物质支援——提供衣物家具和现金、提供食物等；

（3）心理支持——问候、安慰、辅导等；

（4）整体关怀——留意生活环境、发动周围资源以支援等。①

同时，从照顾提供者的角度，可以将照顾分为正规照顾（formal care）和非正规照顾（informal care）。正规照顾通常指由政府承担及提供的照顾性服务，而这些正规服务多由政府人员及专门工作人员提供。② 不过，随着民间组织和志愿者团体的发展，它们提供的服务也被纳入正规照顾的范畴。非正规照顾则是指由家人、亲友或者邻居基于情感和人伦上的因素及动力而提供的无偿照顾。

因此，社区照顾往往涉及行动、物质、心理和环境等各个层面，涵盖正规照顾和非正规照顾。只有如此，社区照顾才能满足需要照顾人士多方面的服务需求。

（二）社区照顾的基本假设

社区照顾兴起的原因已如前述，但不容忽视的是在政府和社会推动社区服务发展的背后，隐含着一个基本假设：社区照顾在某些方面优于院舍照顾。具体说来，这一基本假设可以分为两点。

1. 社区环境优于院舍环境

人们进入陌生环境需要一段时间适应，在此期间往往会产生这样或者那样的不适反应。如果在相当长一段时间内仍无法适应陌生环境，人们就可能产生心理疾病。需要照顾人士在进入院舍之前生活在社区中。他们熟悉社区环境，舒适地生活于“熟人社会”。而院舍对他们而言，显然是一个陌生环境。作为弱势群体，需要照顾人士需要较正常人更长的时间适应院舍生活，其不适应症也较正常人强烈。由于担心引起院舍工作人员的不满，他们往往委曲求全，“不敢”提出一些看来并非无理的照顾要求。相反，如果需要照顾人士始终生活在社区，他们就省却了适应院舍照顾之苦，可以自由地生活。

人是社会的人，离开了正常的社会生活，人将不成其为人。院舍是一个相对独立的环境，一个虚假的“世外桃源”。需要照顾人士日常所接触的正常人就是院舍工作人员。他们生活在一个非正常环境之中，丧失了与正常人交往的机会。长此以往，需要照顾人士将可能丧失与正常人进行交往的能力，越发成了弱者。

---

① 参见方奕霖、阮曾媛琪：《社区照顾的概念反思及对香港的启示》，见夏学銮主编：《社区照顾的理论、政策和实践》，44页，北京，北京大学出版社，1996。

② 由此可见，院舍照顾属于正规照顾的范畴。

因此，院舍生活不利于需要照顾人士的社会化，离开院舍，他们甚至无法在社会上立足。

2. 社区照顾可以有效利用非正式资源

生活于社区之中，需要照顾人士除了可以从社区获得正规照顾之外，还可以从社区获得非正规照顾。一般而言，院舍照顾通常难以满足需要照顾人士的心理需求，而这恰恰是社区照顾的优势所在。家人、亲友或者邻里提供的非正规照顾，不仅帮助需要照顾人士解决了日常生活问题，而且实现了情感交流。后者对于需要照顾人士恐怕更为重要。院舍照顾作为正规照顾，服务的提供依赖于专门机构对正式资源的调动，通常专门机构难以调动非正式资源参与院舍照顾。而社区照顾更强调社区居民的积极参与，通过社区意识的培养有效引导非正式资源介入需要照顾人士的服务提供。从这种意义上说，社区照顾较之院舍照顾能够更有效地利用非正式资源。

（三）社区照顾的分类

为了更好地理解社区照顾，有必要考察社区照顾的实践途径，即从实践途径的角度对社区照顾进行分类剖析。一般而言，可将社区照顾分为“在社区内照顾”（care in the community）和“由社区照顾”（care by the community）。

1. 在社区内照顾

在社区内照顾是指需要照顾人士在社区内的小型服务机构或者住所中，获得专业工作人员的照顾。在社区内照顾属于正规照顾的范畴。在社区内照顾旨在去除院舍照顾的不足，将原本由院舍提供的专业服务转向由社区提供，改善需要照顾人士的生活环境。

一般而言，院舍照顾在正规照顾中居于主导地位。究其原因，一是大部分社区居民迷信专家，认为只有专业人士才能够为需要照顾人士尤其是病人提供良好的照顾；二是在资源有限的情况下，人们选择经济效益原则作为正规照顾的指导原则。为了满足大量需要照顾人士的服务需求，实现有限资源的效用最大化，规模效应使得大型院舍的建立成为理所当然的最佳选择。大型院舍可以统一服务，统一管理，为需要照顾人士提供相当水准的服务。然而集体照顾的必然结果就是忽视了需要照顾人士的个性化需要。加之大型院舍往往远离社区，需要照顾人士不得不离开他们早已熟悉的社区。

与院舍照顾不同，在社区内照顾以需要照顾人士的利益为着眼点，强调在社区内为需要照顾人士提供全面性的服务。其结果就是能够使一些需要照顾人士留在社区内接受服务。一般而言，实现从院舍照顾向在社区内照顾转变，可以采取以下方法：（1）把远离社区的大型院舍搬回社区；（2）把社区内的大型院舍改造成小型院舍；（3）强化和充实社区原有的正规照顾。当然，在社区内照顾也不能不考虑资源的有限性问题，只是不把经济效益放在首位而已。因此，协调需要照顾人士的个性化需要和资源有限性之间的矛盾，也是在社区内照顾面临的问题。

2. 由社区照顾

由社区照顾是指社区内的人士，如家人、亲友、邻居或者志愿者等，为需要照顾人士提供照顾。当然，需要照顾人士也可以为他人提供由社区照顾。由社区照顾属于非正规照顾范畴。如前所述，社区居民具有迷信专家的倾向，因而推动由社区照顾的发展并非易事。为此，需要对社区居民进行必要的社区照顾培训，使其掌握社区照顾的知识和基本技能、技巧。同时，社区居民往往自身财力有限，政府应当为其参与非正规照顾提供一定的支持。社区居民尤其是需要照顾人士参与非正规照顾可以提高其对院舍照顾的评估能力，促进专业人士提升服务水平和质量，从而实现非正规照顾和正规照顾的良性互动。因此，社区照顾并不单纯强调社区居民的积极参与，也注重政府、专业机构、社区居民相互配合，最终形成为需要照顾人士提供全面性照顾的服务体系。

为了有效地动员社区居民参与由社区照顾，必须建立社会支持网络（social support networks）。所谓社会支持网络，是指能够为个人提供支持的人与人之间的特定联系。社区居民在日常生活中可以与家人、亲友、邻居甚至志愿者形成密切的联系，促进社会支持网络的形成。网络成员相互交流，形成双向性的网络关系。处于该网络中的每一成员遇到困难时，都会得到其他成员的支持。虽然社会支持网络属于非正规的社会支持，却通常被视为解决个人和社区问题的有效方法。一般而言，个人遇到问题的第一反应是寻求家人、亲友等关系密切的人的帮助，只有问题仍然无法解决，才会向社会求助。所以社会支持网络是补足正规照顾的一种有效支持模式。

由社区照顾的实践表明，必须选择合适的社会支持网络发展策略。通过建立、强化及维系社会支持网络，促使这些网络发挥支持性作用，从而帮助需要照顾人士解决所面临的问题。一般而言，围绕需要照顾人士应当形成以下几种社会支持网络：

（1）个人网络。

建立个人网络，就是要求需要照顾人士强化其现存的人际关系，并注意发展其生活环境中可能为其提供支持的成员关系。通过完善个人网络，需要照顾人士可以从中获得更多的支持。具体说来，在发展个人网络时，应当注重两类子网络的建立：一是自愿联结网络，即在需要照顾人士与可以提供一定照顾的人士之间建立一对一的相对固定的服务关系。通过服务对象和服务主体的配对，能够实现社会资源的优化配置，服务主体具有满足服务对象特殊要求的知识经验，服务对象能够获得满意的服务，从而达到良好的照顾效果。二是邻里援助网络，即强化需要照顾人士与其邻居的援助关系。通过邻里互动形成一个有效的邻里援助网络系统，帮助社区中孤立无援的需要照顾人士。“远亲不如近邻”就是对邻里援助网络恰如其分的评价。当然社区应当有意识地把社区中大大小小的邻里援助网络联系在一起，形成一个规模更大、支持力度更强的社会支持网络。

（2）互助网络。

互助网络就是把具有相同问题的需要照顾人士组成互助小组，建立他们之间的联系，使他们能够以自助助人的方式相互支持。例如，癌症患者可以组成互助小组，交流治疗经验，倾吐病痛之苦。与个人网络强调社区居民为需要照顾人士提供支持不同，互助网络强调需要照顾人士的互助。从这种意义上说，互助网络有助于需要照顾人士独立生活能力的提高，促成其过正常人生活。因此，社区工作人员可以尝试将有相同困难的需要照顾人士组成互助小组。

（3）紧急支援网络。

建立紧急支援网络的目的在于帮助个人或者家庭预防突发事件。事实上，理想的紧急支援服务，应配合警方、社区中心、居民组织、地方社团等的经常活动，建立热线或者紧急支援服务系统，力求为居民提供及时的帮助和支援服务。[①]

二、社区照顾的目标

社区照顾的目标是什么？这也是发展社区照顾必须回答的问题。从不同的层面剖析社区照顾的目标，有助于对这一问题作出较为全面的回答。

（一）社区照顾的终极目标

社区照顾的终极目标就是努力促成需要照顾人士留在社区内，尽可能保障其过正常人的生活。英国制定的社区照顾政策指出，社区照顾的目标是尽量维持需照顾人士在社区或者其自然生活环境内的独立生活，直至他们必须接受院舍照顾。虽然社区照顾的终极目标是确定的，但该目标比较抽象，必须具体化才有利于社区照顾的发展。

（二）社区照顾的过程目标

一般而言，建立关怀社区（caring community），即弘扬以人为本的社区精神，创造相互尊重、相互关怀的社区生活，是实现社区照顾终极目标的唯一有效途径。建立关怀社区的过程，就是实现社区照顾终极目标的过程。因此，建立关怀社区被称为社区照顾的过程目标。

（三）社区照顾的具体目标

如何建立关怀社区则依赖于社区照顾的具体目标。社区照顾的具体目标包括以下几点。

1. 协助需要照顾人士融入社区

需要照顾人士往往是弱者，其融入社区的主流生活存在这样或者那样的困难。社区照顾的首要目标就是为他们融入社区提供种种便利，使他们能够形成自己的生活方式，建立自己的社交关系。

---

① 该部分参考了阮曾媛琪、黄锦宾和陈丽云关于社会支持网络的论述，参见阮曾媛琪：《社会支持网络与社区照顾》，见夏学銮主编：《社区照顾的理论、政策和实践》，120～121页，北京，北京大学出版社，1996；甘炳光、梁祖彬等编：《社区工作：理论与实践》，257～259页，香港，中文大学出版社，1994。

2. 培养需要照顾人士的参与意识

要有针对性地帮助需要照顾人士，必须了解他们的实际困难和需求。为此，社区照顾应当有意识地培养需要照顾人士的参与意识，鼓励他们表达自己的需要并对社区照顾提出自己的意见和建议。

3. 强化居民的社区意识

关怀社区的建立离不开全体居民的积极参与。尤其是加强需要照顾人士与亲友、邻居和社区服务机构的联系。只有形成互助互爱的社区关系，形成以人为本的社区文化，才能有效调动非正规资源为需要照顾人士提供服务。从这种意义上说，强化居民的社区意识是实现社区照顾终极目标的关键。

4. 政府与社区建立伙伴关系

如前所述，社区照顾涵盖正规照顾和非正规照顾，并非以非正规照顾取代正规照顾。因此，在建立关怀社区过程中，政府与社区之间应当相互配合，形成伙伴关系。政府给予社区必要的财政及政策支持，社区利用自身优势调动非正规资源分担政府的社会责任，通过政府和社区的合作为需要照顾人士提供良好的服务。

三、社区照顾的实践类型

（一）英国的社区照顾模式

英国是世界上最早实行社会保障制度的国家之一，社会保障制度比较发达。20世纪70年代以来的经济衰退，加速了英国社区照顾的发展。经过几十年的发展，社区照顾已成为英国社会工作的主要方式。作为一种服务方法，社区照顾被运用于社会服务的各个领域，即普遍遵循社区照顾的指导思想、运用社区照顾的工作方式与方法。

1. 社区照顾的指导思想

虽然政府、社会工作者等倡导社区照顾的初衷有所不同，但社区照顾的指导思想却是极为明确的。无论是政府、社区还是社会工作者均比较清楚为什么和如何推动社区照顾。尊重需要照顾人士，为他们创造正常生活的自然环境，是社会各界的共识。具有明确的指导思想是社区照顾良性发展的重要条件。

2. 社区照顾的人力资源体系

由于实现了从以院舍照顾为主向以社区照顾为主的社会服务模式的转变，在英国，社区照顾几乎成了社会服务的代名词。社区照顾的重要地位使得完善社区照顾的人力资源体系成为政府的重要工作之一。英国的社区照顾人力资源体系由管理人员、关键工作人员和照顾人员组成。管理人员全面负责某一社区的社区照顾工作，包括分配来自政府的社区照顾资金、聘用下层社区照顾人员以及监督本社区的社区照顾工作。关键工作人员直接受管理人员领导，负责对更小的社区或者一定区域内需要照顾人士的照顾工作，包括向需要照顾人士发放救济金、了解需要照顾人士的服务需求、解决需要照顾人士的具体困难等。照顾人员是具体为需要照顾人士提供日常生活服务的人，他们直接为政府而不是社区所雇用。当然，照顾人员并不一定都是全职的。值得注意的是，政府对各类人员的任职资格和职责都有明确规定。因此，英国拥有比较正规的社区照顾人力资源体系，这在全世界并不多见。

3. 社区照顾的工作方法

英国开展社区照顾的方法繁多，主要有以下几种：（1）在社区中建立院舍，为愿意或者必须进入院舍生活的需要照顾人士提供院舍照顾。与传统的院舍照顾不同，这种院舍照顾是开放式的，需要照顾人士可以根据自己的意愿而走出院舍，重返社区生活；非院舍工作人员也可以进入院舍为需要照顾人士提供照顾。（2）在社区中兴建服务设施，需要照顾人士可以按照自己的意愿享受社区为其提供的服务，特别是针对不同类别的需要照顾人士的特点，通过免费车接车送组织他们定期聚会，实现情感的沟通。（3）为居住在家中并且行动不便的需要照顾人士提供必要的家庭服务，如清扫房间、代购生活用品等。（4）照顾管理（care management），即通过评估个案、制订照顾计划、定期检讨有关进展等工作步骤，挖掘需要照顾人士自身的需要及其社会支持网络，结合不同专业和不同机构的服务系统为需要照顾人士提供服务。照顾计划并非一成不变，一旦发现需要照顾人士的新需求及新的社会支持网络，就会及时修订。

4. 社区照顾的主导力量

官办民助是英国社区照顾的重要特点。社区照顾的资金主要来源于政府，其人力资源也同样打上了政府为主的烙印。从这种意义上说，英国的社区照顾基本上是官办的，政府是社区照顾的主导力量。社区居民在社区照顾中投入的资金很少，他们主要是作为社会支持网络为需要照顾人士提供人性化的照顾。英国的社区照顾发展模式的确在相当大的程度上解决了需要照顾人士的困难。不过随着财政压力的不断增大，政府越来越难以为社区照顾提供足够的资金，服务数量和水平均受影响。为此，英国政府已经尝试把兴办社区照顾的权力下放，并适当增加税收。这一做法已引起某些社会人士的不满，并造成一定的社会动荡。英国的社区照顾也面临着挑战，需要加以完善。

（二）我国香港地区社区为本的“家居照顾”和“康复计划”

我国香港地区率先在养老服务中引入社区照顾的概念。1973 年，老人服务小组提出通过社区照顾帮助老人继续留在社区内生活，并使之成为社区成员。进入 20 世纪 80 年代中期，人们把社区照顾的理念及工作方法普遍用于社会服务的其他领域，从而推动了香港社区照顾的全面发展。香港社区照顾的实践经验值得关注，以下两方面较有代表性。

1. 社区为本的家居照顾

家居照顾是香港地区的养老服务模式，也是其社区照顾的典范。香港社区的家居照顾充分体现了以人为本的社区精神，通过家政服务（家居清洁、膳食服务、个人护理等）、日间护理中心等，协助老年人留在社区内生活，保持社区成员身份。这就为原本只能进入院舍的老年人提供了另外的选择。同时，家居照顾被广泛地运用于社会服务的其他领域，如智力障碍人士的社区照顾，其目的也是帮助他们继续在社区内生活。

2. 社区为本的康复计划

一般而言，实施社区为本的康复计划，目的在于以低廉而非专业的介入取代财政支持的昂贵的专业照顾，从而为需要照顾人士（主要是残疾人）在社区内提供康复服务。具体而言，社区为本的康复计划就是通过对社区居民进行简单的康复培训，由其负责实施一些较为简单和非专业化的训练或者护理，帮助残疾人在一定程度上摆脱专业康复的约束，在家居环境中即可进行康复活动。香港地区在推行社区为本的康复过程中，除了注重非专业人士参与康复计划外，更将康复计划的照顾对象扩展至所有需要照顾人士，而不局限于残疾人；并将康复计划进行延伸，即不仅实现需要照顾人士自身疾病的康复，更注重将需要照顾人士重新塑造为社会人。为此，香港社区康复计划的工作方法更为全面，包括残疾人康复技巧训练、义工培训、建立社区支持网络以及鼓励需要照顾人士参与康复计划的社区权益倡议，等等。

(三) 中国内地的社区照顾

在中国内地，社区照顾是一个看似新鲜却似曾相识的事物。所谓新鲜，是因为社区照顾所使用的工作方法、组织形式等，对我们刚刚开始的社会工作来说，是全新的、需要认真学习掌握的理论和技巧。所谓似曾相识，则是因为邻里相伴、守望相助的传统在中国已有数千年的历史。随着市场经济的发展以及社会福利的社会化，社区照顾已经成为我国发展混合福利制度可资借鉴的重要福利模式。我国的社区照顾是随着社区服务的发展而逐步发展起来的，不少城市已经开始通过推广社区服务进行社区照顾方面的实践和摸索，它们在社区照顾的模式和具体实施方面已经积累了有益的经验。

在众多社区照顾的模式探索中，“星光计划”是其中颇具代表性者。2001 年 6 月 8 日，全国“社区老年福利服务星光计划”（以下简称“星光计划”）正式启动。“星光”蕴涵着“贴近社区、小型分散、星罗棋布”的含义。“星光计划”的主要内容是：自 2001 年起的三年内，从中央到地方，通过发行福利彩票筹集的福利金，绝大部分（约 40 亿元～50 亿元）用于资助城市社区的老年人福利服务设施、活动场所和农村乡镇敬老院的建设。在“星光计划”的实施过程中，社区照顾养老模式的组织方法和理念得到运用，在部分城市的实施取得了明显成效。其中青岛市的经验值得借鉴。青岛市大胆探索，初步形成了独具特色的管理和运营模式。一是部分规模比较大的“星光老年之家”在管理运营形式上依托街道社区服务中心，成立了街道老年福利服务协会，负责“星光老年之家”日常管理和各项活动的组织等。二是绝大多数的“星光老年之家”依靠社区老年人自我管理、自我服务，维持了项目的正常运转。三是通过整合社会资源建立起来的相对独立的“星光老年之家”，主要是指军队、国家和省驻青单位的干休所、养老机构等，大多有专人负责此项工作，经协商后向社区老年人开放。四是“星光计划”进家庭，主要集中在市南区，针对区域内居民住房条件较好而公共场地少的特点，选择部分积极性较高且家庭条件许可的老年人，通过自愿组合的方式，将“星光老年之家”直接建在居民家庭内，投资虽少，却收到了较好的效果。①

社区照顾模式下的老年人日间照顾服务体系常以社区老年人日间照顾中心为机构形式，向生活自理能力未受较大损伤的老年人提供日间照顾，实施“白天入托受照顾和参与活动，晚上回家享受家庭生活”的社区照顾模式。在我国，部分地区已经开展了一系列日间照顾的实践，深圳市是内地地区社会发展的前沿地带，与有丰富实践经验的港台地区联系较多，在老年人日间照顾实践中积累了一定的经验。YD 社区老年人日间照料中心是于 2010 年正式揭牌运营的公助民营试点项目，主要功能为：一是物质生活方面的服务，有日间照料、午休、短期托养等；二是精神生活方面的服务，有舞蹈和卡拉 OK、各类棋牌、花艺编制等。同时，中心还设有政府“星光老年之家”项目，专为老人建立图书阅览点。YL 综合服务发展中心成立于 2011 年，是该社区民政局批准设立的一家民营综合性社会福利机构，提供的服务不仅针对老年人，还针对其他社会弱势群体如残疾人、儿童等，中心针对老年人的服务是其重要的服务项目之一，包括社工及专业人员开展的一系列免费的老年人活动、老人的陪护和康复训练、午餐和午休的照顾，除此之外还设有棋牌室、舞蹈房、电子阅览室等基本设施。②

北京市丰台区自 2000 年以来进行了开办社区养老资源站的尝试。他们依托街道，由街道提供地点、房屋，在公开选择和招标的基础上，与辖区内的民办养老机构达成协议，由养老机构以独立法人的资格建立社区养老资源站。社区养老资源站是非营利性的服务实体，其经费来源由政府、街道和承办机构的投入以及社会募捐和经营收入几部分组成。社区养老资源站提供居家照顾、日间或夜间照顾、全面照顾、网络中介服务等多种形式的服务。社区养老资源站的工作人员按设想应由以下四部分人组成：养老机构的专业人员、社区招募的服务人员、相关机构的专业社工和社区服务志愿者。丰台社区养老资源站的创建，是一个由多方力量与多种因素参与和影响的建构过程，建构的结果是形成了以“政府主导”和“机构承办”为特征的“官（政府）民（民间机构）合作”型的福利服务模式。③

社区照顾不仅强调对社区内非正式资源的运用和社会支持网络资源的构建，而且强调专业社会工作者作为正规的和专业的人力资源在其中所发挥的作用。社区照顾需要由专业的社会工作者发挥资源整合者、服务提供者、倡导者等多种角色，联结和整合社区资源，促进正式资源和非正式资源的连接，为社区内有需要

① 参见《青岛市加强星光老年之家的建设与管理，促进老年事业的健康发展》，见 http://www.mca.gov.cn/difang/news20030609qd.html。

② 参见闻瑶、马奎：《社区照顾模式下老年人日间照顾机构建设——以深圳为例》，载《淮阴工学院学报》，2014 (4)。

③ 参见史柏年：《“官民合作”型服务模式的建构与理论思考》，“老年人需求与对策”研讨会论文，北京，2001。

的居民提供各种形式的照顾。我国的社区照顾实践在推行初期，存在着专业化程度不足、重视物质生活养老而忽视精神慰藉、强调解决老年人的问题而忽视发掘其潜能等问题。随着社会工作专业化和职业化的发展，专业社工机构的蓬勃发展和政府购买服务模式的推行，都使得专业社会工作者在社区照顾中的力量和作用受到重视并得以发挥。目前在很多社区推行的社区照顾实践中，越来越重视与专业社会工作力量的合作。例如，由街道推动社区照顾服务，社区与高校或专业社会工作机构合作，通过项目制推动，设计出具有本社区特点的社会服务项目，引入专业社会工作者，由社会工作者组织实施和管理社区照顾项目的运作。社会工作者进入社区和街道工作，使社会工作介入老年人社区照顾成为现实。例如，2012 年广州东莞中堂镇引进东莞市普惠社会工作服务中心推行居家养老服务，确定了“社工＋社工助理＋护工＋义工”四工联动的服务模式，所有费用均由政府买单。

目前社区照顾的理念和实践更多地集中在社区养老照顾方面。在养老领域，我国目前正在大力倡导与推行“机构养老”和“家庭养老”之外的第三种模式——“居家养老”。由于社区照顾与居家养老二者之间在内涵和服务模式等方面存在许多共通之处，政府和社会越来越重视社区照顾的理念和方法在居家养老模式中的运用，因而社区照顾的政策实践和理论研究过分集中于老年群体，而对其他群体关注较少，尤其是在残疾人、残障儿童方面的社区照顾应用较少。

四、社区照顾实施中的社会工作者角色、工作技巧与工作策略

社区照顾服务范围广泛，服务种类繁多，服务对象各具特点。集专业化和综合化于一身的社区照顾对社会工作者提出了更高的要求。社会工作者面临着专业化的挑战。一个服务对象往往需要一群社会工作者为其提供全方位的服务，即不同的社会工作者在社区照顾中扮演不同的专业角色，不同的专业角色采取不同的工作技巧和策略。

(一) 微观技巧

惠特克（Whittaker）认为，就微观层面而言，社区照顾包括以下专业角色：治疗者、辅导者/教师、经纪、倡议者、顾问。结合惠特克提供的案例，我国香港学者以智力障碍人士和家长为实例，阐明了社区照顾的四种策略和有关的专业技巧（见表 8—1）。

(二) 宏观技巧

就宏观层面而言，介入技巧主要有以下几方面：人力资源调动、社区联络、社区教育、业务培训以及社会立法。

1. 人力资源调动

社区照顾的实施在很大程度上依赖于非专业人员的参与。因此，发动社区居

民参与社区照顾就成为社会工作者的重要工作。为此，社会工作者应当制订相关的招募计划、培训计划、激励计划。招募计划能够保证社区照顾获得充足的人力支持；培训计划能够保证非专业人员掌握社区照顾的基本知识和技巧；激励计划能够保证社区照顾拥有一支比较稳定并且服务水平不断提高的工作队伍。

2. 社区联络

社区联络旨在强化社区和社会的联系，树立良好的社区形象，获得社会人士对社区照顾的长期资助和支持。因此，它是社区的重要公关活动。通常可以采取以下方式进行社区联络，如举行新闻发布会、募捐活动、联谊会，编制宣传材料等。一般而言，社区联络可以使社区照顾获得较为稳定的物质资源。

3. 社区教育

社区照顾的目的在于保证需要照顾人士在社区内过正常人的生活。因此，首先应当使包括需要照顾人士在内的全体社区居民认识到：需要照顾人士是正常人。只有如此，需要照顾人士才有重新开始正常生活的信心，其他社区居民才不会歧视需要照顾人士，从而强化需要照顾人士的生活信心。社会工作者可以根据本社区居民的实际情况开展社区教育，常用的方法包括：开展社区照顾宣传、举办社区照顾讲座、与同需要照顾人士密切接触的人士进行座谈，等等。其实，社区照顾本身也是社区教育，社区教育往往寓于其他社区照顾技巧之中，如人力资源调动也是社区教育。

4. 业务培训

参与社区照顾的各类人士，包括专门工作人员，都需要一定的社区照顾培训。非专业人士接受培训主要是为了掌握一定的社区照顾知识和技巧，专门工作人员接受培训则主要是为了掌握社区照顾的最新发展动态和新的服务技巧，需要照顾人士接受培训主要是为了加强对自身的了解，从而积极配合社区照顾工作。

5. 社会立法

随着社区照顾的发展，一些比较成熟的经验和做法，应当通过社会立法予以确认。借助社会立法，可以巩固社区照顾的成果，推动社区照顾不断发展。因此，社会工作者应当在适当的时机利用相关社会资源提出立法建议。

表 8—1　微观的社区照顾专业角色和技巧

策略	社区照顾的社工专业角色				
	治疗者	辅导者/教师	经纪	倡议者	顾问
1. 个案式的专业介入	为智力障碍人士提供行为治疗或其他心理治疗；游戏治疗	为家长提供辅导服务	为智力障碍人士寻找特殊学校或有关服务	为个别个案倡议及争取合适的服务	就个案情况向其他服务机构提供意见
2. 以网络为专业介入的对象	家庭治疗；小组治疗	为家长小组提供训练课程，教导有关的技巧	为家长小组的活动提供社区资源	替家长向有关方面提出意见及争取改善	为家长小组提供支援，以及活动和发展方向上的意见，但以社工的意见为主导

续前表

策略	社区照顾的社工专业角色				
	治疗者	辅导者/教师	经纪	倡议者	顾问
3. 以网络辅助专业介入	推动家长小组协助新家长适应有关的问题	家长和朋辈的辅助配合专业的辅导服务	推动家长协助机构推行服务	教育家长倡议的重要性，鼓励他们争取权益	社工的意见和家长的意见均可影响家长小组的决策，以伙伴关系为主
4. 以网络为辅助主体，专业只作从旁协助	互助团体不定期地邀请专业人士主持特约的治疗小组	家长和朋辈的辅助提供训练，协助家长自行进行辅导	向家长小组提供财政或社区资源的资料或申请渠道	家长小组为主要的政策及权益倡议者	社工提出参考的意见，但不介入决定过程
有关的技巧	问题分析及设计治疗计划；治疗理论及实践（如行为治疗、心理治疗、专家治疗等）	了解训练、辅导的需要；小组辅导技巧；设计及推行训练课程	协调及社区联系；资料搜集及服务转介；评估需要及资源调动情况	谈判及解决冲突的技巧；掌握社区及组织形势；游说及社会行动的技巧	咨询技巧；支援网络工作技巧；组织分析

资料来源：甘炳光、梁祖彬等编：《社区工作：理论与实践》，262～263 页，香港，香港中文大学出版社，1994。

【本章要点】

社区照顾兴起的原因：对院舍化的反思以及正常化理念的推动；对福利国家的反思；新保守主义思潮的影响。所谓正常化是相对于院舍化而言的，它肯定了需要照顾人士的个人权利：按照一定社会的文化和社会价值，过尽可能正常的生活。

社区照顾，是指整合全部社会资源，运用正规照顾和非正规照顾网络，为需要照顾人士在家庭或者社区中提供全面照顾，促成其过正常人的生活。从照顾提供者的角度，可以将照顾分为正规照顾和非正规照顾；从实践途径的角度，可将社区照顾分为“在社区内照顾”和“由社区照顾”。社区照顾的基本假设可以分为两点：社区环境优于院舍环境；社区照顾可以有效利用非正式资源。

社区照顾的工作目标可分为终极目标、过程目标、具体目标。就微观层面而言，社区照顾包括以下专业角色：治疗者、辅导者/教师、经纪、倡议者、顾问；就宏观层面而言，社区照顾的介入技巧主要有以下几个方面：人力资源调动、社区联络、社区教育、业务培训以及社会立法。

【关键概念】

正常化　福利国家　新保守主义　社区照顾　社区内照顾　由社区照顾　社会支持网络

复习思考题

1. 结合院舍照顾的弊端，谈谈如何理解正常化这一概念。
2. 新保守主义思潮对社区照顾有何理论影响？
3. 如何理解社区照顾的基本概念、分类和工作目标？
4. 与院舍照顾相比，社区照顾有哪些优势？
5. 如何通过构建社会支持网络来推动社区照顾的发展？
6. 社会工作者应如何开展社区照顾？

推荐阅读书目

1. 黄源协. 社区照顾：台湾与英国经验的解释. 台北：扬智文化事业出版公司，2000.

2. 夏学銮，主编. 社区照顾的理论、政策和实践. 北京：北京大学出版社，1996.

3. 甘炳光，梁祖彬，等，编. 社区工作：理论与实践. 香港：香港中文大学出版社，1998.

4. 社区照顾与华人社区. 香港：圣公会教区福利协会，1994.

5. 陈丽云，罗观翠. 社区工作——社区照顾实践. 香港：香港社会工作人员协会，1989.

6. Martin Blumer. *The Social Basis of Community Care*. London：Unwin Hyman Ltd.，1987.

7. Malcolm Payne. *Social Care in the Community*. London：Macmillan Education，1986.

8. Alan Walker，ed. *Community Care*：*The Family*，*the State and Social Policy*. London，1982.

第九章
社区服务

社区服务是伴随着经济发展和社会进步而产生的。为了满足在工业化大生产、城市化的社会形势中激发的各种需求，社区服务应运而生。早在 18 世纪中叶，英国工业革命后，社区服务作为一种解决贫民阶层的贫困问题的社会福利形式就已出现。20 世纪 30 年代以后，美国也出现了以社区为层面解决弱势群体需求的社区服务的组织和机构。进入 20 世纪 80 年代，随着经济转轨和社会转型，我国的社会福利制度也发生了重大变化，单位办福利逐渐为社会办福利所取代，社区服务应运而生，并不断发展、壮大。

第一节 社区服务概述

一、社区服务的概念

（一）社区服务的概念

作为一个地域性的人类生活共同体，社区的存续离不开社区服务。那么，何谓社区服务就是我们首先需要解决的问题。对此，国内学者存在着不同观点，不过就其实质而言并无太大差异。一般而言，社区服务是指在政府的倡导和扶持下，发动和组织社区成员，利用和开发社区资源，为满足社区成员的各种需求而开展的、本质为社会福利性质的社会服务活动。

（二）社区服务的内涵

从社区服务的概念出发，结合社区服务实践，社区服务具有以下几方面的含义。

1. 政府在社区服务中起主导作用

社区服务需要政府的倡导和扶持。一方面，政府在社区服务中具有不可替代的重要地位，另一方面，其能力作用也是有限的，即“有所为，有所不为”。“有所为”：政府应当在社区服务的启动、组织、协调等方面发挥重要作用。“有所不为”：政府不干预居委会在社区服务上的具体领导，不直接参与具体的社区服务活动。总之，政府应在社区服务上发挥宏观指导作用，通过制定相关政策推动社区服务，把握社区服务的发展方向，为社区服务的发展建立良好的社会环境。目前，政府在社区服务中的主导作用体现为多个方面：制定社区服务的发展规划和政策措施；对社区服务进行宏观管理和业务指导；兴办社区公益事业；以“政府购买服务、项目化运作”等方式引导和扶持社会力量开展各种社会服务。

2. 社区服务以政府与社会的合作为依托

社区服务离不开政府的倡导和扶持，尤其是在基层政府层面，为了有效地履行社区服务的职能，区政府和街道办事处为社区服务提供资金、场地、人力和政策等各方面的支持，如在区级层面或街道层面建立社区服务中心。社区服务同时也具有社会化运作的特征，需要建立政府主导、社会运作的运行机制。居委会作为基层群众性自治组织，是社区服务重要的组织、实施和运作主体。居委会动员社区力量，开发社区资源，依托社区服务站、为老服务站、社区志愿服务组织等各种社区服务机构和主体为居民提供各种形式的社区服务，满足社区居民的各种需求。除了居委会之外，社区社会组织、辖区单位也是提供社区服务的重要组织主体，目前社区服务已经形成了政府主导、社会运作的政社合作机制。

3. 社区服务以群众性的互助活动为基础

社区服务以群众性的自我服务活动为基础。社区居民既是社区服务的对象，又是社区服务的主体。社区居民积极参与，互相帮助，是搞好社区服务的基础和条件。离开了社区居民的积极参与，社区服务就会成为无源之水、无本之木。

4. 社区服务面向本社区全体居民

社区服务的对象不仅仅局限于老年人、残疾人、青少年、贫困者、下岗失业工人等弱势群体，而是涵盖本社区的全体居民。社区服务不仅为弱势群体提供福利性的服务，而且为社区普通居民提供便民生活服务和公益性服务。社区服务的目的在于满足社区各类成员日益增长的物质文化需要，提高人们的生活水平和生活质量。社区服务作为一项福利措施，本社区的居民都有权享受，只是弱势群体更加需要社区服务。因此，弱势群体是社区服务的重点对象。

5. 社区服务注重社会效益

社区服务的目的在于满足社区居民的物质文化需要，增强居民的社区意识，从而创造良好的社会环境。因此，社区服务注重社会效益。当然，并不排斥有偿提供社区服务的可能。不过即使有偿，也应当遵循便民微利的原则。

6. 社区服务是社会保障的重要内容之一

就其本质而言，社区服务属于社会福利事业。开展社区服务，有利于解决弱势群体的生活困难问题，提高社区居民的生活水平。可以说，社区服务为社区居民提供了重要的生活保障。

二、社区服务的兴起

社区服务的兴起是社会发展的必然选择，是经济转轨与社会转型的必然要求，也是我国走向现代化的必由之路。

(一) 发展社区服务是由“单位人”向“社区人”转变的需要

在计划经济时代，“单位”是社会资源的唯一分配渠道。单位不仅是员工的工作场所，而且承担了众多的社会功能，员工甚至其子女的生、老、病、死等问题都由单位来解决。“单位办社会”使得人们难以认识到社区服务的重要性。经济转轨推动了“单位体制”的解体。“单位体制”的破裂将原有的福利保障功能释放出来，这些福利保障功能又必须尽快在市场经济体制下找到新的载体，而社区则因其具备地域上的稳定性、文化上的认同感等诸多因素，成为最适宜承担这些福利保障功能的新载体。特别是住房制度改革，使得员工对单位的依赖程度大大降低，使得人们从隶属单位、依赖单位的“单位人”变为走进社区、依托社区的“社区人”，居民与社区的利益关系更加密切。因此，发展社区服务是改革的必然选择，它有助于稳定社会和降低改革的社会风险。

（二）发展社区服务是政治体制改革的需要

政治体制改革的不断深入，要求政府必须转变职能，把那些不该管、管不了、管不好的事务分离出来，交给社会其他组织来管，实现从“大政府、小社会”向“小政府、大社会”的转变。政府进行宏观调控，从事社会公共事务的管理。大量的社会管理事务则需要社区居民自己来管理。发展社区服务、培育社区中介组织对于推动政府职能的转变具有重要意义。同时，政治民主化要求居民广泛地参与政治生活，这种参与首先就表现为他们对社区事务的参与。通过自主、平等地参与社区事务，居民的民主参与意识提高。具有民主意识的公民，必然要求加强社区服务，建设以社区为基础的公民社会。

（三）发展社区服务是满足社区居民需要的必然选择

在改革开放和发展社会主义市场经济的新形势下，我国城市社区出现了许多新的变化。一是人口老龄化日益突出。根据第六次全国人口普查数据统计，2010年我国60岁以上老年人口达到1.77亿，约占总人口的13.26[①]，我国已进入老龄化社会。人口老龄化所引发的养老等一系列社会问题，使得原有的社会保障制度捉襟见肘，发展和加强社区服务成为一种良好的解决方案。二是家庭结构的核心化和小型化。计划生育政策的实施导致核心家庭不断增多，传统家庭功能蜕化，家务劳动社会化成为一种不可阻挡的趋势，居民要求社区为其提供托儿、养老等家政服务。三是失业人员、贫困者等弱势群体增多。市场经济在总体上提高人们生活水平的同时，也造就了失业、贫困等社会问题。失业人员需要社区为他们提供必要的生活保障以及再就业服务，贫困者需要社区为他们提供生活、医疗、教育等各方面的社会救助服务。

（四）发展社区服务是城市化的必然要求

改革开放以来，我国城市化水平有了很大的提高。城市不断增多，城市规模不断扩大，城市管理任务不断加重。继续维持政府包揽一切城市管理的模式，而不注意发挥城市社区的作用，很难提高城市管理的水平。政府拥有管理权，却无法全面、细致地了解基层成员的需求，信息和管理权限的不对称必然造成城市管

---

① 参见《2010年第六次全国人口普查主要数据公报》，见 http：//www.gov.cn/test/2012-04/20/content_2118413.htm，2012-04-20。

理的失误。社区是人们生活、栖息的地方，在客观上就具备了作为城市管理主体的条件。因此，加强社区服务，赋予社区更多的城市管理职能，是适应城市化趋势的最佳选择。

我国社区服务的发展经历了以下四个阶段：倡导探索阶段（1983—1987），普及推广阶段（1987—1993），巩固提高阶段（1993—1998），转型发展阶段（1998—　）。20 世纪 70 年代末以降的改革开放孕育了社区服务。1987 年，民政部率先提出了“社区服务”的概念。同年 9 月，民政部在武汉召开全国社区服务工作座谈会（武汉会议），标志着社区服务的全面启动。1993 年 11 月，14 个部委①联合下发了《关于加快社区服务业的意见》，这是社区服务发展的第一个政策性文件。该意见要求将社区服务纳入第三产业的发展规划，明确了社区服务的目标、要求和基本任务，制定了相关的扶持保护政策。该意见的发布标志着社区服务进入快速发展的新时期。1998 年国家施行机构改革，国务院明确赋予民政部“指导社区服务的管理，推动社区建设”的职能，实现了从社区服务到社区建设的转变。1999 年，民政部开展了社区建设的试点工作。在总结试点工作经验的基础上，民政部制定了《关于在全国推进城市社区建设的意见》，并于 2000 年 11 月 19 日由中共中央办公厅、国务院办公厅转发。以此为标志，我国社区服务进入了一个新的发展时期。2006 年，国务院发布了《关于加强和改进社区服务工作的意见》，首次将社区服务领域的立法从部委规章的层面上升到国家法规的层面，强调新形势下的社区服务是政府、居委会、民间组织、企事业单位和居民共同参与的过程。

三、社区服务的特征

与一般的营利性服务相比，社区服务具有自身的特点，以下分五个方面论述。

（一）福利性

福利性是社区服务的本质特征。所谓福利性是相对于营利性而言的，社区服务不强调营利，而是注重社会效益。社区服务本质上是一种公益事业，为社区居民特别是弱势群体提供基本的生活保障服务。通过社区服务，提高社区居民的生活水平和生活质量，实现共同发展。当然，强调福利性并不意味着社区服务不可以实行有偿服务。目前，由于政府财力有限，社区服务资金缺乏，借助部分项目的有偿服务可以促进社区服务的发展，提升服务质量。当然，有偿服务应当遵循“方便居民、收费低廉”的原则，而且其盈利也必须用于社区服务，否则就有悖于社区服务的初衷。

① 14 个部委分别为：民政部、国家计委、国家体改委、国家教委、财政部、人事部、劳动部、建设部、卫生部、国家体委、国家计生委、中国人民银行、国家税务总局、全国老龄委。

（二）地域性

社区是一个地域性的社会实体，具有显著的地域性，相应地，社区服务也就有了地域性。就服务内容而言，社区服务主要是根据本社区居民的需要，解决本社区的问题，为本社区居民提供多样化的服务；就服务对象而言，社区服务以本社区居民为主，有相对稳定的服务关系；就服务范围而言，社区服务主要局限于本社区范围内，并在一定程度上受地理条件的限制。

（三）群众性

群众性强调社区服务社区办，依靠居民，服务于居民。社区服务的群众性主要体现在两个方面：一是服务对象的普遍性，即社区的所有居民都有权享受社区服务；二是社区服务的广泛参与性，即社区服务需要社区居民积极参与，社区居民既是社区服务的受益者，也是社区服务的参与者。

（四）互助性

社区服务的互助性强调社区与居民之间、居民之间、辖区单位与社区之间、社区各服务机构之间的互助服务。其中，居民之间的互助服务（如邻里之间的帮助等）是社区服务的原始形态。通过互助服务，有助于居民相互了解，提升社区居民的认同感、归属感和凝聚力，实现由“陌生人社会”向“熟人社会”的回归。同时，社区居民互动服务能够实现情感交流，可以弥补一般社区服务无法涉及的领域。

（五）综合性

社区服务是一项系统工程，具有综合性的特征，主要体现在两方面：一是服务对象的综合性，即服务对象不仅包括各类弱势群体，还包括普通的社区居民；二是服务内容的综合性，这是由服务对象的综合性决定的。社会中的人都是具体的，不同类别的社区居民有不同的服务需求，相同类别的社区居民也有不同的服务需求。而且这些服务需求涉及物质生活和精神生活两方面。为了满足社区居民的不同需求，社区服务的内容必然多样化。有时为了某一居民的特殊需求，需要社区的多个服务机构共同行动。

四、社区服务的功能

社区服务具有多方面的功能。一般而言，社区服务主要有社会福利功能、社会整合功能、社会控制功能和精神文明功能。

（一）社会福利功能

社会福利功能是由社区服务的福利性特征决定的。社区服务能够为居民提供就地、直接、及时的帮助。社区为老年人、残疾人、青少年、贫困者、失业人员等弱势群体提供全方位的服务，为一般居民提供便利服务，充分体现社区服务的福利功能。

（二）社会整合功能

社区服务是一个对社会资源进行整合的过程。整合使得社会资源的分布结构更加符合社区服务的需求结构，使社会资源得到有效利用。社区服务的整合功能包括以下几个方面：一是对现实资源的整合。现实资源包括存在于社会中的人力资源、财产资源或者公益资源、市场资源，社区服务使它们的配置更趋合理，利用更加充分，作用发挥更为高效。二是对管理资源的整合。管理虽然不是一种现实性资源，却是一种特殊的资源，一种对事业的发展必不可少并且能间接产生重要影响的因素。通过社区服务可以理顺社区管理体制，调整管理结构，使管理的资源作用得以充分发挥。三是对人气意愿的整合。社区服务在培育整合人气意愿方面具有其独特的作用，它使人们在社区氛围中逐步形成关心社区、热爱社区、参与社区事业的共同志向和热情，而这些共同志向和热情在转化为人们参与社区服务的自觉行动中，其资源效果也同时得到了体现。①

（三）社会控制功能

社会控制的目的在于促使人们遵守公认的行为规范，维护已有的社会秩序。社区服务为社区居民特别是弱势群体提供福利性服务，有助于缓解社会不公及其引起的矛盾，有助于控制潜在的和现实的非稳定因素，实现社区的稳定，进而促进整个社会的稳定。社区服务的基本内容就是为弱势群体提供服务。借助社区服务，弱势群体可以分享社会发展的成果，获得最基本的社会公平。市场经济注重效率，社区服务兼顾公平，维护人们的基本社会经济文化权利。只有如此，社会才能稳定和健康发展。

（四）精神文明功能

社区服务的福利性体现了平等公正的价值观念，居民接受服务的过程，也是接受教育的过程。因此，社区服务具有推动精神文明建设的功能。一是社区服务培育居民的文明意识。社区服务所倡导的公共意识、团结意识、互助意识等，都是社会文明意识的重要内容。因此，社区理所当然成了建设、培育社会文明意识的重要阵地，而社区服务则成了建设、培育社会文明意识的具体手段。二是社区服务培养居民的社区参与意识。在计划经济条件下，社区参与程度比较低。随着改革的深化，通过运用各种方法为社区居民提供社会参与的机会，有助于促进社区成员之间的互动，营造和谐的社区氛围。同时，社区成员在参与活动的过程

---

① 参见张志浩：《关于社区建设若干问题的认识和研究》，载《上海社会科学院学术季刊》，2000（4）。

中，又可以不断地融入追求民主、志愿、奉献、自我完善与实现的观念，形成自我认同与广泛参与意识。三是社区服务培养居民的民主意识。社区服务培养了居民的参与意识，居民在参与社区活动的同时，必然参与社会政治活动。社区服务将与中国政治模式的走向发生关联，有助于培养居民的民主参与意识，促进公民社会的形成。

第二节 社区服务的内容

社区服务内容繁多，类型化研究是常用而有效的研究方法之一。从不同的角度对社区服务进行分类，有助于深入认识社区服务的本质。就服务对象而言，社区服务可以分为三类：一是面向各类弱势群体的福利服务；二是面对社区普通居民的便民利民服务；三是面向辖区单位的“后勤”服务。

一、面向各类弱势群体的福利服务

现代社会已经完成了从注重抽象人格平等到关注特殊人群需要的转变。处于时代前沿的社会工作当然也不例外。因此，为弱势群体提供必要的福利服务就成了社区服务的基本内容。

（一）为老年人提供的服务

老年人是社会的财富。随着人口老龄化的加剧，老年人的需要日益引起社会的关注。由于职业生活、经济条件、教育经历、社会环境等诸多方面的差异，老年人的需求是不同的。不过，就总体而言，处于同一年龄阶段的老年人的基本需求是相同的。一般而言，60 岁正式进入老年人行列，他们需要学会如何适应退休生活、如何享受晚年生活。迈入 70 岁，老年人更为关心其身体健康，需要健康辅导以及必要的照顾。走进 80 岁，老年人需要更多更细致的生活照料。社区老年服务不仅要考虑到老年人在衣食住行等方面的基本生活需要，而且还要考虑他们的精神生活需要，逐步形成多层次和多方位相结合，设施服务与互助服务相结合，比较便利、健全的“养、医、乐、学、为”一体的社区服务内容。由此可见，为老年人提供的服务包括以下几方面。

1. 健康服务

老年人更为关心自己的身心健康，因此健康服务就成为为老年人提供服务的重要内容。健康服务包括生理健康服务和心理健康服务两方面。就生理健康服务而言，社区应当通过举办各类讲座使老年人了解保健常识；通过组织老年人参与适度的体育锻炼，如老年秧歌队、舞蹈班等，增强他们的体质；通过定期身体检查，建立老年人健康档案，及早发现和治疗疾病；通过上门送医送药，解除老年人不方便就医之苦。就心理健康而言，社区应当通过举办心理健康讲座使老年人及其子女了解老年人心理的基本知识，实现父母子女间的理解与沟通；通过开设心理咨询门诊或者热线，为老年人排除心理障碍。

2. 生活服务

社区应当为老年人提供必要的生活服务。通过开办老年人用品专卖店，解除老年人购买某些专用品的不便；通过上门服务，如送粮、送菜、送煤等，方便老年人生活必需品的采购；通过“再就业”工程，如提供社区服务机会等，使得老年人为社区、为他人继续发挥余热；通过婚姻介绍服务，使得孤身老人获得幸福的婚姻生活；通过创办老年大学，满足老年人继续学习的愿望；等等。例如，哈尔滨市爱建社区联合派出所、物业等单位，共同成立了居家养老服务队，专门为社区 70 岁以上的老年人提供服务，内容包括购物、陪聊、家政、求助等。服务队设有一个中心，即爱建社区养老督导中心，以及五个小分队：购物志愿小分队、陪聊志愿小分队、求助志愿小分队、家政服务小分队和义工组织志愿小分队。老年人需要家政、求助等服务时，只要按下自家可视对讲电话上的保安键，就能够享受到志愿者提供的上门服务。[①]

3. 文化/休闲/教育服务

老年人的生活恬淡而不单调，也是五光十色的。社区应当组织老年人从事有益身心健康的文娱活动，如组织老年人旅游、设立老年人俱乐部等，不仅要实现“老有所养”，更要实现“老有所乐”。老年人适度参加文娱活动，不仅可以陶冶情操，而且可以延年益寿。

广州市荔湾区的文昌邻舍康龄社区服务中心（以下简称“中心”）是非常具有典型性的社区老年服务个案。该中心是 1998 年由广州市荔湾区逢源街道办事处及香港邻舍辅导会合办的一家非营利性的为市内老年人提供休闲服务的社会福利服务机构。中心借鉴了香港特别行政区长者服务的经验，不仅为老年人提供文娱、康乐等不同类型的服务，同时还鼓励老年人利用余暇，发挥个人潜能，积极参与社区志愿服务。社区内的老年人在中心的推动下成立了各种类型的志愿服务小组：“爱心大使组”服务社区内孤老和残疾人士；“亲善大使组”探访患病或家庭发生病故居民；“关怀义工组”策划、排练和表演文娱节目；“康龄探射灯组”担当义务记者，创办《社区通讯》；“园丁组”担任各文体学习活动的老师；“乐善组”协助策划和支援中心各项活动；“万能组”负责居民健康检查、维修社区公共设施。[②]

---

① 参见《黑龙江：哈尔滨一社区养老服务入户上网》，见 http：//news. xinhuanet. com/newscenter/2008-04/05/content_7921396. htm，2008-04-05。

② 参见《社区服务：给老年人一个丰盛的晚年》，见 http：//news. xinhuanet. com/focus/2004-07/28/content_1634130. htm，2004-07-28。

4. 法律服务

近年来，侵害老年人合法权益的问题引起社会各界的重视。通常，对老年人合法权益的侵害多发生在老年人的家庭内部，如住房、子女赡养、再婚等，老年人基本上是依赖家庭外部法律保障资源来解决有关的问题。学者调查发现，老年人遇到侵权问题时，向街道办事处提出过帮助要求的占 55.6%，向居委会提出过帮助要求的占 33.3%，向有关法律部门提出过帮助要求的占 11.1%。[①] 因此，社区应当向老年人提供必要的法律服务。通过举办法律讲座，促使全社会尊重老年人的合法权益；通过向遭受侵害的老年人提供帮助，维护其合法权益。而且向遭受侵害的老年人提供帮助也是社区的法律义务。

（二）为残疾人提供的服务

由于生理或者心理障碍，残疾人在生活的方方面面存在着常人无法想象的困难。为残疾人提供社区服务，目的在于保证其平等地参与社会生活，平等地享受人类的物质文明和精神文明成果。针对残疾人自身的特点，为其提供的社区服务包括以下几方面。

1. 康复服务

康复服务的目的在于帮助残疾人减轻甚至消除生理或者心理障碍。一般而言，残疾人康复可以分为专业康复和社区康复两类。专业康复是在专业人士指导下对残疾人实施的康复工作。专业康复效果较好，但费用昂贵，一般的残疾人因无力支付高额费用而难以获得专业的康复服务。社区康复是接受相关培训的社区工作人员和家人对残疾人实施的康复工作。社区康复费用低廉，具有就近就地、经济适用、简便易行等特点，一般的残疾人均有条件参加。具体而言，社区康复主要包括医疗康复、精神康复两种类型。具体内容主要包括：掌握残疾人康复需求并建档立卡；开展家庭康复训练；开展残疾预防，建立并实行儿童残疾发生报告制度；通过举办社区讲座，使人们了解残疾人、尊重残疾人、关心残疾人；通过开设康复门诊等，促进残疾人的生理康复；通过提供心理咨询、培训，帮助残疾人摆脱心理上的阴影，以平常心面对生活。

广州市逢源街道内的逢源邻舍展能中心无偿为智障人士和精神病康复者提供自我照顾、沟通、生活和工作习惯、技能等服务，提高他们生活自理、工作技能、社交活动等能力。展能中心一直开展各种有针对性的课程，培养这些智障人士的自理能力。在这里，每周都有一次“煮饭课”，让智障“学员”在学习做饭的过程中提高生活自理能力。展能中心里还有一个“黑房子”，里面的多功能感官室是广州最先进的功能室，通过音乐和光束，使智障人士集中注意力、舒缓情绪，效果显著。此外，“悠悠起舞”、“跟我学数数”、“社区生活技能”、“自助技

---

① 参见王来华、白宏光、贾德彰：《老年生活保障与对社区的依赖——天津市南开区老年生活保障调查问卷分析》，载《社会学研究》，1998（3）。

能”等培训也都是逢源邻舍展能中心“学员”的必修课。①

2. 生活服务

由于生理或者心理障碍，残疾人在日常生活中也面临着种种不便。社区应当为残疾人提供必要的生活服务。通过上门服务，为残疾人提供必要的生活必需品；通过婚姻介绍，尽可能使残疾人组建幸福的家庭；通过改造社区的公共设施，如铺设盲人路等，方便残疾人居住和出行。

3. 教育服务

残疾人存在生理或者心理障碍，必须对他们采取特殊的教育手段和方法。社区提供的残疾人教育服务主要包括两个方面：一是伤残儿童寄托和智障儿童启智。通过开办伤残儿童寄托站和智障儿童启智班，全面照料伤残儿童和智障儿童的生活，实施肢体、听力、语言功能训练和启智教育，培养伤残儿童和智障儿童的生活技能，提高他们适应社会的能力。二是普通残疾人培训。通过举办残疾人培训班，提高残疾人的文化素质，帮助他们掌握一定的科学技术，为他们进入社会正常生活创造条件。

4. 就业服务

生理或者心理障碍导致残疾人在谋生方面也存在诸多困难，需要社区提供必要的服务。一般而言，残疾人就业服务主要包括三方面：一是技能培训。通过举办技术培训，使残疾人掌握一定的劳动技能，为其成为自食其力的劳动者奠定基础。二是就业咨询。残疾人的就业面相对狭窄，工作难求，残疾人因此承受着更大的心理压力。社区应当为残疾人提供必要的就业咨询。通过举办求职技巧讲座，提高残疾人成功就业的几率；通过提供相关就业信息，扩宽残疾人的就业信息渠道；通过提供就业心理咨询，释放残疾人的就业心理压力。三是提供就业机会。社区可以举办福利工厂等方式，为残疾人提供更多的就业机会。同时，社区也可以鼓励具有一技之长的残疾人从事修理、按摩等个体经营。

(三) 为未成年人提供的服务

未成年人是社会的未来。因此，全社会应当关心未成年人的健康成长。随着核心家庭的日益增多，家庭生活社会化的趋势已经出现，现代家庭逐渐丧失了传统家庭的一些功能，照顾未成年人的生活成为不少家庭难以妥善解决的问题，如双职工家庭幼儿的抚养、接送小学生上学放学，等等。当然，未成年人的教育等其他问题也亟待解决。社区可以利用社会资源，为未成年人提供以下服务。

1. 生活服务

现代社会中单个家庭越来越依赖社会提供的各种服务。生活服务是未成年人享受的重要社区服务。具体说来，生活服务主要包括以下几方面：一是幼儿托管。建立社区幼儿园、托儿所解决入托难问题，既保证幼儿健康成长，又有利于

① 参见《逢源街昨成立穗港服务中心》，见 http://news.hexun.com/2008-09-13/108817193.html，2008-09-13。

家长安心工作。二是小学生接送服务。城市化一方面提高了人们的生活水平，另一方面也给人们带来了诸多不便，如交通拥挤、犯罪增多等。后者极大地威胁着小学生的人身安全，因此接送小学生成为很多家长的沉重负担。为此，社区可以组织工作人员，集中接送小学生。三是中小学生午餐服务。由于种种原因，中小学生中午通常不能回家就餐，因此午餐难现象较为突出。为此，社区可以利用其设施为中小学生供应午餐，或者提供加热饭菜服务。四是中小学生课余托管。课余托管包括放学后托管和假期托管两类。中小学生放学后，不少家长尚未下班，需要有人代为照顾中小学生的生活、学习。中小学生放假后，情况就更为突出。因此，社区可以利用其设施开办课余托管。

2. 教育服务

社区应当根据未成年人不同时期的特点提供相应的教育服务。为未成年人提供的教育服务主要包括以下几方面：一是早期教育，针对 0～3 岁的婴幼儿。根据他们的特点，社区可以提供以游戏为主的早期教育，促进婴幼儿的全面发展。条件成熟时，社区可以引进营利性的教育服务机构为婴幼儿提供专业的早期教育。二是学前教育，针对 3～6 岁的幼儿。他们已经进入社区幼儿园，接受不同程度的学前教育，在游戏的同时学习识字、算数、绘画、舞蹈等，从而为上小学打下良好的基础。三是校外教育，针对 6～15 岁的儿童、少年。他们已经接受了不同程度的中小学教育，具有一定的认识问题和解决问题的能力。为了促进少年儿童的身心健康，社区可以适当开展校外教育。一方面可以利用社区资源，如举办社区课程教育、开放社区少年宫等，促进少年儿童的全面发展；另一方面注意培养少年儿童的社会责任感，如组建社区环保少先队、组织少年儿童参与拥军优属等社区服务工作。此外，社区还可以为 12～17 岁的未成年人提供心理咨询，缓解其面临的学习、人际关系等方面的压力。四是特殊教育，针对边缘未成年人。边缘未成年人，即行为不良的未成年人。由于种种原因，部分处于 12～17 岁的未成年人行为不端，甚至有过失足经历。社区应当建立特殊教育计划，如家庭、学校和社区共同组成帮教小组等，引导边缘未成年人步入正常轨道。上海市阳光社区青少年事务中心成立于 2003 年，它是上海市构建预防犯罪体系的一部分。社团服务对象明确，为上海户籍 16～25 岁之间，无固定工作，已中止学业而尚未进一步就学的青少年。其服务内容包括：（1）了解和把握服务对象的动态；（2）实现对服务对象的有效控制；（3）为服务对象提供社会工作的专业服务；（4）协助服务对象解决就学、就业等实际困难和问题；（5）整合社会资源，推进社工工作。①

（四）为贫困者提供的服务

救困济贫是中华民族的传统美德。在现代社会中，社区在救助贫困方面发挥着重要作用。

---

① 参见沈黎：《社会工作视野下的社区青少年工作探索》，载《青年探索》，2007（3）。

1. 最低生活保障服务

最低生活保障制度是政府保证城市贫困者及其家庭成员得以温饱的“最后保障线”。为了实现最低生活保障制度，必须建立城市居民最低生活保障管理机构。社区不仅要为救济对象提供全方位的服务，而且还要承担城市居民最低生活保障工作中的调查、审核、批准与动态管理等基础性工作，承担着重要职责。因而，城市基层的街道办事处应设立社会救助中心，社区应设立社会救助工作站。政府财政应为城市居民最低生活保障工作管理机构安排必要经费，以使这项管理工作向科学化、制度化、网络化方向发展。①

2. 生活支持服务

大部分贫困者由于贫困，个人生活和家庭生活也受到多方面的影响，具体表现为贫困家庭成员的健康问题、婚姻质量问题、亲子关系问题、贫困家庭的子女教育问题等。因此，社区应当协调和动员社会资源，动员社区的单位、居民家庭、志愿者，构建社会支持网络，合力帮助贫困者。除给予一定的物质支持外，也帮助其解决生活中面临的其他困难，如子女教育、医疗服务、法律援助等。

（五）为失业人员提供的服务

工业化的消极后果之一就是失业人口增多。20 世纪 80 年代中期以降，我国城镇失业率呈连续上升趋势。为失业人员提供就业服务成为社区服务的重要内容之一。开展就业服务应当包括下列内容。一是就业培训。通过培训，提高失业人员的职业技能，拓宽他们的就业领域。例如，面对信息化浪潮，社区可以为失业工人提供电脑培训；面对日益增多的家政需求，社区可以组织失业女工学习家政服务技能。二是职业介绍和指导。社区可以收集和发布职业供求信息，为失业人员求职提供免费中介服务。社区组织可以为失业人员提供就业咨询和服务，帮助他们树立正确的就业观念，制订就业计划等。三是开发就业岗位。具体做法可以包括以下几个方面：（1）结合发展社区经济开发就业岗位，例如湖南省某街道筹资兴建了小型菜市场，设立了 200 多个岗位，创造了 350 多个就业岗位。（2）结合加强社区管理开发社区就业岗位，例如，通过发展物业管理、市政绿化、保安联防、清扫保洁等途径创造就业岗位。（3）通过发展社区家政服务业开发就业岗位。（4）通过发展辖区单位的后勤服务开发就业岗位。（5）鼓励开展社区便民服务。（6）鼓励自谋职业。

二、面对社区普通居民的便民利民服务

虽然弱势群体是社区服务的重点人群，但是社区普通居民也是社区服务的重要主体。社区普通居民在日常生活、文化休闲、教育、参与社区管理等方面具有

① 参见朱超：《构筑贫困职工群体社区化保障与社会支持网络》，载《工会论坛》，2001（6）。

多元化的需求。因此，面向社区普通居民的服务主要包括以下内容：（1）以房屋为中心的服务。一是提供廉租房政策、经济适用房政策和拆迁补偿政策方面的房屋产权政策咨询；二是物业服务，帮助居民解决上下水、用电、供暖等方面的问题，或者与房管部门、物业管理部门、供电和热力部门联络，反映有关问题。（2）以改善社区环境为中心的服务。解决社区面临的垃圾处理、噪声污染、水污染、空气污染等环境污染问题，以及进行社区绿地建设与维护。（3）以社区居民生活为中心的服务。通过开办社区商店，为居民购物、买米、买菜提供便利；通过开办社区医疗服务，为居民看病就医提供便利；通过设立代办服务，如代为购买日用品、接送孩子、煎药煮饭等，解决居民日常生活中的不便；通过完善社区服务体系，如开展修理、缝纫、理发、餐饮、洗衣等活动，使居民不出社区就可以享受良好的日常服务；等等。

三、面向辖区单位的“后勤”服务

除了普通居民，社区内还或多或少存在企事业单位、社会团体和国家机关等，为这些单位提供必要的服务也是社区服务的内容之一。这种服务通常是有偿的，而且是互利互惠的。通过为辖区单位提供餐饮、娱乐、健身等方面的服务，一方面解决了社区部分居民的就业问题，另一方面又解除了辖区单位的后顾之忧。同时，有些辖区单位原本就是服务机构，可以为社区提供专业服务。总之，为辖区单位提供“后勤”服务，能够密切社区与辖区单位的联系，有助于共同建设社区、发展社区。

随着社区服务的发展，社区服务的内容将不断丰富，社区服务将逐渐涵盖人们生活的各个方面，形成新的社区服务体系。

第三节 社区服务的运行机制

一、社区服务的筹资模式

充足的资金支持是社区服务健康发展的物质保证。因此，社区服务的资金筹集是一个极为重要的问题。

（一）社区服务的筹资模式

纵观世界各国社区服务的资金来源，社区服务主要有两种筹资模式：政府主导模式和市场主导模式。对社区服务的筹资模式进行深入分析，有助于探索适合我国国情的社区服务筹资模式。

1. 政府主导模式

政府主导模式是指社区服务主要依靠政府财政投入和政策支持的资金筹集模式。通常，政府财政实力雄厚，可以为社区服务提供较为充足的资金。政府主导模式具有显著的优点：（1）可以迅速完善社区基础设施，改善社区服务环境；（2）有助于对社区服务进行统一规划、管理和组织，实现社区服务的规范化；（3）可以保障所有社区成员，尤其是老年人、残疾人、青少年、贫困者、下岗失业工人等弱势群体享有社区服务，防止过度贫富分化，稳定社会秩序。当然，政府主导模式也具有明显的局限性：（1）社区服务资金数额受制于政府财政。由于社区服务的福利性，政府投入到社区服务中的资金并无直接经济收益返还财政，从而对政府财政形成巨大的支出压力。加之福利刚性，社区服务一经实施，通常无法再降低服务水平和质量，因此政府必须持续不断地投入，而且持续不断地加大投入。从这种意义上说，政府主导模式不适合财政收入和人均收入比较低的发展中国家。实践证明，即使是西方发达国家也难以承受巨额的社会福利支出。（2）政府投入社区服务的资金数额还受政策约束。政府将多大比例的财政收入投入到社区服务，取决于政府的社会发展目标。如果政府认为目前应当以实现社会福利为主要政策目标，那么就会加大社区服务的投入；反之，如果政府认为目前应当以推动经济发展为主要政策目标，那么就会减少对社区服务的投入。众所周知，发展中国家所面临的主要问题是发展问题。从这种意义说，政府主导模式不适合发展水平较低、正在谋求经济腾飞的发展中国家。

2. 市场主导模式

市场主导模式是指社区服务主要由市场主体即企业按照市场法则进行投入和运作的资金筹集模式。市场竞争的基本法则就是适者生存，因此市场主导模式具有无可比拟的优势：（1）为了赢得市场，市场主体将会提供满足社区居民需求的多样化服务；（2）为了占领市场，市场主体将会提供高质量、高水平的社区服务；（3）为了自身发展，市场主体将会把从社区服务中获取的利润再投入到社区服务中，推动社区服务的进一步发展，从而实现社区服务的自我发展。不过由于利益驱动的限制，市场主导模式也具有明显的不足：（1）服务对象的有限性，并不是任何社区居民都能够享受社区服务，对于那些亟须社区服务的弱势群体而言无异于画饼充饥，从而加大贫富差距，不利于社会稳定；（2）服务项目的有限性，并不是所有的社区服务都有利可图，对于居民需要但无利可图的服务项目，市场主体会退避三舍；（3）市场机制将淡化社区居民之间的关爱和互助，不利于人文社区的建设。由此可见，市场主导模式与社区服务的福利性存在内在矛盾。从这种意义上说，市场主导模式并不适合社区服务的发展。此外，市场主导模式的社区服务还需要政府必要的政策支持。如果政府支持市场主体进入社区服务领域，政府就会予以市场主体以政策扶持；反之，如果政府不支持市场主体进入社区服务领域，市场主体在社区服务中就难以立足。

（二）我国社区服务筹资模式的探讨

1. 我国社区服务的现行筹资模式

多年来，资金缺乏一直是困扰我国社区服务发展的棘手问题。从现实情况来看，社区服务的资金筹集主要来源于三条渠道。

一是政府对社区服务的资金投入。政府投入是社区服务的重要资金来源。我国社区服务的启动源于自上而下的倡导，这更加剧了社区服务资金对政府财政的依赖。有数据表明，发达国家政府对社区服务资金的投入一般占到社区服务资金全部来源的一半以上，而我国目前最多只占三分之一左右。政府财政每年拨给社区的资助经费仅够维持社区居委会的日常运行，资金的匮乏成为社区服务发展中普遍存在的突出问题。① 一般而言，政府投入分为直接投入和间接投入。直接投入又可分为财政拨款和实物投入。值得注意的是，财政拨款中相当一部分来自发行福利彩票募集的资金。近年来全国各地纷纷通过发行福利彩票筹措社会福利资金，并从中抽取一部分用于社区服务事业。实物投入主要指政府无偿提供社区服务所需要的场地和设施等。与直接投入不同，间接投入主要指政府对社区服务的税收减免等财政优惠措施，这些优惠措施减少了社区服务本来应当支出的费用。由于间接投入的数额具有不确定性，因此政府对社区服务的资金投入通常指直接投入，主要是财政拨款。

二是社会捐助。社会各界即企事业单位、社会团体、个人等出于同情心和爱心对社区服务进行无偿捐助。随着社区服务的发展和公民参与意识的提高，社会捐助的社区服务资金呈现不断上升的趋势。但就总体而言，社会捐助形成的社区服务资金数额仍很有限。毕竟，社区捐助的基础是伦理道德，其实道德就其根本而言依然是利益问题，道德作用的发挥一方面受历史、文化、制度等多种因素的制约，另一方面也受人们收入水平的限制。

三是社区服务的收益。一般而言，社区服务是无偿的。但不排除在特定情况下，对某些社区服务项目进行收费，如有偿提供超出居民基本生活需要的服务。虽然社区服务的福利性和营利性的关系是一个有争议的问题，但实践中我国社区服务已经开始了有偿服务的尝试，即对某些社区服务项目实行低价收费，甚至对某些社区服务项目实行按市场价格收费，通过获得一定的盈利为社区服务筹集资金。不过，社区服务获取的收益毕竟是有限的，而过分强调营利性难免损害社区服务的健康发展。因此，社区服务的收益是社区服务不稳定的资金来源。

综上所述，政府投入虽然是社区服务资金的重要来源，但并未占据主导地位；有偿服务虽然也是社区服务的筹资渠道，但也未占据主导地位。由此可见，我国社区服务的筹资模式既不同于政府主导模式也不同于市场主导模式。应当看到，我国目前的社区服务筹资模式并不能满足社区服务的资金需求，那么探究更

---

① 参见张会霞：《社会转型期我国城市社区服务发展问题研究》，载《太原城市职业技术学院学报》，2013 (7)。

为符合我国国情的社区服务筹资模式就成为一个亟须解决的问题。

2. 对我国社区服务筹资模式的思考

我国社区服务的发展在一定程度上借鉴了西方国家社区发展的经验。但是我们并不能机械地照搬西方国家社区服务的筹资模式。西方发达国家人口少，人均收入高，社会保障体系相对完善。社区是国家对居民实施社会保障的载体，社区服务资金纳入政府的社会保障资金预算，社区服务依赖政府的财政投入。因此，西方发达国家的社区服务筹资模式为政府主导模式。我国与西方发达国家存在较大差异。我国是发展中国家，人口众多，人均收入和财政收入不高。特别是目前我国正处于经济转轨和社会转型时期，有限的财政收入既要支持经济发展，又要保障政府的日常开支，因此很难拿出大量资金用于社区服务。而社区居民，尤其是老年人、残疾人、青少年、贫困者、失业人员等弱势群体迫切需要基本生活保障等方面的服务。必须注意的是，虽然我国人均收入偏低，但已经解决温饱、正在步入小康的社区居民有能力承担一定的社区服务资金。这就为部分社区服务的有偿开展提供了可能性。市场经济的发展，使大多数社区居民认识到“没有免费的午餐”。事实证明，遵循“方便居民、收费低廉”原则的部分社区服务项目是能够为社区居民所接受的。

因此，我国社区服务资金可以采取多元化的筹集模式，在政府财政投入和政策支持的前提下，提倡社会各界的爱心捐助，适度引入产业化的经营理念。其中财政投入和适度产业化应当成为社区服务资金筹集的主渠道。近年来，“政府购买服务”已成为社区服务中政府财政投入的一种重要发展趋势。政府购买社区服务是指政府不直接向有需要的社区居民提供社区服务，而是由政府支付资金，向社会组织购买服务，由社会组织向居民提供服务。政府购买服务是政府转变职能和社会治理创新的必然要求，能够充分发挥社会组织在社区服务中的优势。所谓适度产业化是指对于那些超出社区居民日常生活需要的服务可以有限度地实施收费。收费服务又可以分为低廉收费服务和市场收费服务。市场收费服务可以走完全产业化的道路。但无论如何，社区服务适度产业化的目的在于为社区服务筹集足够的资金，并非为了满足有偿服务提供者的个人利益。提供有偿服务的经营者属于非营利组织。目前有些地区从解决失业人员就业以及提升社区服务水平的初衷出发，提出社区服务产业化的发展要求，甚至把社区服务作为新的经济增长点。这种提法有失偏颇，对社区服务的福利性有所忽视。

3. 福利性与营利性的关系

社区服务的福利性和营利性的关系是一个有争议的问题。对这一问题的认识和解决直接影响到社区服务筹资模式的选择和社区服务功能的实现。

如前所述，福利性是社区服务的本质特征。因此，社区服务应当以无偿的福利性服务为主，以有偿的产业化服务为辅。不过，由于社区服务资金来源不足，我国政府鼓励社区服务的产业化运作，并将社区服务纳入第三产业，甚至提出了发展目标。为此，从中央到地方都出台了一些鼓励扶持政策，激励社会力量兴办社区服务。我们必须正确把握社区服务产业化的“度”。在实践中，不少社区大力创办社区服务产业，过分追求社区服务的经济效益，忽视了社区服务的社会效益，导致社区服务变味。

造成社区服务扭曲的原因是多方面的，其中对产业化政策的误解是重要原因之一。囿于社区服务资金不足的困扰，我国提出了社区服务产业化的解决对策。14 个部委《关于加快发展社区服务业的意见》指出："根据社区服务业的不同服务对象和项目，采取无偿、低偿、有偿相结合，以有偿服务为主的方式。"但任何人都不应当利用社区服务产业化牟取私利，否则就有悖产业化的初衷，有悖社区服务的功能。但不少人不适当地利用该政策经营社区服务，获取私利，而部分政府机关对此也视而不见。为此，我们必须正确地理解产业化。社区服务产业化，要求某些社区服务项目采取市场化的运作方式，实施有偿服务，在为社区居民提供服务的同时，获取经营利润；但就服务机构内部而言，获利的主要目的不是为了经营者自身的利益，而是为了发展社区服务。从这种意义上说，良好的产业化政策能够筹集更多的社区服务资金，从而在一定程度上增强社区服务的自我发展、自我完善、自我提高的能力。一言以蔽之，社区服务产业化意味着对部分社区服务机构采取企业化的经营方式，但并非完全市场化。为此，政府必须加强对社区服务产业化的监督，防止社区服务机构蜕变为营利性组织。

由于我国目前还处于社会主义初级阶段，在今后相当长的一段时间内，我们还需要依靠有偿服务筹集社区服务资金。随着国家财力的增强，随着社区服务社会化程度的提高，有偿社区服务的比例将不断下降。

二、社区服务的人力资源

诺贝尔经济学奖获得者舒尔茨认为，"资本"有两种存在形式：其一是物质资本形态，即通常所使用的主要体现在物质资料上的那些能够带来剩余价值的价值；其二是人力资本形态，即凝结在人体中的能够使价值迅速增殖的知识、体力和价值的总和。[①] 随着知识经济时代的到来，人力资本的重要性得到前所未有的彰显。社区服务的发展也不例外，人力资本是社区服务赖以存在和发展的重要条件，必须重视社区服务的人力资源问题。经过 30 多年的发展，我国已经形成了以专职人员为骨干、以兼职人员为主体、以志愿者为基础的社区服务人力资源体系。就总体而言，我国的社区服务人员尚不能满足社区服务发展的需要，一方面人力资源不足，另一方面现有人员的专业化程度不高。

（一）专职人员

专职人员是指以社区服务为职业的人。提供社区服务是专职人员的本职工作。专职人员是社区服务的骨干，也是社区服务的领导者、组织者和实施者。因此，社区服务的发展很大程度上依赖他们素质的高低。一般而言，专职人员具有

① 参见［美］西奥多·W·舒尔茨：《论人力资本投资》，3 页，北京，北京经济学院出版社，1990。

较高的业务素质，能够为社区居民提供良好的服务。由于历史的原因，目前的社区服务专职人员很多是退休人员、失业人员等，一般没有接受过高等教育，更不用说接受社会工作的专业训练了。就整体而言，专职人员缺乏专业素养，文化层次偏低，年龄偏大。随着时代的发展，社区居民的需求日益增长且不断变化，由便民利民等劳务型服务需求向残疾人康复服务、心理咨询等专业性很强的智力型服务需求转变，提高专职人员的专业素质就成了迫切需要解决的问题。

有鉴于此，社区组织可以采取“走出去，请进来”的办法提高专职人员的专业素养。所谓“走出去”，就是有计划地将专职人员送到社会工作专业机构进行培训，在提升社会工作理论水平的同时，学习先进的服务技能。所谓“请进来”，主要是针对社区服务中迫切需要解决的问题聘请社会工作专家到社区讲学、探讨解决对策，也包括积极吸引、接纳社会工作专业的大学生到社区开展社会实践，以及在社区中聘用社会工作专业的毕业生担任社区服务专职人员。我国的发达地区如上海、广东等地已开始推行社会工作者资格认证制度，要完善社区服务事业，就要努力做到参与社区工作的人员必须通过职业资格考试，获得职业资格证书，达到职业岗位的要求，才能就业上岗。

由于社区服务是社会工作的重要内容之一，而社会工作是一项专门的职业，所以从事社区服务应建立一支有知识、懂管理的专业队伍。按照工作性质的不同，社区服务专业人员可分为两类：一类是综合性人才。这类人才必须系统学习和掌握社会工作方面的知识、方法和技能，悉心研究社区理论、社区发展原理以及社区服务理念，一般可吸收高校社会工作专业毕业的大学生承担社区服务的组织、管理与服务工作。另一类是专业性人才。由于社区服务的宗旨是以人为本，凡是与人生存和发展有关的学科和专业，如生理学、心理学、医学、法学、教育学等都是社区工作者必须掌握的知识和技能。因此，可根据服务项目的不同类型配备相关专业的技术人员，通过人才引进、岗位培训等途径，提高从业人员的专业技能和技术素质，促使社区服务上水平、上档次。①

（二）兼职人员

兼职人员就是在本职工作之外兼任社区服务工作的人。一般而言，兼职人员参与社区服务可以有效缓解社区服务人力资源不足的问题。在我国，兼职人员主要来自与社区建设有关的辖区单位。具体说来，一部分兼职人员在街道办事处负责社区建设事宜，一部分兼职人员在工会、共青团、妇联等社会团体工作，一部分兼职人员在其他企事业单位任职。与专职人员相比，兼职人员总体上文化素质较高，具有一定的组织协调能力，而且不少人本身就从事社区建设工作，从而具有比较丰富的社区服务经验和良好的社区服务技巧。加之兼职人员的数量也多于专职人员，因此，兼职人员是社区服务的主体力量。兼职人员“当家”一方面说明提高专职人员数量和素质的紧迫性，另一方面也表明我国的社区服务尚不

---

① 参见李沂靖：《社区服务专业化发展探析》，载《东岳论丛》，2001（6）。

成熟。

（三）志愿者

志愿者，又称义工，是指在没有任何报酬的情况下为改进社会而提供服务，贡献个人的时间及精力的人，他们是不受私人利益驱使，不受法律的强制，基于道义、信念、良知、同情心和责任感而从事公益事业的人。社区志愿服务泛指志愿者利用自己的时间、技能、资源、善心为邻居、社区提供无偿、非职业化援助的行为。随着社会的进步和经济的发展，已经解决温饱问题的人们在精神方面有了更高、更多的追求。社区志愿服务为志愿者尤其是青年志愿者提供了社会化的有效途径。就社会而言，社区志愿服务是社会保障体系的重要补充，是社会弱势群体的重要支持因素。

1. 社区志愿服务

在我国，参与社区服务的志愿者正在逐年增多，其提供服务的内容不断丰富，其提供服务的水平不断提高。目前我国社区志愿服务的形式主要包括：开展一助一结对子活动，开展设点服务，提供救助热线和救助网络服务，集中组织社区便民服务活动。它通过对弱势群体开展的救助和互助服务，完善了社区社会保障体系，为社区居民建立了更为完善的社会支持网络；它通过开展环境保护、文化娱乐等各种公益活动，成为提供社区公共服务和生产社区公共物品的重要途径和来源；它通过社区居民对各种志愿活动的参与和投入，增加了社区居民的归属感，培养了社区居民的公益精神和志愿精神。

就总体而言，社区志愿服务尚不能满足社区居民的需要。深入考察社区志愿服务不难发现，我国目前的社区志愿服务存在着明显的不足。除了参与社区服务的志愿者人数有限外，社区志愿服务的内容也并不完全符合社区居民的需求。社区服务需要志愿者参与，尤其是一些专业性比较强的服务项目。目前的社区志愿服务主要集中在便民利民服务方面，尽管也有一些青少年文化知识教育、医疗卫生援助等方面的服务内容，但由于这些内容技术性强，开展得并不普遍。就志愿者提供的便民利民服务而言，服务水平通常不及社区组织提供的该项服务。由此可见，社区志愿服务并没有发挥志愿者本身的特长，而便民利民服务水平又不高，可谓事倍功半。这使得社会各界高度关注社区服务专业化和社会化的关系问题。

2. 社区居民的互助服务

在开展的各种社区志愿服务中，应当特别关注社区居民的互助服务。社区发展理论认为，培养社会成员的参与意识和互助精神，既是社区发展的手段，又是社区发展的目标之一。从这种意义上说，社区服务人力资源开发应当以全体社区居民为对象。事实上，社区居民中蕴涵着巨大的社区服务资源。因此，社区居民的互助服务应当成为社区志愿服务的开发重点。国外社区发展十分重视社区居民的互助服务，而我国的居民互助服务的发展尚处于起步阶段，有待大力发展。部分社区已经成立了居民社区服务志愿者协会，组织居民开展互助服务。一般来说，其服务形式有四种：一是双向服务，由志愿者协会为相互需要对方帮助者牵线搭桥，使双方取长补短，各得其所；二是单项服务，由服务者自愿为被服务者提供服务；三是协同包产服务，主要服务对象是孤老和有困难的烈军属及残疾人，由驻街单位、居委会、居民或者亲朋合作，共同分担；四是设点便民服务，由志愿者协会组织在家中开设便民服务点，项目有家庭托儿、修车、建材缝纫、拆洗衣物等。[1] 目前，居民互助服务的参加者有限，且参加者大多为离退休人员、社区工作积极分子、家庭妇女等，中青年比例相对偏低。经过 30 多年的发展，社区服务已经深入人心，居民的社区参与意识明显增强，缺乏的就是有效的组织。只要合理组织和发动，就可以形成良好的社区居民互助服务。同时，针对社区志愿者中青年人相对较少的情况，应当吸引更多的青年志愿者参与社区服务。

（四）专业化与社会化的关系

专业化与社会化的关系是我国社区服务发展中的一个难题。该问题的解决方式直接关系到我国社区服务发展道路的选择。

所谓专业化，是指社区服务由专业化的队伍在专门资金的支持下提供。这是一些发达国家或地区社会服务的发展道路。所谓社会化，是指社区服务由社会化的队伍依靠多方筹措的资金提供。一般而言，专业化较之社会化更有助于发展社区服务，提升社区服务的水准，符合社会组织的结构分化和功能专门化的客观规律。不过社会化亦有其长处，即可以在政府财力有限的情况下为社区服务筹集更多的资金，可以拓展社区服务的范围和空间。因此，从长远来看，专业化是社区服务的发展方向；而社会化是达到专业化的手段，是促进社区服务发展的措施。囿于国情，我国社区服务选择了社会化的发展道路，即多方筹集社区服务资金，多方直接参与社区服务。在当前形势下，我国社区服务发展应当坚持社会化道路。

社区服务的社会化表现在以下几方面：

第一，资金筹措社会化。如前所述，社区服务资金的筹集应当广开渠道。除了政府投入外，社区可以利用有偿服务实现自身造血，并吸引更多的爱心人士捐资支持社区服务。

第二，人力资源社会化。与资金问题相比，人力资源问题更为关键。目前我国已经逐渐建立起一支由专职人员、兼职人员和志愿者组成的社区服务队伍。在社区服务队伍中，不同类别的服务主体相互协作，共同推进社区服务的发展。针对我国社区服务人力资源的实际情况，应当进一步加强专职人员队伍，凸显其骨干作用；进一步扩展志愿者队伍，提高社区居民的参与意识，发挥志愿者的基础作用。

第三，服务管理的社会化。资金筹措和人力资源的社会化必然带来服务管理

---

① 参见田忠宝：《论社会保障与社区服务人力资源开发》，载《理论探索》，1998 (1)。

的社会化，推动现行社区服务管理体制的改革。社区服务是一个广泛、复杂的社会工作过程，需要社会各部门的支持与参与，最终形成政府宏观管理、各相关部门相互配合、社区直接管理、居民积极参与的管理模式。

三、社区服务的管理模式

良好的管理模式有助于将社区服务资金和人力资源有效结合，实现社区服务的最优化，即在服务成本一定的前提下，达到服务效益最大化。实践表明，现代社区服务的管理不仅是传统的垂直管理，还是网络式的互动管理，在政府、社区、居民之间形成立体的、有效的管理机制。《民政部关于在全国推进城市社区建设的意见》指出，社区建设应当“努力形成党委和政府领导、民政部门牵头、有关部门配合、社区居委会主办、社会力量支持、群众广泛参与的推进社区建设的整体合力”。社区服务的管理也是如此，即政府领导（民政部门主管、有关部门配合）、社区居委会直接管理、居民广泛参与。

（一）政府在社区服务中占主导地位

社区服务是一项系统的社会工程，涉及千家万户，关系改革、发展和稳定的大局。加之我国社区服务的启动就是政府自上而下领导推动的结果。因此政府在社区服务管理中居于主导地位。具体说来，就是各级政府宏观领导，民政部门具体指导，有关部门通力合作。

1. 各级政府宏观领导

政府作为社区服务的宏观决策主体，应当在宏观领导方面发挥积极作用。具体而言，政府应当做好两方面的工作：一是把社区服务纳入城市发展规划。各级政府应当把社区服务作为重要的工作内容，纳入城市发展规划，列入政府的议事日程，做到经常研究社区服务中的重大问题，及时解决社区服务发展中遇到的难题。科学的发展规划能够保证社区服务的发展与社会其他各方面的发展同步运行。二是制定政策，完善立法。目前，社区服务的发展缺乏良好、有序的制度环境，在实践中难免出现各种各样的矛盾和困难。政府应当有所作为，制定相关政策，为社区服务建立一个良好的发展环境。对于那些比较成熟的社区服务政策，可以上升为立法，从而为社区服务的良性发展提供强有力的法律保障。

2. 民政部门具体指导

“指导管理社区服务，推动社区建设”是民政部门的重要职责。《民政部关于在全国推进城市社区建设的意见》进一步明确指出，社区建设由党委和政府统一领导，由民政部门牵头。因此，各级民政部门应当认真履行职责，切实推动社区服务的发展。具体说来，民政部门应当做好以下几项工作：一是指导社区居委会和社区民间服务组织的建设。民政部门主管基层政权和居委会，具有推动社区服务组织建设的行政支持网络，特别是资金支持和政策支持。为此，民政部门应当利用自身优势，加强社区服务的组织建设。二是指导社区服务工作。在社区服务开展过程中，针对实际情况，进行适时指导，确保社区服务的健康发展。三是协调相关部门之间的关系。由于着眼点不同，各部门在社区服务工作中难免发生矛盾，民政部门应当及时协调，消除社区服务发展的不利因素。四是对社区服务进行监督，促进社区服务质量和水准不断提高。

3. 有关部门通力合作

社区服务涉及方方面面，与之相关的各部门（如教育、医疗、卫生、环保部门等）应当通力合作，共同推动社区服务的发展。各有关部门应当从自身工作出发，寻找介入社区服务的最佳结合点，从而在完成本职工作的同时，积极推进社区服务工作。

（二）社区居委会直接管理社区服务

《中华人民共和国城市居民委员会组织法》第2条规定："居民委员会是居民自我管理、自我教育、自我服务的基层群众性自治性组织。"社区服务由居委会主办，当然应当由居委会直接管理。居委会在具体管理过程中应当做好以下工作：一是制订本社区社区服务的发展规划；二是提升现有服务项目的水平；三是根据居民需求不断增加新的服务项目；四是协调社区服务组织之间的关系；五是负责政府和居民之间的信息传递。

（三）居民参与对社区服务的管理

就一般意义而言，居委会对社区服务的直接管理已经体现了居民对社区服务管理的直接参与。不过，这里所谓的参与主要是指居民通过积极参与基层民主选举组建代表民意的居委会的方式，实现社区服务的自主管理；通过监督居委会的社区服务工作，间接参与社区服务管理；通过向社区服务的管理部门包括政府及各有关部门、居委会等提建议、提意见等方式，实现社区服务管理信息的互动；等等。

总之，完善社区服务的管理体制，能够优化社区资源配置，实现社区服务快速健康的发展，提高社区居民的生活水平，实现"以人为本"的社区理念。

四、专业社会工作在社区服务中的介入

从内涵和性质来看，社区服务和社会工作有着密切的关系。社区服务的根本性质是福利性、非营利性和公益性，社会工作则是一种以利他主义为指导，运用科学的方法，在相关的价值理念的指引下，进行助人的职业化和专业化的社会服务活动。从世界各国社会福利发展的历史来看，社区服务和专业社会工作是相互促进、相互发展的，前者是一种既定的服务模式，后者则是以专业手法实施服务，"它能够为社区服务提供专业价值、专业知识和专业技巧，保证社区服务的人文性质、知识水平和专业质量，使社区服务沿着福利化、规范化、专业化的方

向发展”[①]。我国的社区服务和专业社会工作的融合则经历了一段较为曲折的发展过程。在我国社区服务发展的初期阶段，社区服务主要表现为政府自上而下的主导形式，政府并未对社区服务的价值观和专业化、科学化的工作方法有足够重视，主要是依托非专业的居委会工作人员凭借经验开展工作。而与此同时，我国专业的社会工作处在起步阶段，呈现出“教育先行、实务滞后”的特征，专业社会工作在实务领域的运用较为薄弱，其在社区服务中的功效并未引起政府和社会的足够重视。因此，社区服务和专业社会工作呈现出分离的局面。

进入20世纪90年代中期以后，我国的社区服务进入了巩固提高的阶段，我国城镇居民的物质生活水平有了很大的提高，生活需求也日益多元化，弱势群体的出现以及随之而来的社会矛盾的加剧和社会问题的频发，都使得早期社区服务的目标、项目和工作手法面临着更新和再定位的问题。原有的社区服务存在的各种问题使之无法满足由社会转型而引发的政府服务职能转变和社会管理体制变革的内在要求。这些问题具体表现在：社区服务工作人员的整体素质偏低，不具备社区服务的科学的助人理念和工作方法；社区工作的行政化倾向使得社区社会工作者无法真正提供满足居民需要的服务；面对不同群体的各种需求和社会问题，社区社会工作者的工作方法和手段则显得较为单一；等等。与此同时，专业社会工作进入了蓬勃发展的阶段，不仅在教育方面呈现出各大高校纷纷开设社会工作专业的如火如荼的局面，政府对专业社会工作的理解、认识和运用也在不断加深，并从制度层面推动专业社会工作向专业化和职业化发展。尤其是进入新世纪以来，政府对于专业社会工作的推动向广度和深度发展，不断拓宽社会工作的应用领域。专业社会工作利用良好的发展契机也在不断通过融入实践的过程来发展适合我国国情的本土化的专业社会工作模式，在社区服务领域，将个案工作、小组工作、社区工作等专业工作方法运用于老年人服务、残疾人服务、家庭服务及青少年服务等，使专业社会工作能够施展特长，从而促进社区服务与专业社会工作的融合发展。

目前，专业社会工作在社区服务中的介入方式主要有：在居委会和社区服务站等开发专业社会工作岗位，由专业的社会工作者承担一定的社区服务职能，目前全国正在推动社区工作者的专业化和职业化发展；采取政府购买服务的方式，由专业的社会工作机构在社区开展服务，如北京、上海等地购买由社会工作服务社、社会工作事务所等专业社工服务机构开展的社区服务；建立由专业社会工作者承办的社区工作站、家庭综合服务中心等社区服务机构，提供专业的社区服务，深圳、广州采用的就是这种模式。

以北京市专业的社工机构提供的社区服务为例。自2009年北京市推动社会工作事务所发展以来，北京市的专业社工机构呈现出蓬勃发展的趋势。经济社会的快速发展，使得人们对于社会服务的需求呈现出多元化、多层次的发展趋势，多元化、多层次社会服务的提供和以社区为诉求平台的居民需求的满足，已成为

① 夏学銮：《社会工作和社区服务新探》，载《石家庄学院学报》，2006（5）。

当今社会管理和公共服务发展的必然趋势。目前，社会工作事务所开展的社区服务重点是面向弱势群体的，涉及老年人、儿童、青少年、流动人口等。以老年人服务为例，针对老年人的社区服务内容主要包括：一是健康服务。如睦友社会工作事务所通过“防跌倒义工行动”，组织义工向老年人宣传防跌倒知识，提高老年人日常生活的安全意识。二是生活服务。睿搏社会工作事务所为花园路街道某社区开展了“老年餐桌”的需求调查工作，组织老年人讨论“老年餐桌”的设立方式，并为“老年餐桌”联系服务商家，满足了老年人在日常生活方面的需求。三是文化/休闲服务。为社区内老年人开展各种文化、娱乐和休闲活动，满足老年人的精神需求。助人社会工作事务所为社区老年人策划重阳节的活动，组织老年人饮菊花茶、吃重阳膏。社会工作事务所作为北京市的专业社工机构，已经将社区作为主要的服务领域和平台，扎根社区、面向家庭、服务居民，形成了以人性化服务、柔性化管理、社会化运作为特色的社区社会工作服务方法。社区是居民需求诉求的主要平台，也成为专业社会工作机构提供服务的主要领域和平台。

【本章要点】

社区服务是指在政府倡导和扶持下，发动和组织社区成员，利用和开发社区资源，为满足社区成员的各种需求而开展的本质为社会福利性质的社会服务活动。

社区服务的兴起是经济转轨与社会转型的必然要求，它的发展主要是为了满足以下需要：“单位人”向“社区人”转变的需要、政治体制改革的需要、社区居民的需要、发展城市化的需要。

社区服务的特征为：福利性、地域性、群众性、互助性和综合性。

社区服务的内容可分为：面向各类弱势群体的福利服务；面向社区普通居民的服务；面向辖区单位的“后勤”服务。

社区服务的筹资模式为：政府对社区服务的资金投入；社会捐助；社区服务的收益。

要正确处理社区服务发展中福利性与营利性的关系、专业化与社会化的关系。福利性是社区服务的本质。从长远来看，专业化是社区服务的发展方向，而社会化是达到专业化的手段。囿于国情，我国社区服务选择了社会化的发展道路。

专业社会工作与社区服务在我国经历了一个从分离到融合的过程。社区服务目前已成为专业社会工作的重要工作平台，专业社会工作已形成了以人性化服务、柔性化管理、社会化运作为特色的社区社会工作服务方法。

【关键概念】

社区服务　社区服务的福利性　社区志愿服务　社区居民互助服务　社区服务的专业化　社区服务的社会化和产业化

复习思考题

1. 如何理解社区服务的概念？
2. 社区服务兴起的原因是什么？

3. 简析社区服务的特征及功能。

4. 如何面向社区内各类弱势群体提供社区服务?

5. 如何处理社区服务发展中的福利性与营利性的关系?

6. 如何开发社区服务中的人力资源?

7. 专业社会工作与社区服务经历了怎样的融合过程?

推荐阅读书目

1. 沈千帆. 北京市社区公共服务研究. 北京：北京大学出版社，2011.

2. 唐忠新. 社区服务思路与方法. 北京：机械工业出版社，2004.

3. 杨团. 社区公共服务论析. 北京：华夏出版社，2002.

4. 丁元竹，江汛清. 志愿活动研究类型、评价与管理. 天津：天津人民出版社，2002.

5. 徐永祥. 社区发展论. 上海：华东理工大学出版社，2000.

6. 徐中振. 志愿服务与社区发展. 上海：上海三联书店，1998.

7. 李亚平，吴铎，主编. 参与·分享. 上海：华东师范大学出版社，1997.

8. 万育维. 社会福利服务——理论与实践. 台北：三民书局，1996.

9. 白先经. 外国社区服务研究. 南宁：广西人民出版社，1993.

10. 孙金富，冯贵山，主编. 上海社区服务与发展指标体系研究. 上海：上海社会科学院出版社，1992.

第十章

社区教育

第一节
社区教育的发展历程和内容类别

一、社区教育的产生与发展

教育是人类社会的伴生物，它符合人类生产和生活的需要。社区教育作为教育的一种形式，是教育发展的必然结果。社区教育从其本质来说是一种教育与社区生活相结合的教育形态。教育人类学、教育社会学和教育史学的研究成果表明，人类社会最早的教育模式与教育形态实质上是一种社区教育。社区教育从起源到今天，先后经历了三个不同的历史阶段。

第一阶段：原始萌芽状态的教育阶段。其特点是教育和社会生产、生活结合在一起。社会的生产、生活过程，也就是教育的过程；生产、生活过程中积累下来的知识、经验、技能和社会风俗、礼仪以及原始宗教、道德规范甚至军事等，都是教育的内容；父母、师傅以及其他年长者都是教师，教育的方式也是通过成年人的口授身传，在整个社会生活和生产过程中对儿童个别进行的。一句话，教育和整个社会生活浑然一体。如果按照德国著名社会学家滕尼斯社区和社会的划分标准——血缘、地缘为社区，业缘为社会，那么这种教育可能就是最早的社区教育。

第二阶段：学校教育阶段。其特点是学校教育系统逐渐占有绝对统治地位。在学校教育中不仅出现了专门从事教育活动的教师，而且从教育内容到教育形式都逐渐系统化和规范化。但是，这一阶段教育有一个显著特点，学校教育越来越演化为社区教育的异化力量，成为“闲暇阶级”、优势群体的专利。它一方面强化了教育的形式化、组织化、制度化，确保了教育的计划性和目的性；另一方面又造成了教育与社会、教育与生产、教育与生活的分离，导致了人的片面发展、畸形发展。

第三阶段：由工业社会的以学校教育为主的教育模式转向社会教育模式，进而达到“学习化社会”的阶段。社区教育的普遍发展和越来越受到重视，正是这种教育发展趋势的必然结果。

现代意义上的社区教育，是伴随着资本主义社会化大工业生产的发展和都市化运动的进程而陆续出现和不断发展的。最早的现代社区教育要追溯到 18 世纪末。当时，工业革命的实现使得教育的模式与体系比较完善，教育内容更为充实，更加切合社会发展的实际。社区教育就是在这种社会历史条件下，在英国最初兴起。1795 年，白贝克在格拉斯哥大学创立了“英国工艺学社”，最初目的仅是向社区内的工人免费传授工艺和应用类科学知识，后来成立班级，取得了对工人基本教育的成功。

空想社会主义者欧文在 1800 年到新拉纳克管理有 1 000 多人的大型纺织厂

时，为工人和童工建立了性格学院，作为改善当地社会环境的措施之一。在社区生活福利设施方面，欧文也采取了许多措施，改善社区的居住环境，如为工人改善村庄、住宅区的道路，建造花园和广场等。

北欧地区（包括冰岛、丹麦、挪威、瑞典和芬兰五国）既是世界上经济高度发达地区之一，也是最早开展社区教育的地区。该地区强调通过教育的力量，使社区民众自觉地、自主地参与改善社区政治、经济、文化生活的过程。丹麦民众教育家柯隆威于 1844 年在丹麦名叫罗亭的乡村成立了世界上第一所民众中学，他提出用教育的力量来激发民族精神，促进民族自强，进而达到改善人民生活的目的，用人文主义的精神生活来弥补人民受教育太少的缺陷，强调把民众中学办成“面向生活的学校”。他的办学思想和传统，深刻影响了北欧教育和北欧的发展进程。

在美国，1826 年贺伯柯在马萨诸塞州设立公共演讲社，为一般民众讲演时事问题，到 1834 年，这类演讲社达到 3 000 多所。进入 20 世纪以后，随着工业生产的集中和扩大，城市开始支配工业国家人们的生活，教育在帮助人们进入和适应工业组织上的作用越来越重要，教育机会平均、民主的口号受到普遍认同。教育的范围进一步扩大，社区教育在不同领域、从不同的角度相继发展起来。在美国，一种以社会服务方式促进学校、家庭和社区相结合的“学校社会工作”兴起。它利用社区教育资源，服务于学校，帮助学校形成良好的教与学的环境，使学生从中获得适应今日与未来的生活能力。到 20 世纪 50 年代以前，社区教育的形式已经是多种多样的了。企业为获得高质量的劳动力，纷纷与学校合作，开设各种职前职后技术培训，许多地方政府、大众传播机构、卫生福利组织、劳工联盟、教会也纷纷根据自己的需要和目的，结合本地区政治、经济发展状况，或与学校合作，或独立开展各种社区教育活动。夜校、邻里中心、演讲会、讨论会、俱乐部、休闲中心、社区教育服务中心，以及许多中小学和幼儿园也将自己的场地和设施对社区开放，向社区内的全体居民，尤其是青少年和老年人提供各种服务。

值得一提的是，20 世纪二三十年代，中国的社区教育也得到一定的发展，晏阳初的平民教育运动和梁漱溟的乡村建设是这方面的典范。晏阳初以医治中国社会“愚、贫、弱、私”四大病症为出发点，把教育作为改造社会、建设社会的关键，广泛开展了平民教育运动，以医治中国社会病症。梁漱溟则主张中国的出路在复兴农村，只有靠乡村建设运动，建立新的社会组织，中国才能发展。民众教育馆就是在这样的运动中兴建起来的。当时，中国大地上的民众教育馆可以说不计其数。但这一时期的社区教育还没有与学校教育充分协调，其对象也主要是成年人。

二、社区教育的主要组织形式

国外社区教育的主要组织形式有北欧的民众学校和学习小组、美国的社区学院、日本的“公民馆”。北欧的民众学校分为民众中学和民众大学，实施成人普通文化教育和成人高等教育。学习小组是一个自主学习单位，采取自学和研讨的学习方式，无统一模式，可申请政府补贴。美国社区学院面对的是社区各界立体式的教育需求，普遍具备职业技术教育、补偿教育、非学历教育、大学转学教育和普通教育五大职能。“公民馆”是日本最具代表性的社区教育综合设施。根据日本《社会教育法》的规定，“公民馆”开展的事务主要有如下几项：举办以青少年为对象的文化补习；开设各种内容的定期讲座；举办讨论会、讲习会、讲演会、实习会、展览会等；置备各种书籍、记录、模型、资料等，供居民利用；组织文娱、体育活动，举办相关集会。

三、中外对社区教育的界定

现代意义上的社区教育虽然源于工业化、都市化进程，但由于各国政治、经济和文化背景不同，人们对社区教育的理解和认识也不尽一致。北欧诸国视社区教育为“民众教育”，它以成人为对象，以提高人文素质为目标，通过教育，使社区民众自觉参与社区的政治、经济和文化生活过程。各种形式的成人教育与地方社区的关系紧密，强调面向社区内所有成年人，形成了一种被称为社区成人教育的“斯堪的纳维亚模式”。

美国和英国视社区教育为非正规的社区服务，它包含以下六点内容：（1）利用学校之类的公共设施；（2）参加者包括所有年龄、所有阶层、所有种族；（3）人们认识自己的需要和问题；（4）发展多种计划以适应这些需要；（5）社区内的各种机构与部门相互协作；（6）有多方面的资金来源，包括公共的和私人的、地方和州以及联邦各级的。

日本视社区教育为“社会教育”。它包含两个方面：（1）在学校教育的课程中加入有关社区生活、社区问题的内容，使学生对社区有所认识，从而培养社区意识，增强乡土感情；（2）学校作为社区教育文化中心，要向社区的所有居民开放，并对其组织开展教育活动。这种认识突出强调学校教育在社区教育中的地位和作用，是围绕学校教育来谈社区教育的。

我国学术界对社区教育解释有多种，其中影响较大的有两种。一种是北京大学教授袁方在《社会学百科辞典》中所做的解释：社区教育是一种教育工作形式，跨出学院或学校的范围，请社区其他人参加，既可作为学生也可作为教师，或兼任两者；教育意图完全是为整个社区的利益服务。另一种是 2001 年中国社会出版社出版的《社区工作指南》所定义的：社区教育是以社区为依托，以全体社会成员为教育对象，以社会主义教育、政治思想和科学文化教育为主要内容的一种教育形式，是社区文化建设的基础工程。

从总体上看，现代社区教育的基本特征在于充分利用社区资源，对社区成员实施全方位、全过程的再学习过程，即社区活动的教育化和学校教育的社区化。它是以社区成员自身为教育主体和对象，面向人生、面向全社会的新的社会化方式。

四、社区教育的分类和内容

(一) 社区教育的类别

1. 补偿式教育

社区工作者服务的对象主要是劳苦大众，他们大都没有受过系统教育。成人教育课程和社区工作者所提供的教育机会，可以弥补他们因没有受过正规教育而造成的知识短缺。

2. 控制式教育

这种教育强调群众行为的规范，例如群众应遵守交通规则、不乱扔垃圾、不随地吐痰、不在公共场合抽烟等。不遵守规则要受到一定的惩罚，如雇用童工要处以高额罚金甚至被捕入狱等。这种教育多由政府推动，其目的在于控制不守公德和秩序的行为。但其手法以阻吓性为主，难以树立正面典型去宣传理想公民应有的态度和表现。

3. 解放式教育

解放式教育对诸如逆来顺受、听天由命、民不与官斗、穷不与富斗等封建思想的批判，使基层群众从这些思想的束缚和控制中解脱出来，发挥他们在知识、态度、行为和价值观念上的潜能和积极性，认识到社会制度的不公，并采取集体行动去建构一个理想的社会。解放式教育有三大功能：一是意识提升，即使居民认识到社会对个人的责任。二是培养居民的批判的思维。集体参与的过程能使居民在日常生活及思考方法上培养出批判性的思维。基层领袖具有批判及怀疑的精神，便能找出政策和论据所隐藏的假设，找出模糊不清和矛盾的观点或论据的谬误，并做出有创意、合乎基层利益的建议。三是集体行动，以众人的力量达到所追求的理想目标。

(二) 社区教育的内容

1. 家庭生活教育

生活教育工作员或社区工作人员利用讲座、展览、小组及宣传活动，灌输家庭沟通和人际相处的态度和技巧。

2. 公民教育

公民教育的目标是为公民有效地参与社会的政治、经济、文化的运作提供准备，更为生活在日趋多元化乃至相互冲突的社会的下一代了解、接纳及解决社会问题提供准备。公民教育多由政府部门推动，一方面通过一定的教育机构向社工人员、教师等提供教育资料，由他们在全社会范围内宣讲；另一方面通过政府的新闻部门主动推动公民教育的宣讲，形式多为广告宣传或大型活动。

3. 成人教育

社区成人教育是以社区为单位，以社区的发展为目标，以社区成人为教育对象，针对社区发展的特定需要而开展的教育活动。社区成人教育为不曾接受基础教育的基层居民提供必要的补课，或曰扫盲；为已接受过基础教育的劳动者提供继续教育；为已接受过高等教育的劳动者提供进一步提高的教育；为离退休人员提供晚年的社会文化生活教育。社区成人教育面向大众，体现教育平等和民主观念，体现教育终身化和社会化的精神，兼具经济和文化两种功能。成人教育有一个明显的弱点，那就是只注重实际知识和技巧的传授，忽视批判性思维的培养。

4. 健康教育

主要面向居民提供保健及预防疾病的知识。教育人们如何照顾自己避免生病、控制传染病传播、采取预防措施避免在工作中和家庭中发生事故，以及防止交通事故等；老年人的家庭护理、慢性病人的社区照顾等。

5. 思想政治教育

社区教育的对象一般为下层居民（普通群众）。他们在经济、教育水平和生活条件各方面均处于不利的位置，对社区参与及服务均持有较为冷漠的心态，面对社会决策及政治环境等问题时，多觉得无助和无奈。社区工作者或社区教育首先通过家庭访问、个人影响等形式开展细致的思想政治工作，帮助他们分析困难、讨论政策，消除心中的冷漠和疑虑，培养他们集体和民主意识，提高他们自信、自主、自立、自决的信心和能力，诱导他们关心共同的问题，并思考解决问题的可行方案。思想教育的过程就是动员群众的过程，其目的是启发群众的觉悟，提升他们自立、自决的能力，以积极主动的姿态参与到集体行动中来，解决困扰他们的问题。

6. 训练社区领袖

社区工作者通过个别教授的方式，向社区领袖传授知识和价值观念，培养他们的批判性思维，培养他们领导和驾驭开展社区工作所需要的各方面的能力和技巧。

第二节 社区教育的目标、特点、模式和功能

一、社区教育的目标

社区教育的目标是培养和塑造有知识、有能力、以社区发展为己任的优秀公民。要做到这一点，必须在知识、行为和感情三个方面使服务对象有较大进步。

（1）在知识方面，使服务对象具备如下能力：掌握社区生活或共同问题的知

识及资料；理解资料之间的相互关系，并能批判地分析问题；在掌握和理解资料的基础上能够触类旁通；在正确分析、评估问题与政策的基础上提出创新的建议。

（2）在行为方面，使服务对象具备如下技能：对社区领袖而言，熟练掌握与群众沟通的技能，善于表达对他人的关怀和爱护，能理解文件和有关资料，懂得行政及会议的技巧，拥有社会行动和基层动员的能力，具备谈判、游说、公关及与大众传媒合作的能力。对一般居民而言，应掌握公开演讲、请愿、谈判、游说的技巧。方式是社区工作者带领服务对象在模拟训练、实战、演习或实践中边做边学，以期掌握这些复杂的技巧。

（3）在感情方面，使服务对象的价值观发生转变：人的价值观具有可塑性，不是一成不变的，而是随着年龄的增长和实践的发展而不断修正的。因此，社区工作者可从感觉、直觉、想象、判断、兴趣等各个方面诱导居民，改变他们对参与、社会公义、市民权益的观感和价值取向；也可以通过行为反思的方法澄清价值观，使其在社区活动中由冷漠、消极、被动转向热情、积极、主动。社区工作者输送给服务对象的价值观念包括：为他人着想、以公众利益为依归、不损人利己、勇于承担责任、民主、自由、平等、法制、人权等。树立正反两方面的典型，是塑造理想品德行为表现和良好市民的最有效方式。好的典型使人们见贤思齐；坏的典型则以儆效尤，惩前毖后。

二、社区教育的特点

（1）具有大教育观念。所谓大教育是指一定区域范围内的各级各类教育，是中小学教育、成人教育、校外教育、家庭教育等各种教育因素的统称。核心是实现教育社会化与社会教育化的统一。把教育纳入社会大系统，使教育与社会融合，教育功能不再是学校所特有的。

（2）以社区内全体成员为教育对象，包括幼儿、青少年、成人和老人。社区教育着眼于提高社区内全体成员的全面素质，着眼于教育的开发与利用，尤其要建立终身教育体制，为个人完成终身教育提供条件。

（3）与社区发展相结合。发展社区教育本身并不是目的，真正的目的是使教育更好地为建设和发展社区服务，为提高社区成员的生活质量服务。

（4）集合、协调各种教育因素。在开展社区教育时，要把社区中各种组织机构与教育组织机构联系在一起，发挥其整体作用。各组织机构之间既有配合、交叉，又有分工；既形成合力，又发挥自身的积极性。实现“条条专管、块块统管”。教育与社区双向启动，相互促进，社区教育促进社区发展，社区发展推动社区教育，实现教育与社会的结合、教育与社会的一体化。

（5）立足社区特色。一定要根据本地区的特点，带有自身特定的人文、地理和社会的特色，开展多形式、多层次、多类型的社区教育，决不能搞一刀切。

三、社区教育的模式

（一）欧美国家的社区教育模式

1. 社区发展模式

在这种模式中，社区教育工作者作为一个“协助者”，参与当地各种社区教育项目，为人们提供信息、资源和建设性意见；当情形需要时，还要为更系统的学习、专门技能及与此相关的技术训练提供机会。此外，成人教育工作者还努力组织相关机构，为当地社区提供教育方面的服务、资源和有关的训练。英国利物浦继续教育学院在发展这种模式上起了重要作用。在这种模式中，社区发展和社区教育被看作是能够将整个社区吸引进来、集中精力解决当地问题的过程。它是文化或改革传统的延伸，是一个更积极地与当地事务联系、与社区组织机构密切合作的模式。它接受了多元社区的性质，致力于通过解决社区问题，来增加不同的、有冲突的组织之间的交流和理解。

2. 社区行动模式

这种模式特别强调社区教育与社区行动结合起来，强调在解决当地问题时建立可选择的机制的重要性。它提倡社区教育工作者与当地社区，以及在这样的社区中建立的机构组织保持有机的联系。有人坚持认为社区行动本身就是一个教育过程，弗莱尔的教育观点认为，该教育模式引起了人们对当地社会问题的重视。在他们试图改变所处的境况的过程中，居民们越来越深入地了解到影响他们生活的因素，更清楚地认识到与其他有组织的群体合作、共同努力的必要性，以获取资源，并对他们加以“控制”与管理。

3. 社会行动模式

这种模式与美国和英国的劳工大学运动有许多共同之处，它将重点集中于动机和内容以及艰难的教育努力上，集中于社会行动而不是社区行动上，集中于工人阶层而不是整个社区的教育上。它对社区行动本身是一个学习过程表示怀疑；或者说它认为，只有当社区教育工作者参与并提供支持和帮助时，社区行动才可能成为一个教育过程。教育必须更有组织性和系统性。教育者必须与当地人们一道在稳定的情况下采取行动，将人们的反思与社区行动相结合，并采取具体的教育支持方式，以解决当地人们想要解决的问题。

通过教育活动，人们将从更广泛的社会、经济和政治结构背景中探寻社区问题存在的社会根源。但与大学的学习相比，社区教育更致力于激进的社会行动并与社会行动相联系。

（二）东南亚国家社区教育模式

东南亚工业化国家和地区的社区教育是从基层社区的以“新生活运动”、“思想、精神建设”、“民主建设”，以及建设社会新秩序为目标的社区发展和社会改革运动开始的。它的显著特点是社区发展与社区教育紧密联系在一起，物质建设与精神建设紧密联系在一起，并且寓精神建设于物质建设之中。比如韩国的新社区运动，最早是从“我们也能过好日子”开始的。当新社区运动兴起时，他们又提出了以改善农民生活为目标的“掀掉草屋，改换新瓦房”的口号。新加坡把社区发展和爱国主义教育同改善居民的居住条件和提供优质服务等为民办实事紧密联系在一起。印尼和菲律宾把社区发展计划融入以改善人际关系为目标的“社区照顾”和“助人相助”活动之中。这些富有国别和地区特色的寓教育于发展之中的社区教育活动，对增强社区凝聚力和社区成员对于社区的归属感、认同感，均具有重要意义。

(三) 我国社区教育的模式

1. 以城区为主体的社区教育模式

这种模式的特点是跨街道，一般是由区里社区教育委员会或区少年教育协调委员会组织与协调社区教育活动。

2. 以街道办事处为主体的社区教育模式

这种模式的特点是充分发挥社区资源的优势，形成政府协调、社会参与、双向服务、共育人才的格局。

3. 以社区教育实体为中心和载体的社区教育模式

这种模式的特点是形成市场经济条件下社区教育发展的“支柱产业”，能稳定地、长久地发挥辐射作用，搞好社区多层次的综合教育。

四、社区教育的功能

(一) 教化全体居民

由于社区教育十分强调共同的文化，共同的行为规范，共同的生活方式和社区意识、社区隶属感，因此社区教育在形成社区居民积极的价值观、态度和道德品质方面能够发挥出最大的教育功能。一方面，它使每一个人的特性得到发展，每一个人的志愿得到实现；另一方面，它加强了社区居民相互间的理解和协作。社区对每一个人来说，既是公共场所，又是统一象征。

(二) 统筹社会化教育因素

在现代社会，青少年儿童接受的是来自家庭、学校和社会三方面的全面影响。

家庭是教育的发源地，是学校教育的基础，而且具有终身教育意义。家庭对孩子的潜移默化的教育影响无时无刻不在进行着。这种影响具有双重性，有积极的，也有消极的。在许多情况下，家庭教育并不是学校教育的“同盟者”，而是“抵消者”，甚至是“反对者”。也就是说，学校教育被一些不良的家庭教育所抵消，家庭进行的教育成了“反教育”。当然，这一切并不是有意识、有目的、有组织地进行的。“反教育”的家庭教育不但没有发挥家庭教育的积极教育因素，反而增加了消极的教育因素。社会教育也和家庭教育一样，是一种活的教育，它的深刻性、形象性、丰富性、独立性是学校教育所不能比拟的。社会意识、生活方式、社会思潮、社会阴暗面等，都不可阻挡地随时影响着学生。这些影响也是双重的。

由于受到来自家庭、社会各种非规范行为的冲击，学校教育与家庭、社会教育严重脱节。三种教育价值取向的差异，造成学校教育的目标难以完成。学校教育封闭式的管理也使自己拉开了与家庭、社会的距离。这种相互分离的教育，有人称之为“小教育”，它孤立无援，单一片面。学校以围墙自限，与社会相脱节，成了世外桃源或象牙之塔。教育等于学校，受教育等于上学、等于上课——这种观念跟不上时代发展的步伐。

社区教育在家庭、学校和社会三者之间起着中介作用，它能够统筹三者的教育力量和因素，使三者一体化——在校内外形成整体合力的新的教育格局。

（1）社区是教育三维坐标的一个组成部分。在现代社会日益开放的今天，学校与社会越来越密不可分。社区教育的实施、社区教育委员会的建立，使教育有了一个统一协调的组织实体，为学校教育与具有社区特点的经济、社区协调发展开拓了广阔前景，并在体制上寻求到了学校、家庭、社会教育一体化的理想途径。

（2）学校向社区开放，发挥学校在社区建设中的作用，使学校同社会紧密结合，更好更快地反映周围社区和村镇生产、生活、精神文化发展的需要。

（3）社区教育使社区内所有教育资源都能最大限度地发挥作用。从人力来看，它可以发挥来自家庭、学校和社会各界人员的积极力量，形成正向诱导。家长委员会既可监督家长的错误教育行为，又可监督学校工作。学校可通过社区教育委员会向社区内各组织提出合作的要求。社区组织也可要求学校从人力上支援社区，邀请教师参与社区建设。从物力上看，社区教育可调动社区内的一切教育机构和设施，使其最大限度地服务于本社区的所有居民。

（三）形成良好的社区文化

在社区文化建设方面，人的社会化最外围的具体环境设置是社区，社区文化是整个社会文化的具体化。学校、家庭、职业团体等对个人社会化的影响，无不与社区文化紧密相连。一般来说，文化建设既包括文化场所和设施，也包括文化活动的消费者。用教育的观点来看，广义的文化建设是一种大众的教育过程，就是要把社会所公认的生活方式、行为规范、人生观等逐渐地从生活中表现出来，并通过文化活动渗透到文化活动的消费者身上，从而形成一种良好的社区文化氛围。社区教育正是以此为出发点，注重文化活动消费者的培养、塑造，帮助社区成员提高道德水准，建立文明、健康、科学的生活方式，积极创造人际交往的和谐空间，并有目的地抵制低级趣味的文化因素渗入社区，对社区成员产生不良影响，从而使人的社会化环境得以净化、优化。

(四) 道德教化和社会控制

在从工业社会向知识经济时代的知识社会转化中，道德教育占据主体性地位，其中伦理准则和道德规范的影响或发散的主要源泉是社区。以西方传统的宗教在社区中的扩张为例，社区中以教堂为中心的道德“善”气氛的发散，润滑了工业经济中的人群的利益摩擦，消解了经济竞争中人际的孤独，抚慰了人们在物质丰富后的寂寞，从精神的层面满足了人们的寄托需要。中国没有类似于外国的完全宗教精神，儒学只是一种被政治化的准宗教，其中有不少如“三从四德”之类的压抑人性的封建糟粕。

随着市场经济的深入、假冒伪劣的猖獗，经济学几乎就是不道德经济学，它追求的目标是利益最大化，迫使早年的经济学家亚当·斯密在写出《国富论》的同时，又写了一本《道德情操论》。这本经济伦理学著作的出发点是什么？可能是为了防止利益最大化时对道德的侵害。现在看来，道德建设问题最基本也最牢固的层次是道德习惯的养成，而构筑它的底层的那一块石头不是别的，就是社区。例如道德的“善”。西方道德的“善”依靠家庭萌生，孩子从小被家长带进教室，沐浴在完全配套的规范系统，如庄严肃穆的音乐、绘画、礼仪、建筑之中，其感染之深刻，其动情之内化，是任何说教所不能比拟的。

社会生活中的边界很多，包括法律和道德。而与法律相比，更基本、更深入、更柔和、更温情的是道德。在这个意义上，社区道德建设，可能是社会稳定与发展的最重要和最基本的平衡砝码。

(五) 普及保健知识

社区保健至少包括三个方面：一是社区环境的保护；二是居民身体的保护；三是居民的精神心理疾病的防治。从预防为主的角度看，这三方面都与文化密切相关，因此，文化的传承者——教育便成为最好的社区保健途径。

自从国际上提出“永续发展”的概念后，环境污染被提高到活着的人生活在向子孙后代借来的地球上，现代人应该具备对生物多样性负责的态度的高度上。如果不保护环境，地球上最后的一滴水将是我们人类的眼泪。不幸的是，由于环境保护需要政府支出大量的经费，因此，这方面的宣传常常停留在口号上，像许多时髦的口号一样流于形式。然而，社区的反应就不同，因为环境污染的最直接受害者是社区的居民。要保护环境，首先要从人人居住的社区开始。

关于生存中的健康，每个人身边最切近的依靠是社区医疗服务。然而，在患病接受医疗之前，现代医学更强调的是保健在先、预防在前。所谓保健和预防，实际上是一种医疗知识教育，因此，作为社区教育的一部分，在广义的教育中，还应负担生命方面的意义。

第三节 我国社区教育的现状：成就与问题

一、我国社区教育取得的成就

社区教育是20世纪80年代伴随着改革开放政策的顺利实施而产生的一种新型教育活动。其发展历程大致经历了三个阶段：20世纪80年代中期是社区支援学校阶段，即学校把社区作为“第二课堂”来帮助中小学的青少年学生形成良好的道德品质。这一时期的社区教育对象以中小学生为主。90年代初期是学校回报社区阶段。在这一阶段，学校向社区开放，并为社区发展提供帮助和服务，社区教育的对象也从中小学生向社区居民拓展。90年代中后期是社区、学校“双向服务”阶段。这一阶段又重新体现为学校通过服务社区来拓展学生的“第二课堂”，以及优化学校的周边环境；而社区则利用学校的资源来积极拓宽社区教育的深度和广度，从而向完善终身教育体系、创建学习型社区、教育与社区互动的方向发展，社区教育的对象也逐渐扩大到以全体社区成员为主的层面。在国家和地方党委、政府及教育主管部门的重视和支持下，我国社区教育推进工作力度逐步加大，社区教育呈现出蓬勃发展的良好局面，已经发展为构建终身教育体系、建设学习型社会、促进和谐社会建设的一支重要力量，成为我国现代国民教育体系中的一种新兴的教育形式。具体来说，其所取得成就主要表现如下。

（一）社区教育实验区工作取得较大进展

从2000年至今，教育部已经先后批准了96个国家级社区教育实验区，覆盖了全国绝大多数省、市、自治区和计划单列市，加上各省批准的省级社区教育实验区，全国社区教育实验区已经达到了300多个，形成了以京津沪等大城市为龙头、东部沿海发达地区为主干、中西部地区有重点开展的梯度发展格局，社区教育实验区已成为社区教育的先行和骨干力量，推动了全国社区教育由点到面，逐步扩展，不断提升。

（二）社区教育资源得到了初步整合

各社区教育实验区能够利用社区教育资源，横向联合，纵向沟通，实现社区教育资源的共享，并拓展、开发了一批社区教育资源。初步形成了以区（县）社区学院或社区教育中心为龙头、以街道（乡镇）社区学校为骨干、以居委会（村委会）社区教育教学点为基础的社区教育网络，初步构建了全民学习、终身学习的社区教育平台。

（三）社区教育开展了多层次、多内容、多形式的教育活动

各社区教育实验区立足本地实际，组织开展了以提高社区居民素质和生活质量为目的的社区教育活动，满足了社区居民多样化的需求。据教育部 2005 年对全国 45 个国家级社区教育实验区的统计，总培训人数达到了 1 370 万人次，社区居民参与率达到了 35%。

（四）社区教育推动了学习型组织的建立

各社区教育实验区积极开展创建学习型组织活动，创建了一大批学习型企业、学习型单位、学习型街道、学习型居委会、学习型楼组、学习型家庭等学习型组织。

二、我国社区教育存在的主要问题

我国社区教育在取得较快发展的同时，也存在着一些不容忽视的问题，制约了社区教育的全面推进和深入发展。

（一）各地党委和政府对社区教育重视不够

从总体上看，各地党委和政府对社区教育的重要性认识不足。一些地方的领导没有对社区教育进行统筹规划，也没有将其摆上重要的议事日程，多停留在文件传达和口头布置上。社会和群众对社区教育的认可度不够。

（二）社区教育经费投入难以落实

社区教育是一种公益性或准公益性事业，在现阶段，必须建立以政府投入为主、多渠道筹措经费的保障机制。从各地情况来看，教育部《关于推进社区教育工作的若干意见》提出的“国家和省级社区教育实验区应努力按照社区常住人口人均不少于 1 元的标准，落实社区教育经费。经济发达地区，要在此基础上进一步增加社区教育的经费投入”的要求落实不到位，多渠道筹措社区教育经费更是纸上谈兵。

（三）社区教育的管理体制与运行机制不顺

从运行情况来看，目前的管理体制和运作机制存在着整合统筹不力、关系不顺、部门分割等问题。社区教育工作涉及教育、人事、劳动、民政、财政等十多个部门，目前存在着政出多门、各自为战的现象。当前，我国社区教育尚需党政整合统筹，仅靠教育主管部门单兵突进，难以协调和推动，相关政策也难以配套。

（四）社区教育法规和政策亟待完善

由于缺乏社区教育的相关法规和政策，目前社区教育处于无法可依、无章可

循的状况，使一些地方的社区教育处于可搞可不搞、放任自流的状态。

（五）终身教育体系、学习型社会的制度安排尚未建立

（1）我国的学校教育在发展规模、体系结构、教育内容、教育方法和教育教学制度等方面还不适应建设终身教育体系的要求。

（2）学校教育体系内部各类教育，特别是普通学校和职业学校之间、学校教育体系与社会教育体系之间尚未建立起合理和有效的相互沟通与衔接的关系，教育资源共享程度不高。

（3）广大劳动者和在职人员的岗位培训、转岗培训和继续教育比较薄弱。

（4）终身学习的理念还没有树立。

（5）社区志愿服务的规模体系还没有形成。

（6）社区教育的法律保障体系没有建立。

（六）社区教育资源整合不够

由于公共教育资源不足，社区各类社区教育资源整合开发不够，社区学院功能和作用发挥不充分，制约了社区教育的深入开展和社区终身学习平台的建设。

第四节 国外社区教育的运行特点及对我国社区教育的启示

一、国外社区教育的运行机制及其特点

（一）北欧民众教育注重人文精神的培养，实行民主办学

北欧民众教育崇尚人文精神的办学理念，实行人文教育与知识教育、人文教育与职业教育相结合的方式，注重人的发展，发挥其创造潜力，增强其自信心和在工作、社团生活中积极发挥作用的能力。民众中学享有最大限度的办学自主权，每一所民众中学都可以有自己的办学方式，开设多种多样的课程。有的是为提高工作技能开设的，有的开设音乐、艺术、社会问题研究，以及环境问题等方面的课程，还有的开设旨在继承本民族传统工艺的课程。每个学校都可以自由安排课程，没有统一的教学大纲和强制性指令，教学的内容和方法灵活多样，常常是由老师和学生商量后确定。并且民众中学对教师质量要求比较高，大部分教师是获得文学学士学位或理学学士学位并且具有从事教育的经历的大学生。在教学方法上，除采用传统的演讲、讨论、辩论外，还创造了富有特色的学习班、组织

旅行等。此外，北欧各国政府既有不干预民众教育组织活动的传统，又有在立法和经费上对民众教育给予坚定支持的责任。

(二) 美国社区学院管理规范，实行市场化运作

美国宪法规定教育是地方政府管辖的事项，发展社区教育的主要责任在州政府，联邦政府和国会主要通过立法施加影响。经费主要是从联邦政府、州政府以及当地税收而来，平均来说大概39%的经费来自州政府的税收，18%来自当地政府拨款，30%来自联邦政府拨款，其余来自学费、企业资助、校友捐赠，或者是在社区内开征社区税，发行债券等多种多样的途径。州设有社区学院理事会，负责审批、管理和指导全州的社区学院。而对社区学院内部管理产生重要影响的管理机构是负责聘任与考核学院院长、审议学院经费预算、发展计划和重要人事安排的董事会，董事一般由学院服务区内的居民选举产生。社区学院招生基本无“门槛”，但日常教学管理是非常细致、严格的，教学根据学生的基础进行，开设菜单式的课程，学生自由选课，考试没通过可不计次数重修。学院从开设的课程中配套组合成不同的证书，学员完成相应的课程之后，可向学院申请结业证书、学历文凭，或准学士学位证书。

(三) 日本社区教育法制先行，设施完备

日本社区教育的成功运行主要在于完善的立法和社区教育设施。1945年，日本发布了《有关振兴社会教育的通知》，1947年颁布的《教育基本法》第七条“社会教育”一项明确规定：国家及地方公共团体必须鼓励家庭教育以及工作场所和其他社会场所进行的教育活动；国家及地方公共团体必须以设置图书馆、博物馆、公民馆，利用学校设施或以其他适当的方式来努力推广教育活动。该法律还规定：家庭教育以及在劳动岗位和其他社会场所所进行的教育，国家和地方公共团体应该予以奖励。此后日本又陆续制定了《社会教育法》(1949)、《图书馆法》(1950)和《博物馆法》(1951)三部基本确立日本社会教育初期框架的法律。这些法律明确规定公民馆、图书馆、博物馆等基本社会教育设施从地区教育经费中拨款建造，供居民免费使用，确定市民参与社会教育委员会的制度，保障社会教育团体的自主办学权，以及确立学校教育与社会教育的关系等一系列规定。随着社会和教育事业的迅速发展，日本对《社区教育法》进行了五次修改，逐渐完善，为保障社区民众的学习权奠定了坚实的法制基础。后来，日本还制定了《特定非营利活动促进法》(1998)、《男女共同参与社会基本法》(1999)，为社会教育的发展继续注入新的活力。

二、国外社区教育的做法对我国社区教育的启示

改革开放后，我国人民的生活方式发生了巨大变化，实践呼唤社区教育必须迅速在我国土地上扎根。从某种意义上说，今日美、日、欧社会经济的发达正是

作为基础工程的社区教育长期经营和潜移默化的结果，从它们的经验中，可以得出对我国社区教育的一些启示。

（一）以人为本，把促进每一个居民的健康发展作为社区教育的主旨

尽管各国对社区教育的认识角度不同，实践方式也不一样，但其根本目的都是为了提高居民的素质和生活质量，关注社区的建设和发展，尽量从教育服务的角度积极参与其中。科学发展观的核心是以人为本，实现人的全面发展是社会主义的根本目的和本质要求。我们提倡教育要尊重人的个性，对个性加以修正、提炼和完善，具体到社区教育就是要最大限度地尊重每个居民的个性，致力于每个居民的独特性、创造性和审美性的培养。先把每个居民培养成有知识、有品德、有个性的个体，然后才能把社区建设成有特色、有亲和力、有凝聚力的社区。只有以人为本的教育，才能激发居民参与的欲望，实现社区教育成本的最小化，效益最大化；只有社区教育发达了，不同文化背景的居民才能在社区交往的舞台上融为一体，从而形成社区向心力，产生归属感和团结互助精神，形成健康向上、文明活泼的社区生活方式，才能实现社区教育和社区发展的良性互动，才能为社区乃至社会的可持续发展提供强大的人力资源和智力资源。

（二）建设一定数量的教育设施是保证社区教育顺利进行的重要依托

无论是北欧的民众学校、美国的社区学院，还是日本的公民馆，都在其国民的社会生活中起到不可忽视的积极作用，可以看出一定数量的、特定的社区教育实体是成功开展社区教育必不可少的因素。在日本，面积仅有 37.8 万平方千米的国土上建有公民馆 17 525 座、公共图书馆 2 172 座、博物馆 861 座、少年自然之家 294 所、儿童文化中心 72 所、青年之家 410 所、妇女教育设施 221 所，这些设施为日本社会教育的蓬勃开展提供了坚实的基础和保障。北欧的民众中学和美国的社区学院也遍布全国，使每一个想接受教育的人都可以方便地就近学习。当前，我国社区教育进展缓慢，很大程度上也是由于社区教育实体太少。根据经验，提供教学实体可以因地制宜，通过建立专门的社区学院，或者依托社区内的高等院校、中小学、职业院校设施，逐步向各层次社区居民开放而形成社区教育基地；也可以通过加强图书馆、博物馆、纪念馆、青年之家、老年人活动中心等文化机构的整合和新建，加强它们的社区教育功能，使之成为社区教育中心，以固定的社区教育中心推动社区教育的开展和实施。

（三）建立健全社区教育法律、法规的保障体系

（1）建立满足全民终身学习需要的教育培训投入和学习资助体制。要加快调整国民收入分配格局，切实落实科教兴国和教育优先发展的战略地位；继续优化财政性教育经费在各级各类教育中的分配结构，加大对基础教育特别是九年义务教育的投入力度；尽快制定各级各类学校的生均成本、拨款标准和程序，建立多种拨款方式相结合的综合拨款模式；同时，建立社会投资教育的激励机制，提高

社会各个部门、组织和企业对教育培训的投入水平。

（2）加快终身学习的法制化进程，尽快研究制定终身学习法。明确政府在终身学习体系和建设学习型社会中的责任和义务；规定各级各类学校和教育机构在终身学习中的目标和任务；规定社会各种利益相关者（教育提供者、学习者、企业、社会中介机构等）的权利、责任和义务，特别是在合理分担教育培训成本方面的责任；等等。

（3）建立终身学习的质量保障和认证机制，完善学习、培训成果的评估鉴定体系。其基本原则是承认和科学评价各种学习的价值，进一步构建和完善国家资格认证体系，使现有的学历资格、专业技术资格和技能资格等三大资格体系能够相互沟通。

（四）最大限度地整合现有教育资源，为社区教育提供设施、市场和师资

社区教育属公益性、福利性事业，无疑要占用相当数量的教育资源。国外社区教育无需过多的额外投入，只是对现有教育资源进行重组、改造与再分配，以实现社区教育低成本扩张与发展。就我国而言，一是要动员社区附近的各类学校积极拓展社区教育，学校资源有组织、有计划地向居民开放。我国有不少普通中小学，教育质量不高，不可能走精英型、学术型发展之路，加之实行计划生育后，我国人口增长大大放缓，不少学校的入学学生人数锐减，教师面临失业的窘境，其盈余的教育资源与其闲置不用，不如转向社区教育，用以培植新的教育增长点。二是社区要主动接纳社区教育，大胆利用社区外资源。目前职业学校、电大、函授学校、成人学校等教育机构已意识到了社区教育的巨大潜力，试图拓展社区教育市场，为社区提供低收费的教育服务，但社区缺乏利用社区外资源的主动性。三是在师资来源上，除了安排一定比例的专职教师外，可大量聘用社会上有实践经历、实践能力的人来充当兼职教师，组成一支庞大的师资队伍，投入到各种专业的教育工作中去，如企业经理教管理、律师教法律、会计师教财会等。大量的兼职教师赋予社区教育的不仅是办学效益的提高，更为重要的是赋予了强大的适应力和灵活的办学机制。

（五）提高社区教育培训活动的针对性和实效性

本着“因地制宜，按需施教，保证质量”的原则，进一步提高社区教育培训活动的针对性和实效性。要以提高社区居民整体素质和生活质量为目标，大力开展多层次、多内容、多形式的教育培训活动。当前，要以在职人员岗位培训、下岗失业人员再就业培训、进城农民工适应城市社会生活和技能培训、弱势人群提高生存技能培训为重点，开展社区教育培训活动。同时，积极抓好社区内婴幼儿教育、青少年校外素质教育、老年人教育等工作，开展社会工作者、社区工作者和社区教育干部培训工作。

（六）政府要从制度和财政等方面推动和保障社区教育的发展

政府的重视对于树立社区教育的思想和地位，促进民众思想观念的转变有着极为重要的作用，政府的投入与支持，更是一种实质的推动。

（1）加强社区教育立法。只有社区教育的地位得到明确的定位，才能充分发挥其对个人、对社区、对社会的重要功能。目前，由于法律的缺失和滞后，我国社区教育还处于一个比较混乱无序的状态。因此，应顺应时代要求，及时制定与之相适应的法律法规，对社区教育的相关内容作出科学合理的规定。在立法过程中要着重注意明确社区教育的性质和立法意图、对象及其权利和义务的认定、管理体制和保障机制、工作人员及其资格认定、资金的筹措和落实、教育内容的确定、督导评估机制等。

（2）加大财政支持的力度。从国外社区教育的实践来看，良好运转、规范作业乃至迅速发展都离不开政府在财政方面的大力支持，政府是社区学院最大的投资者。长期以来，我国教育投入偏低，占 GDP 的比重还不到 4%，国家的教育经费更是主要投入“学历性”的高等教育学校，忽视对社区教育的投资。因此，在我国社区教育发展的初级阶段，政府应加大投入力度，兴建社区学校、公共图书馆等多形式的社区教育资源中心，为学习者提供全方位的咨询、信息、教育服务。

（3）吸引民间资本进入社区教育。政府也要将吸引更多民营资本的投资兴趣，作为我国社区教育经营的发展方向。为了鼓励民营资本的介入，政府可以降低民营资本投资社区教育的门槛，实行税收优惠或其他方面的优惠政策。

（七）提升社区教育的声誉与地位，建立健全社区教育管理机构

社区教育是一种开放式教育，教育对象广泛，包括全体居民；教育内容和形式灵活多样，既可以是全日制学习，也可以是非全日制学习，既有学历教育、技能教育，也有丰富居民业余生活的各种文化活动。但是不能因此把社区教育当作一种不重要的、非正规的学习活动或者是对传统教育的补充，而应该明确社区教育的地位，社区教育不是其他教育的补充，其本身就是一种重要的终身教育形式，应像基础教育和高等教育一样赋予其“正式”的地位，建立规范的管理体系、经费来源渠道等。只有把社区教育的地位提升到一定的高度，才能更好、更快地推进其发展。根据国外经验，在对社区教育的管理中，中央政府、地方政府、社区教育委员会、居民自治监督管理机构和各种协会都发挥着很重要的作用，我们应明确规定各级政府对社区教育的管理权限和管理机构，并成立赋予居民选举权和被选举权的社区教育管理委员会、监督委员会等。比较切实可行的做法是扩大、明确和强化现有教育局、教育委员会的社区教育职能，在社区居委会的基础上建立社区教育管理和监督委员会。这样不仅可以有效地开发利用已有的教育管理人力资源和物力资源，而且也避免了机构的重复设置和资源的闲置浪费。

（八）以居民需求为导向，开设多样化的课程

社区教育可办成“教育超市”，提供大量供居民自由选择的课程。既要开办以学历教育为目的的基础教育，也要开办以培养某种专长和技能为目的的实用型的成人职业教育培训，如职前、职后教育以及不断适应企业需求的就业和再就业教育，与企业联合开办的专业培训等；开设具有审美性乃至休闲性的课程，如音乐、美术、娱乐、保健等，对社区所有成员进行终身教育；开设具有联谊性、交往性的课程，如各种文化沙龙、兴趣专题讲座，主要为居民交往活动提供一个健康文明的场所，为建立社区精神、营造社区文化创造条件。当然，社区教育的具体内容，必须根据居民的教育需求、市场需求以及社区的经济状况、资源状况，职业结构设计等因素决定，可采用问卷调查法、专家座谈法，充分吸收社区居民和教育专家学者的意见和建议，进行统计、分类、整理，然后依据居民不同的兴趣需要组织课程，以收到满意的效果。

（九）大力倡导社会各界积极参与社区教育

社区教育作为区域性的大教育，要想蓬勃开展，就必须有社会各界的广泛积极参与，需要有各种志愿者组织，需要有高度社会责任感和公益心的企业型组织。我们要逐步形成支持教育和热心公益的良好社会风尚，除加强宣传外，还需要各级政府机构采取政策措施，鼓励和吸引企业、团体、组织和个人投身于社区教育。从国外的实践来看，可通过发动社会知名人士、政府领导人对社区教育观念广泛宣传，发挥社区教育成功典型的示范作用；鼓励社会各界关心和支持社区教育，争取基金会和企业提供资金资助或教学设施赞助；吸引政治派别和群众团体重视社区教育，积极参与建立社区教育组织或直接兴办社区教育等，以最快的速度、最广的范围、最低的成本、最好的成效努力促进我国社区教育的大发展。

【本章要点】

社区教育是面向社区各种群体、各种学习需求的教育，可以通过开发、整合本区域内的各类教育资源，面向不同人群，开展内容丰富、形式多样的各类教育培训活动，满足社区居民对多样化的终身教育的需求，营造“处处学习，时时学习，人人学习”的学习型社会环境，促进学习型社区的形成。

社区教育主要有补偿式、控制式、解放式教育。社区教育的内容有家庭生活教育、成人教育、公民教育、健康教育、思想政治教育、训练社区领袖。

社区教育的目标是塑造有知识、有能力、以社区发展为己任的优秀公民。欧美国家社区教育的模式有社区发展模式、社区行动模式、社会行动模式。社区教育的功能是教化全体居民、统筹社会化教育因素、形成良好的社区文化、道德教化和社会控制功能。

国外社区教育的运行机制：北欧民众教育注重人文精神，采用民主办学；美国社区学院管理规范化，运作市场化；日本社区教育法制性强，基础设施完善。

国外社区教育对我国社区教育的启示：以人为本，积极促进每一个居民的健康发展；以一定数量的实体为开展依托；建立健全社区教育法律、法规的保障体系；整合现有教育资源；提高社区教育培训活动的针对性和实效性；建立科学、合理的运行机制（包括制度和财政、管理机构、课程开设等）；鼓励社会各界积极参与社区教育。

【关键概念】

社区教育　社区教育模式　补偿式教育　控制式教育　解放式教育　终身教育　学习型社会

复习思考题

1. 试述社区教育的发展历程。
2. 试述社区教育的内容、目标和功能。
3. 试述社区教育的模式。
4. 国外社区教育的运行机制。
5. 国外社区教育对我国社区教育的启示。

推荐阅读书目

1. 王刚义. 社会工作学. 长春：吉林大学出版社，1990.
2. 李增禄，主编. 社会工作概论. 3版. 台北：巨流图书公司，2002.
3. 王思斌. 社会工作概论. 北京：高等教育出版社，1999.
4. 甘炳光，梁祖彬，等，编. 社区工作：理论与实践. 香港：香港中文大学出版社，1998.
5. 徐震，林万亿. 当代社会工作. 台北：五南图书出版公司，1984.
6. 苏景辉. 社区工作：理论与实务. 台北：巨流图书公司，1997.
7. 莫邦豪. 社区工作原理和实践. 香港：集贤社，1994.
8. 甘炳光，胡文龙. 社区工作技巧. 香港：香港中文大学出版社，1997.

第十一章
社区矫正

第一节 社区矫正概述

社区矫正（community corrections），也叫社区处理、社区矫治、社会内处遇等，是西方国家司法体系中普遍使用的、针对非暴力犯罪的一种替代处罚方式，通常包括缓刑、假释以及其他非监禁性惩罚，如社区服务、电子监控、罚金等。2003 年 7 月，我国最高人民法院、最高人民检察院、公安部和司法部联合下发了《关于开展社区矫正试点工作的通知》（以下简称《通知》），决定在北京、天津、上海、江苏、浙江、山东等省市开展社区矫正试点工作，这标志着我国的社区矫正工作也已经开始启动，社区矫正日益得到我国司法部门的认同和重视，并逐渐成为司法制度改革的焦点所在。由此，也向我们提出了研究、理解和认识社区矫正各方面问题的任务。

一、社区矫正的定义

目前，社区矫正已成为各国刑事司法领域中使用频率很高的一个名词，但是，由于对社区矫正包含哪些具体的措施存在不同的认识，社区矫正至今都没有一个统一的定义。例如，在社区矫正制度已经相当发达的美国，不同学者对社区矫正所下的定义也各有不同。如：

（1）社区矫正在一定社区中是对罪犯进行制裁的一些措施，该社区是指罪犯实施犯罪之地或罪犯居住之地。①

（2）社区矫正是对刑事犯罪人采取的不同的制裁和非监禁的矫正项目。这些制裁和非监禁项目包括：第一，把被控告的罪犯从刑事司法体系和公诉前的看守所中转换出来的项目。第二，将被证实的罪犯保留在社区的判决和强制性限制的项目。其具体的形式是转向、审前释放、日报告、军训式矫正中心、居住中心、临时释放、假释，以及其他形式的将在监狱的罪犯释放到社区的替代监禁的措施。虽然这些制裁和非监禁项目在强制限度和使用范围上对不同类型的罪犯有所不同，但实际上是有很多共性的。②

（3）社区矫正是向罪犯提供的非监禁刑的项目，这些项目包含了不同的方式，这些方式的特点是，罪犯根据刑事判决服刑时，被允许居住在社区。简而言

---

① See Lynn S. Branham and Michael S. Hamden, *The Law and Policy of Sentencing and Corrections*, Thomson West, 2005, p. 266.

② See McCarthy, Belinda Rodgers, et al., *Community-Based Corrections*, Belmont, CA, Wadsworth/Thomson Learning, 2001, p. 1.

之，社区矫正是向在社区中服刑的罪犯提供的非监禁的项目。①

（4）社区矫正是指罪犯在社区中服所有或一部分判决的非监禁刑的制裁措施。社区矫正的项目包括缓刑、假释、中间的制裁、强化的缓刑监督、赔偿、社区服务、罚金和日罚金、家中居住、电子监控、军训式矫正中心等。②

这些定义虽各有侧重，但也有一些共同之处。例如，社区矫正适用的人群是刑事犯罪人；社区矫正虽然在社区中进行，但本质上属于刑事制裁的措施；社区矫正是在社区中完成的一系列有助于罪犯回归社会的矫正项目；等等。因此，社区矫正基本上可以视为一种针对罪犯的具有非监禁特征的制裁措施。但是，也有学者指出，这种定义并没有指出社区矫正与其他矫正措施相比所具有的独特之处。如，斯梅克拉（Smykla）就认为，认定一个项目是否属于社区矫正，唯一的标准就是看其是否致力于提供有意义的联系（meaningful ties）。社区矫正能够为犯罪人和他们的周边环境提供有意义的联系，也就是说，犯罪人必须彻底地参与到给任何生活在社区中的人们提供所需要的东西和服务的当地网络关系工程中来。一些传统的社区矫正项目，如缓刑和假释等，经常性地使犯罪人和外界没有任何联系，而真正的社区矫正要求必须像对待孩子那样全心全意地对待犯罪人。使犯罪人真正融入社区并为社区所接纳，以使其能够尽快地回归社会，这才是社区矫正的核心价值所在。

在我国的刑事司法体系中，本已存在缓刑和假释这类非监禁的刑罚执行方式，但是，在社区矫正工作启动之前，这些刑罚执行方式都比较偏重对罪犯的监督和改造，对罪犯的再社会化过程并未给予足够的重视。2002 年 8 月，我国正式开始了社区矫正的试点工作。当时，上海是全国率先进行社区矫正试点的城市之一。通过组建社会团体开展社区矫正工作，上海开创了一种政府购买社会团体服务、运用社会工作的方法来实施社区矫正的模式。随后的 2003 年 7 月，两院两部联合下发了《通知》，各地的社区矫正试点工作开始全面启动。

关于社区矫正的定义，我国的理论和实践部门也做过多方探讨，一般都习惯于从广义和狭义两个方面来定义社区矫正。狭义的定义重在强调社区矫正作为非监禁刑罚执行活动的特性，矫正的对象是罪犯。典型代表就是《通知》中为社区矫正所下定义："社区矫正是与监禁矫正相对的行刑方式，是指将符合社区矫正条件的罪犯置于社区内，由专门的国家机关在相关社会团体和民间组织以及社会志愿者的协助下，在判决、裁定和决定确定的期限内，矫正其犯罪心理和行为恶习，并促进其顺利回归社会的非监禁刑罚执行活动。"符合社区矫正条件的罪犯主要包括：（1）被判处管制的；（2）被宣告缓刑的；（3）被暂予监外执行的，具体包括有严重疾病需要保外就医的，怀孕或者正在哺乳自己婴儿的妇女，生活不能自理、适用暂予监外执行不致再危害社会的；（4）被裁定假释的；（5）被剥夺

① See Todd R. Clear and Harry R. Dammer, *Offender in the Community*, Belmont, CA, Wadsworth/Thomson Learning, 2000, p. 414.

② See Paul F. Cromwell, et al., *Community-Based Corrections*, Belmont, CA, Wadsworth/Thomson Learning, 2002, p. 389.

政治权利，并在社会上服刑的。广义的社区矫正的对象不仅包括非监禁刑和监禁刑中适宜在社区服刑的对象，还包括行政处罚中被处以行政拘留、司法拘留、收容教养的人员。目前，大部分的研究者都认为，从狭义角度为社区矫正所下的官方定义是一个表述比较准确、内容比较全面，并且考虑了国际社会的做法和中国实际情况的定义，比较恰当地体现了社区矫正措施的主要内容和基本特点。[①]

综合国内外的实践，可对社区矫正作出如下定义：社区矫正是国家机关和相关的矫正机构以社区为平台，对在社区中服刑的犯罪人提供的旨在恢复其社会功能，促使其顺利回归社会的刑罚执行制度和过程。

二、社区矫正的特点

（一）社区矫正具有惩罚性

社区矫正的惩罚性是指矫正对象的部分权利和自由依然要受到一定程度的限制或剥夺，其本质仍是审判机关和其他一些国家机关判处和采取的刑事制裁措施，体现了刑法的否定性和谴责性。惩罚性具体体现在：社区矫正对象要服从监督和管理；社区矫正对象的人身自由和行动受到一定的限制；社区矫正对象不能行使一些权利，必须履行一些法定的义务；社区矫正对象要承受违反监督管理规则、违反义务所带来的惩罚性后果；等等。虽然与监禁矫正相比，社区矫正对犯罪人的限制较少，尤其在人身自由方面限制更少，对犯罪人的惩罚性也较轻微，但是社区矫正本身是一类刑事制裁，不能与其他制裁，如民事制裁、行政制裁等相互混淆。此外，与财产刑相比，社区矫正的惩罚性还主要表现在对犯罪人的人身自由和行动的限制上。

（二）社区矫正具有非监禁性

非监禁性是指社区矫正不需要将矫正对象收押到监狱等刑罚执行机构中执行刑罚。这是社区矫正与其他矫正方式相比最重要的特点之一。非监禁性意味着适用社区矫正的犯罪人仍然可以居住在自己的家庭或社区中，在法律允许的范围内过着相对自由的生活，可以保持一定的行动自由，他们的工作和日常生活不会因为服刑而受到更大的干扰，基本可以保持正常的生活状态。

（三）社区矫正具有社区参与性

社区矫正虽然是一个刑罚执行过程，具有对犯罪人的惩罚性，但是社区矫正又与其他强调监管的刑罚执行活动不同，社区矫正的基本理念之一是帮助矫正对象建立与社会的正常联系，促使其与社区重新融合。为了实现这一目标，社区矫正的一个重要特点就表现在“社区参与性”上。社区矫正强调矫正对象的活动与

---

① 参见郭建安、郑霞泽主编：《社区矫正通论》，3～4页，北京，法律出版社，2004。

社区生活密切结合，矫正对象的矫正活动在社区中完成，积极参加所在社区的活动，接受社区的监督和帮助。相应的，社区为矫正对象的矫正和改造、教育活动提供帮助，让其能充分利用社区资源进行矫正。

三、社区矫正的功能

社区矫正之所以能够在大多数国家得到认可并广为推行，不仅在于社区矫正能够弥补监禁矫正的不足，还在于社区矫正对预防犯罪、推进社会的稳定与和谐发展具有积极的作用。

（一）社区矫正有利于弥补监禁矫正的缺陷

监禁矫正的一个重要缺陷就在于它中断了矫正对象的社会化过程，使矫正对象的发展与社会发展相脱节。社区矫正则克服了监禁矫正的这一缺陷，具体表现在：第一，社区矫正工作的开展以社区为平台。这使矫正对象从进入矫正系统开始就生活在社区中，使他们与家庭、社会的联结不会受到根本的影响。第二，在社区矫正系统中，矫正对象大多比较珍惜能够在社区进行矫正的机会，具有平安度过矫正期的思想观念，这对于控制矫正对象的犯罪行为，防止他们犯罪行为的继续具有积极作用。第三，在社区矫正工作的开展过程中，通过矫正工作者进行的一系列矫正项目，不仅可以矫正矫正对象的思想观念，而且可以改变矫正对象的行为方式，使之实现与社会的正常联结，从而达到使矫正对象顺利回归社会的目的。第四，社区矫正还避免了监禁矫正中普遍存在的犯人之间交叉感染的问题。第五，社区矫正有利于降低矫正成本。

（二）社区矫正有利于矫正对象顺利回归社会

在提倡社区矫正的学者们看来，以往的监禁矫正不利于矫正对象顺利回归社会的原因之一，就是这种矫正方式中断了犯罪人与社区的联系，而社区矫正的目标就在于帮助矫正对象与社区之间建立或者重新建立坚固的纽带，使矫正对象与社区融合或重新融合，其作用在于可以保持家庭的纽带，可以帮助矫正对象获得工作机会和教育机会，能在更大意义上保证矫正对象可以在社会的正常运作中获得相应的社会位置。矫正对象在社区矫正的过程中并未与社会相脱离，这更好地保障了其在矫正结束后，能够比完全在封闭的监狱环境中接受矫正的对象更顺利地回归社会。

（三）社区矫正有利于维护社会的稳定

社区矫正对维护社会稳定具有重大作用。首先，在社会和平发展时期，犯罪问题本身就是危害社会稳定的直接因素，因而控制犯罪是实现社会稳定的重要手段。社区矫正在“打”与“防”的关系上，以“防”为指导思想，通过改变矫正对象的思想观念和行为方式，促进了矫正对象顺利回归社会，减少了犯罪，从而促进了社会稳定。其次，社区矫正把矫正对象放在社区中开展矫正工作，避免了矫正对象社会化过程的中断，也避免了监狱内的交叉感染，从而使矫正对象能较快地重新适应社会生活，这对减少犯罪具有积极意义。再次，社区矫正以人道主义为理论基础，减少了犯罪人员仇视社会的心理。特别是许多国家在社区矫正中采取了社会工作的方法，社会工作中的平等、尊重、同理、接纳等价值观念，使矫正对象能够与矫正工作者平等交往，有助于矫正工作者更深入地了解矫正对象的心理，采取更有针对性的矫正措施。

第二节 社区矫正的历史发展

从历史的角度来看，社区矫正是随着刑罚制度的演进而出现的一种解决犯罪问题的新途径。作为一个国家刑罚制度的重要组成部分，社区矫正的运作状况能反映出这个国家的刑罚制度的进步文明程度。

一、西方国家社区矫正的历史发展

由于犯罪现象形式多样，类型繁多，程度轻重不一，由此形成了刑罚方法的多样性。在不同历史时期，与人们的刑罚观念相适应，形成了以某种刑罚方法为主导，其他刑罚方法相辅助的刑事制裁体系。以这种刑事制裁体系为根据，大体上可以把西方国家刑罚制度的发展划分为三个阶段。

（一）以肉刑和生命刑为主的阶段

古代的刑罚思想认为，君主受神的委托，具有惩罚罪犯的权力，相关法典也往往从维护“神意”出发，制定相应的惩罚。当时，人们普遍遵循“以牙还牙”的同态复仇原则，法律公开确认复仇是刑罚的基本规则。因此，在 18 世纪之前的西方社会，肉刑和死刑非常盛行。例如，美国在殖民地时期（1776 年独立战争之前），比较广泛地适用死刑、肉刑和流放刑。肉刑有鞭打、烙印、伤残肢体，还有耻辱刑，如颈手枷示众及罚款，等等。

（二）以监禁刑为主的阶段

监禁刑又称自由刑，是以剥夺犯罪人的人身自由为特征的刑罚制度。16 世纪以后，英国和欧洲大陆国家陆续兴建了一些用来改造轻罪犯的感化院，对感化院的犯人实行严格的纪律管束，强迫这些犯人进行繁重的劳动，并逐渐把它作为刑罚的方法加以扩大，形成了监狱制度。美国在 1776 年独立战争后，根据《独立宣言》

的精神，力求排除刑罚中野蛮的单纯注重报复、威慑的惩罚方式，开始转为关注对罪犯的改造，罪犯在监狱中服刑也逐步成了主要的刑罚适用和执行方式。

但是监禁刑的弊端也是很明显的。最受指责的一些弊端包括，监禁刑违背了人道主义精神，监禁刑使被监禁人身心受到损害，监狱内的负性互动影响监禁矫正的效果，监禁使被监禁人的社会化过程中断，监禁矫正的成本过高，等等。正因为监禁刑存在这些缺陷，所以很多人开始对监禁刑进行反思，试图改变和弥补这些不足。社区矫正就是在这种背景下诞生的。

美国马萨诸塞州波士顿市的约翰·奥古斯塔就是改革的先驱者之一。奥古斯塔生于美国独立战争胜利后不久的 1785 年。此时，殖民统治时期的肉刑制度如鞭笞、截割、手枷等仍然普遍存在于监禁刑中，但此时要求人道地对待犯人的呼声也时有所闻。1825 年，以革新狱政为目标的波士顿监狱协会成立。1841 年，“华盛顿全民禁酒协会”在波士顿成立。奥古斯塔参加了“华盛顿全民禁酒协会”，并成为协会中最热心的成员之一。在奥古斯塔看来，法律的目的不是为了复仇而进行的恶意的惩罚，而是改造罪犯和预防犯罪。基于这样的思考，奥古斯塔经常到监狱去探望因酗酒被判刑的犯人，并向波士顿法院提出了对酗酒者暂缓处分，由他保释进行感化教育的请求。法院认可了这一请求，将酗酒者的判决时间推迟三个星期，交由奥古斯塔教育感化。奥古斯塔运用个案工作的辅导方法改善被保释者个人、被保释者的生存环境及其与环境的关系。在这些人如期重返法庭受审时，一般都会由于行为的改善而获得宽大处分，如仅处以罚款等。之后，奥古斯塔放弃了制鞋本行，全力以赴地从事感化罪犯工作，其对象也由酗酒者而扩展到其他类型的犯罪人员。他认为，如果自己的工作能够使十分之一的犯罪人员得到改变，就是值得的，因为改变一个罪犯，等于把他从死亡中拯救出来。从 1841 年开始到 1859 年逝世，奥古斯塔共保释了近 2 000 人。正是这种大无畏的开创精神以及奥古斯塔在社区矫正工作中的重大贡献，后人把他称为“感化工作之父”、“世界上第一个伟大的观护人”。

继奥古斯塔开创性的工作之后，1879 年，美国马萨诸塞州制定了一项法案，授权波士顿市设置专职矫正社会工作者。10 年之后，该项制度延伸到州高等法院，使马萨诸塞州成为全美第一个在全州范围内设置矫正社会工作的州。之后，美国其他州也开始陆续制定类似的法律。1925 年，美国国会通过了《联邦观护法案》，从而在全国范围内形成了矫正社会工作制度。

（三）以非监禁刑（社区矫正）为主的阶段

1954 年，美国监狱协会更名为矫正协会，标志着美国的刑罚适用模式不仅从形式上而且从理念上由以监禁刑为主进入到以非监禁刑为主的时代。鉴于社会的发展、犯罪的日趋复杂化，刑罚的适用范围进一步扩大，而刑罚的总量进一步趋轻，社区矫正模式成为刑罚适用的主导。在英国，社区矫正最初往往由志愿者进行。1907 年，英国颁布了《感化犯人法》，规定设置观护人机构，负责被判感化的人在释放后的监督、咨询、协助以及交往等有关事宜，明确了由法院任命的专职人员为矫正对象提供公共服务的矫正社会工作格局，改变了以往以志愿方式开展感化矫正的发展方向。1925年，英国制定了《刑事制裁法》，规定设置感化委员会，负责辖区内矫正社会工作者的任命、报酬和其他行政事务工作，从而形成了社区矫正的基本制度。

第二次世界大战后，社区矫正得到了快速发展。从目前世界各地社区矫正的研究和使用情况看，欧洲国家走在前列。1975年，英格兰和威尔士立法规定被判处社区服务的犯罪人员在闲暇时间无偿为社区提供一定数量的劳动，此后，德国、法国、意大利等国家也陆续制定了相应的法规。从社区矫正的类型看，有各种训诫、合同治疗、罚金、缓刑、假释等。在美洲，北美国家社区矫正的情况大体与欧洲相近，一些在欧洲实行的社区矫正类型在北美一些国家也基本上得到实施。在亚洲，日本的社区矫正制度在吸收英、美等国经验的基础上于战后发展起来。在相关法律建设方面，1947年日本制定了《恩赦法》，1949年制定了《犯罪者预防更生法》，之后，又逐步制定了《更生紧急保护法》、《缓刑执行者保护观察法》、《保护司法》、《刑法》、《刑诉法》、《少年法》、《少年法院法》、《妇女辅导法》、《儿童福利法》、《轻犯罪法》等法规，在这些法规中都有与社区矫正相关的规定，从而形成了一个多层次的法律网络体系。在机构设置方面，日本设置了更生保护委员会和保护观察所等政府机构，同时还设置了更生保护会、兄姐会等民间机构。我国香港地区社区矫正主要借鉴了英国的经验。1938年，香港在监狱署增设了感化部；1948年，成立承担感化工作的社会局；1950年，设立了“首席感化主任”职务开展社区矫正工作，开始为不同年龄段的犯罪人员提供服务。进入20世纪80年代，“社区为本”的观念进入矫正领域，使香港进一步确立以社区为基础的社区矫正模式，从而促进了社区矫正的发展。我国台湾地区在1962年颁布了《少年事件处理法》，形成了少年观护制度，奠定了台湾地区社区矫正的基础。

二、我国的社区矫正及其发展现状

（一）我国社区矫正的历史

早在1932年6月，中华苏维埃共和国中央执行委员会就颁布了《裁判部暂行组织及裁判条例》，规定在省县两级裁判部设立劳动感化院，负责看守、教育、改造罪犯。1954年8月，政务院公布了《中华人民共和国劳动改造条例》，规定病势严重需要保外就医的罪犯，年龄在55岁以上或者身体残废、刑期5年以下、已失去对社会危害可能的罪犯可以准许取保监外执行，但是事前必须经过主管人民公安机关审核批准，并且通知犯人所在地人民公安机关加以监督。对已判决的犯人应当按照犯罪罪行的轻重，分设监狱，劳动改造管教队给予不同的监管。这一做法奠定了我国社区矫正制度的基础。但受重刑主义思想的影响，我国社区矫正一直没有得到应有的发展。

随着改革开放的不断深化，人道主义思想不断融入到我国社会发展的理念中。2002年8月，上海市率先在全国展开了社区矫正的试点工作。2003年7月

10 日，最高人民法院、最高人民检察院、公安部、司法部联合下发了《关于开展社区矫正试点工作的通知》，决定在全国六个省市开展社区矫正的试点工作。至此，北京、天津、上海、江苏、浙江、山东等省市的社区矫正试点工作正式启动。从试点工作开展的情况看，尽管各地做法不同，各有特色，但都坚持了“以人为本”的思想观念。特别是上海，采取了通过组建社会团体开展社区矫正工作，政府通过购买社会团体的服务实施社区矫正的制度安排。在工作方法和工作理念上，上海采取了以社会工作价值理念和方法作为社区矫正的基本方法的做法，从而使矫正社会工作在中国首次得到实践和探索。从实际运作来看，矫正社会工作已经在社区矫正中取得了一定的成效。

（二）我国社区矫正的发展现状

必须承认的是，从试点工作开始至今，虽然我国的社区矫正工作在各级党委、政府的大力支持下，在政法部门的积极参与下，在社会力量积极配合和协助下，取得了明显的成绩，但是，由于种种原因，目前我国社区矫正试点的水平和程度还仅仅停留在西方发达国家社区矫正的初级阶段，而西方发达国家已经达到了一个较高的水平。因此，在社区矫正工作方面，要接近和赶上西方发达国家的水平，我们还有很远的路要走。从目前的情况来看，我国社区矫正还存在着以下一些问题：

（1）我国社区矫正的运用率很低。由于认识上的偏差，目前仍有相当一部分人认为，犯罪就意味着要坐牢，只有把犯罪人关在监狱里才是最安全和最令人放心的，担心犯人留在社会上不保险，容易造成失控或者得不到良好的教育改造而重新走上犯罪的道路。绝大多数人仍然认为，如果犯罪分子被判刑之后仍然留在社会中，则意味着犯罪分子没有受到刑罚处罚，或最起码没有受到应有的惩罚。由于这种观念根深蒂固，所以我国社区矫正条件仍然不很理想。

（2）社区矫正的法制化程度还不高。由于长期以来一直没有出台一部统率和调整社区矫正活动乃至整个刑罚执行的，与《刑法》、《刑事诉讼法》相互协调、配套和衔接的社区矫正法，因此社区矫正的执行等一系列工作既缺乏法律依据，也缺乏可操作性，随意性较大。

（3）对犯罪人的法定权利认识不足。西方各国强调犯罪人的法律地位，主张将犯罪人视为具有法律规定的权利、义务和责任的人，而非被动消极接受改造的客体。例如，对于假释，目前各国已普遍形成的共识是，假释是罪犯通过自身改造而获得的一种权利而不是恩赐，但是，这些权利的实现在我国还没有相应的制度保障。

第三节
社区矫正实务工作的过程

目前，社区矫正在各个国家都是属于刑事司法领域内的工作。但是，随着社会工作的不断发展，各国的矫正机构都纷纷注意到这项专业的助人工作能够帮助矫正对象更快地恢复与社会的联结，达到更好的矫正效果。因此，社会工作已经成为西方国家社区矫正项目中被广为采纳的一种工作方式。在我国的社区矫正试点工作中，上海市所采用的就是政府购买社会工作机构服务的方式，通过刑事、司法机关与矫正机构的合作，共同推动社区矫正的发展，而这也势必成为社区矫正工作未来的发展趋势。从社会工作的角度来进行的社区矫正，主要分为七个阶段，即社区矫正专业关系的建立、专业关系的建立、社区矫正资料收集、社区矫正资料分析、矫正对象问题的诊断、社区矫正计划、社区矫正介入、社区矫正评估与跟进。[①]

一、社区矫正专业关系的建立

在社区矫正实施过程中，矫正社会工作者与矫正对象的关系包括两个层面：一是刑法执行层面的关系；二是社会工作层面的专业助人关系，即专业关系。这种专业助人关系是在矫正社会工作者与矫正对象的互动过程中，双方通过平等的、伙伴式的交往形成的关系，是建立在矫正社会工作者和矫正对象双方相互信任、相互合作的基础上的关系。这种关系的形成一般都有一个过程，且具有一定的难度。对矫正社会工作者和矫正对象而言，由于二者在社会身份、地位等方面的差异以及社会文化的影响，双方要建立起这种相互信任的伙伴式关系，其难度更大。因此，在社区矫正工作的过程当中，也要十分注意工作技巧。

一般来说，矫正社会工作者在建立专业助人关系阶段需要完成以下一些基本的工作，它们构成关系建立阶段的主要工作内容。

（1）了解矫正对象的来源和性质，即了解矫正对象是通过哪种渠道进入矫正服务领域的。在对矫正对象的来源情况进行分析之后，就可有针对性地采取不同的策略。

（2）促使矫正对象进入对象角色，即促使矫正对象接受自己在社区矫正工作中的作为矫正对象的角色，使他们的行为与角色相符。

（3）初步评估矫正对象的问题、需要和任务，即识别矫正对象关心的事、面临的问题，并对矫正对象做出恰当的评估，以保证其需求的满足和问题的解决是在工作者的能力范围之内。

（4）与矫正对象以外的其他系统建立关系，即与同矫正工作相关的社区内的其他系统建立关系。这些系统主要包括公安和社区民警工作系统、街道工作系统、居委会及治保主任工作系统、志愿者系统、矫正对象的家属及亲戚朋友系统等。

（5）开始专业关系，即在经过与矫正对象的初步接触和准备后，矫正社会工作者将开始与矫正对象建立专业关系。在建立专业关系的过程中，矫正工作者一

---

① 参见张昱、费梅苹：《社区矫正实务过程分析》，35页，上海，华东理工大学出版社，2005。

定要注意运用适当的方法与矫正对象进行沟通，学会使用各种工作技巧，例如，要做到感同身受，要遵守真诚原则，要充满亲切感和关怀感，等等。

（6）决定如何开展工作，即在初步关系建立后所开展的工作。通常矫正社会工作者接下来要做的工作就是收集资料和了解矫正对象的问题。

二、社区矫正资料收集

矫正社会工作的基本目标是恢复或增加矫正对象的社会功能，促使矫正对象回归社会。为了达到这个基本目标，有必要对个人在环境中发挥角色功能的情况进行了解和分析，资料收集就是其中的一个重要方面。

（一）社区矫正资料收集的基本内容

在矫正工作开始之后，矫正社会工作者应当将矫正对象的个人状况、矫正对象与环境交互作用的状况以及环境资源情况进行了解、分析和介入，因此，在资料收集阶段，必须从矫正对象个人层面、环境层面、矫正对象个人与环境的交互作用层面等方面开展资料的收集工作。

1. 个人层面的资料收集

矫正对象个人层面的资料收集主要包括四个方面的内容：

（1）个人的基本资料。如年龄、个人生活简历、生活经历以及重要事件、个人服刑经历、社会经济地位、周围的重要人物、相关的社会系统等。这可以帮助我们了解矫正对象本人，以及他的社会关系等方面的情况。

（2）矫正对象对现状和问题的看法。包括矫正对象目前存在怎样的问题，问题出在哪里，造成问题的原因是什么，问题存在多久了，矫正对象以往是如何解决问题的，希望如何解决问题，等等。

（3）解决问题的动机资料。动机是解决问题、改善现状的内驱力，也是矫正社会工作者最重要的改变现状的资源。关于动机方面的情况了解得越细，矫正社会工作者就越能够调动矫正对象的积极性，设计符合矫正对象实际情况的矫正工作计划。

（4）矫正对象生理、心理、情感、智力等方面的资料。各类矫正对象在生活经历、犯罪类型、服刑经历、家庭背景、社会关系等方面都存在着相当大的差别，在生理、心理、情感等能力方面也有诸多的不同，因此矫正社会工作者必须全面收集这方面的资料。

2. 环境层面的资料收集

环境主要是指矫正对象生活中的重要社会系统，以及可以得到的各种资源系统。社会系统主要包括矫正对象的家庭、亲属、邻居、学校、单位等。在了解这些不同的系统时，矫正社会工作者对物理和人文的环境都要关注，尤其要关注对于矫正工作和矫正对象有重要影响的人，因为这些重要人物对于矫正对象持有的希望和支持，以及他们帮助矫正对象的能力，对矫正工作的开展都具有积极的意义，因而都是矫正社会工作者必须了解和认识的领域。资源系统主要包括各种可以利用的资源，如邻里关怀、志愿者、各类社会保障政策、就业岗位、各类专业服务组织可能提供的服务等。这些资源将成为矫正社会工作者制订矫正介入计划的主要依据。

3. 个人与环境交互作用层面的资料收集

这方面的资料主要包括：矫正对象个人与周围环境的关系，特别是与重要人物的关系；矫正对象寻找帮助的主要方式；社会系统对个人求助的反应；其他系统互动方式对矫正对象问题的影响；等等。

（二）社区矫正资料收集的方法

1. 文献法

指根据一定的调查目的而进行的收集和分析书面或声像资料的方法。在社区矫正工作中，使用文献法所需的资料主要有社区矫正工作开展所依托的社会发展背景资料、相关政策法规、相关法律文书、相关社会服务机构资料等。

2. 访谈法

指矫正社会工作者通过有计划地与访谈对象进行直接的交谈来获取资料。运用访谈法开展社区矫正资料收集时，矫正社会工作者的目的在于营造一种良好的氛围来激发和鼓励矫正对象的参与，让矫正对象了解矫正工作体系所能提供的服务，并且与矫正对象共同探讨存在的问题，了解他的期望，最终经过磋商来明确解决问题的方案。

3. 问卷法

问卷法是以书面提问的方式调查社会信息，通过精心设计的问题表格，测量人们的特征、行为和态度等。

4. 观察法

观察法是观察者根据调查要求，利用眼睛、耳朵等感觉器官和辅助工具，有目的地直接考察被调查者而获得资料的一种方法。

社区矫正工作是一个系统工程，资料收集也是多种方法综合运用的结果。以上只是几种主要的资料收集方法，在实际工作中，往往几种方法在不同场合和不同阶段会得到综合运用。对于矫正社会工作者来说，掌握了有效的资料收集方法，就可以收集到较为全面的矫正资料，为接下来的资料分析工作打下良好的基础。

三、社区矫正资料分析

社区矫正资料分析是在广泛收集矫正对象个人资料、环境资料、矫正对象与环境互动资料的基础上，采用科学的方法，使收集的资料系统化、有序化、规范化的过程。通过资料分析，能够使我们对矫正对象的认识由表及里，由现象深入到本质，从而准确地把握矫正对象存在的问题或丧失的社会功能，有针对性地制订矫正计划并实施矫正。

（一）社区矫正资料分析的过程

1. 资料整理

资料整理是指把收集到的资料系统化、有序化、规范化的过程。它是矫正社会工作者分析所收集到的矫正对象的个人资料、环境资料、矫正对象与环境互动的资料的基本前提。

2. 资料分析

资料分析是在对矫正对象的各种资料进行分门别类的整理后所做的进一步深入的分析。虽然资料整理与资料分析有时会同时进行，但资料分析阶段是一个独立的工作环节，在这一阶段，矫正社会工作者的中心任务是分析。

3. 总结

通过资料整理和资料分析，矫正社会工作者形成了对矫正对象的认识，这时，应当对这个过程进行总结，使自己的认识系统化，并将这些认识记录下来，以适当的方式传达给矫正对象和其他相关人员。这就是对分析成果的总结过程。

（二）社区矫正资料分析的方法

1. 比较分析

比较分析方法是指通过比较事物或现象，发现其共同之处和差异所在，并由此揭示事物或现象间的内在联系及相互区别的分析方法。在社区矫正中，把比较分析方法用于矫正对象资料分析，是为了通过比较矫正对象的各种资料，揭示这些资料之间的内在联系和差别，把握矫正对象的问题。

2. 因果分析

因果分析是通过分析矫正对象的各种资料，找出形成矫正对象偏差行为或偏差观念的根本原因。这是分析矫正对象资料的重要方法之一。由于矫正对象的资料通常会表现出复杂性，在对矫正对象资料进行因果分析时，这些资料表现出来的因果性也必然是复杂的，存在着一因一果、一因多果、一果多因、多因多果等形式，也会出现某一资料既是原因，也是结果的现象。这就要求矫正社会工作者在进行资料分析时，要具体问题具体分析。

3. 结构功能分析

结构功能分析方法就是把事物看作一个系统，通过分析系统内各要素间的关系，以及这些要素的不同关系使系统表现出来的不同特征和发挥出来的不同作用，来探讨事物存在原因的一种分析方法。结构功能分析方法也是矫正社会工作者分析矫正对象资料的一种重要方法。就矫正对象而言，一方面，他生活在社会中，必然与社会中的其他人和其他组织发生相互作用，组成系统，构成不同的关系；另一方面，矫正对象本身也是一个系统，其生理、心理、观念、行为等各种要素也在不断构成不同的关系状态，影响他的发展。矫正社会工作者分析矫正对象的资料就是要弄清矫正对象在社会系统中所处的位置，与社会系统中其他要素的构成方式、关系状态，以及这种位置和关系状态对矫正对象的影响，最终在矫正对象与其周围环境的关系中把握矫正对象。另外，矫正社会工作者分析矫正对象的资料也是为了弄清矫正对象自身各种要素间的关系，从而把握矫正对象产生问题的主要原因。

四、矫正对象问题的诊断

矫正对象问题的诊断是指矫正社会工作者在与矫正对象的互动过程中，通过访谈、观察、问卷等方法收集矫正对象的资料，并对资料进行整理、分类，在运用分析和综合、归纳和演绎等方法分析矫正对象资料的基础上，与矫正对象一起确定问题的过程。

对矫正对象问题的诊断大体包括确定矫正对象的问题域、问题的性质、问题的影响程度及问题的可能走向等。确定矫正对象的问题域，就是要明确矫正对象的问题是属于哪个方面的问题，是矫正对象个人的问题，还是家庭或社会的问题，抑或是综合性的问题。在明确问题域之后，需要明确问题的具体性质，即了解问题是属于根本问题还是非根本问题，是属于主要问题还是次要问题，等等。明确问题的性质后，接着需要明确问题的影响及其程度，即从量的角度进一步分析诊断问题。此时，需要明确这个问题是否已经对矫正对象产生影响，影响是正面的还是负面的，如果是正面的，这种影响有多大，如果是负面的，影响又有多大，等等。然后，可以通过给问题排序的方法，把影响较大的问题按程度排列出来，从而明确目前急需解决的问题。

通过这些过程，就能基本上诊断出矫正对象的问题序列，同时明确这个问题序列中每个问题的位置。在此基础上，再对矫正对象的问题进行更深入的分析，从而明确问题的可能走向。也就是了解该问题作为矫正对象的根本问题或主要问题，可能会导致矫正对象产生怎样的思想和行为；这种思想和行为可能会使矫正对象产生怎样的变化，而这种变化又可能会使矫正对象产生哪些问题。也就是说，需要追问该问题的可能走向是怎样的，对这个问题的解决可能会引起怎样的结果，等等。

五、社区矫正计划

在经过专业关系建立、资料收集和分析、问题诊断后，社区矫正的实务进程进入到计划阶段。计划阶段是在矫正对象基本状况评估基础上工作的延续，包含了矫正社会工作者必须完成的核心任务。矫正计划一般来说由三个部分组成，即计划的目的和目标、计划关注的对象、计划实施的策略等。

计划的目的是指期望在介入的最终阶段获得的较为笼统的、长远的结果。目标则是指在中间阶段所要获得的较为具体的、近期的结果。要实现最终的目的，一般要先把目的分化，使之成为能够实施的若干子目标，然后通过完成子目标去实现最终的目的。计划关注的对象主要是指矫正工作要介入的焦点。一般来说可以包括个人、家庭、群体、组织和社区等。每一个关注对象的介入，又都必须有相应的实施策略，而策略主要就是指根据关注对象的不同所采用的不同的介入方法和技巧。

六、社区矫正介入

社区矫正介入阶段是矫正社会工作者和矫正对象根据矫正计划开展工作和采取行动的时期。它是矫正社会工作者旨在恢复和加强矫正对象社会功能的有计划、有目的的行动过程。根据矫正社会工作者在开展工作和采取行动时涉及的矫正对象及其环境的不同层面，我们可以把社区矫正介入分为直接矫正介入和间接矫正介入。

社区矫正的直接介入是指针对矫正对象本人采取的行动和直接的服务介入，包括针对矫正对象个人的直接矫正介入、针对矫正对象群体的直接介入、针对矫正对象与其他社会系统互动方式的直接介入等。其中，针对矫正对象个人的直接介入，主要是指矫正工作者帮助矫正对象通过修正其认知、情绪、行为或人际关系，达到矫正对象社会功能的恢复。针对矫正对象群体的直接介入，主要是指矫正社会工作者针对矫正对象所面临的共同问题或需要，把他们组织起来，通过小组工作方法的运用，对矫正对象的共同需要或问题做出回应、辅导或解决。

社区矫正的间接介入是指对矫正对象以外的其他系统采取的行动，主要包括针对矫正对象所处家庭环境的间接介入、针对矫正对象所处社会环境的间接介入两种。针对矫正对象所处家庭环境的间接介入，主要是指根据矫正对象的家庭环境以及家庭对矫正对象的支持和影响程度的不同，运用社会工作的模式，调整家庭的结构，改善家庭的交往方式，发挥家庭在矫正工作中的积极作用。针对矫正对象所处社会环境的间接介入，主要是指通过调整和改善社区环境，来促进矫正对象社会功能的恢复。

七、社区矫正评估与跟进

矫正评估是在矫正服务计划实施后，对矫正进行整体反思的过程。通过矫正评估，矫正社会工作者不仅要对矫正效果和过程进行思考，而且要对矫正工作的未来做出相应的跟进计划。矫正评估就是矫正社会工作者或机构对矫正过程及矫正绩效进行系统研究的过程。通过这个过程，矫正社会工作者或机构要达到评价矫正项目的过程及绩效的目的。跟进是指矫正工作者与矫正对象的专业关系结束后，工作者必须对矫正对象进行一段时期的随访，并对随访期出现的情况做出一定程度的处理和回应。

【本章要点】

社区矫正是目前西方发达国家刑事司法体系中普遍采用的一种非监禁刑罚执行方式。为顺应世界范围的刑罚轻缓化和行刑社会化的发展趋势，我国也于2003年7月正式在全国各大城市开始了社区矫正的试点工作。其中，以司法行政机关为主体，同时借助社会工作的专业助人方法进行社区矫正的工作模式已经受到广泛认同。本章主要介绍了中西方社区矫正理论与实践中的一些基础性问题，如社区矫正的定义、特点、功能、历史发展等。从社会工作角度进行的社区矫正实务过程主要包括七个工作阶段，即社区矫正专业关系的建立、社区矫正资料收集、社区矫正资料分析、矫正对象问题研究与诊断、社区矫正计划、社区矫正介入、社区矫正评估与跟进。

【关键概念】

社区矫正　非监禁刑　社区矫正实务工作

复习思考题

1. 社区矫正的特点是什么？
2. 社区矫正的主要功能有哪些？
3. 试述我国社区矫正的发展现状与存在的问题。
4. 社区矫正实务工作包括哪几个阶段？

推荐阅读书目

1. Belinda Rodgers McCarthy, and Bernard J. McCarthy, Jr. *Community-Based Corrections*. Belmont, CA: Wadsworth Publishing Company, Inc., 1997.

2. John Ortiz Smyka. *Community—Based Corrections: Principles and Practices*. Macmillan Publishing Company, Inc., 1981.

3. Albert R. Roberts，主编．矫正社会工作．台北：心理出版股份有限公司，2007.

4. 刘强，编．美国社区矫正的理论与实务．北京：中国人民公安大学出版社，2003.

第十二章
社区组织

社区居民是社区发展的能动因素和主体。在日常生活中，社区居民通常结成一定的组织参与社区活动。因而，社区组织就成为支撑社区发展的重要的组织形式。社区中的居民组织名目繁多、功能多样、相互关联，共同构成了复杂、动态的社区组织系统。作为社会组织的一种，社区组织具有社会组织的所有特点，同时从社会工作的角度看，社区组织又是社区社会工作的重要方法。

第一节 社区组织的概念

一、社会组织

社区组织是社会组织在社区中的表现形式，具有社会组织的普遍特征。因此，分析社区组织，首先必须探讨组织和社会组织的概念与内涵。

所谓组织，就是执行一定的社会职能、完成特定的社会目标、按照一定的形式组织起来的、相对独立的社会群体。“组织是一个集体，这个集体有比较清晰的界限，有标准的规章，清楚的权力架构、沟通系统、会员联络制度。这个集体的存在比较持续，参与活动要达成一项或是一系列的目标。”①

社会组织是社会发展到一定阶段的产物，是人们为了达到特定的目标而有意识建立起来的共同生活群体，是次级群体的表现形式。社会组织可以分为广义和狭义两种。广义的社会组织指一些人类的共同生活的群体，如家庭、家族等。狭义的社会组织，是人们为了达成某种目标，将其行为彼此协调、联合起来所形成的社会团体。②社会组织的构成要素主要是规范、地位、角色和权威。按照不同的原则，社会组织有不同的分类。最典型的就是按照关系和功能来划分社会组织，前者可以分为正式组织和非正式组织，后者可以分为经济组织、政治组织、文化教育组织、群众组织等。

在社会工作领域中被重点关注的社会组织，在国际上通常称为“志愿者组织”或者“非营利组织”（NPO），主要是指以促进国家经济和社会发展为己任，不以营利为目的，具有正式的组织形式，且属于非政府体系的社会组织。相类似的概念还有“第三部门”、“公民社会”、“非政府组织”等。

具体到我们国家，官方正式使用的是“民间组织”这一概念，而此前基本上是以“社会团体”来称谓这种类型的组织的。1998 年，国务院分别出台了社会团体和民办非企业单位的管理条例，以法律法规的形式对两种形式的组织成立予

---

① R. H. Hall, *Organizations: Structure and Process*, New Jersey, Prentice-Hall, 1974, p. 9.

② 参见郑杭生主编：《社会学概论新修》（修订本），252 页，北京，中国人民大学出版社，1993。

以制度性规范，在《社会团体登记管理条例》和《民办非企业单位登记管理暂行条例》这两个文件中，分别对社会团体和民办非企业单位进行了基本的概念界定，指出社会团体“是指中国公民自愿组成，为实现会员共同意愿，按照其章程开展活动的非营利性社会组织”，而民办非企业单位“是指企业事业单位、社会团体和其他社会力量以及公民个人利用非国有资产举办的，从事非营利性社会服务活动的社会组织”。1999 年，中共中央办公厅、国务院办公厅发布的《关于进一步加强民间组织管理工作的通知》，明确规定了对民间组织实行业务主管单位和登记管理机关双重负责的管理体制，还正式提出了“民间组织”的官方称谓。2004 年，国务院出台了《基金会管理条例》，又正式将基金会从“社会团体”中分离出来，成为民间组织中相对独立的一种类型。

至此，社会团体、民办非企业单位以及基金会成为相互独立的三种类型，隶属于“民间组织”。近些年，社会组织开始逐渐进入官方称谓的范围，与“民间组织”的称谓并存，并逐步过渡到“社会组织”的概念。

从社会组织这一概念具有的特征来讲，主要包括民间性、非营利性、公益性、自愿性和自治性等特征。

二、社区组织

（一）概念及类型

社区组织又称社区社会组织，是近些年广泛使用的概念，尚未形成统一的定义。民政部在 2009 年曾经区分了各种群团组织在社区中的机构以及社区社会组织，但是这样的区分并不很明显，致使对社区社会组织的概念界定一直模糊不清。

根据社会组织和社区的本质属性，我们将“社区组织”界定为：主要指以社区为活动范围，以社区居民为成员或服务对象，以满足社区居民的不同需求为目的而成立的各种社团类组织和民办非企业单位。这一定义指出了社区组织至少包括三个要素：以社区为活动范围，以社区居民为成员或服务对象，以及以满足社区居民的不同需求为目的。这一定义明确了社区组织的活动范围，社区组织的组织成员和服务对象，以及社区组织的组织目的。其组织性质基本上包括两种：社会团体和民办非企业单位。

不同的社区组织通过各种关系相互联结为一个完整的社区组织有机系统。社区组织大系统包括许多子系统，不同的社区组织子系统共同构成社区组织大系统。在不同性质的社区，社区组织的类型也大不相同，比如城市社区组织与农村社区组织在结构和类型上就很不相同。我国城市社区中的社区组织一般包括行政组织、各类不同的行业组织以及居民自发组建的兴趣组织；农村社区一般以乡、村不同层次的行政组织、村民自治组织为主，部分经济发达地区的行业组织也比较健全，村民的兴趣组织较少。

同其他社会组织一样，依据不同的标准，社区组织可以划分为不同的类别。

首先，依据组织成员之间的关系，社区组织可以划分为正式组织和非正式组织两大类。正式组织成员之间的关系比较规范，其权利义务一般都依据正式的规章制度规定得比较清楚，对相互关系的处理也有详细而具体的规定。正式组织的成员一般有明确的分工和比较严格的执行方式。为了达到满足社区成员需要的目的，组织目标一般也比较明确。与正式组织不同的是，非正式组织一般没有严格的制度规范，成员之间的关系比较松散、随便，组织开展的活动形式比较多样。社区中的各种兴趣组织和业余协会等就属于非正式组织。非正式组织是社区居民之间交流情感、互通信息、增进理解的一个自觉、自愿的重要形式，是正式组织不可或缺的补充。就活动方式和社会功能而言，有的社区组织追求社区内特定的目标，其成员多是社区居民，比如邻里组织、老年人书法或者绘画协会等；有的社区组织则以某一既定社会目标为行动指南，甚至其本身就是其他社会组织的分支或派出机构。社区组织之间各种横向和纵向的关系组成了社区组织网络。从横向上说，不同的社区组织以社区为平台彼此产生相互的关联；从纵向上说，目标相同的组织在不同的社区内追求同一目标，从而使跨级别、跨区域的社区组织或机构之间产生联系。

其次，按照功能和目标的不同，社区组织可以分为：（1）政治组织。这是社区成员在政治生活领域的组合形式，包括各种政党组织、政权组织和居民自治组织。（2）经济组织。即制造物品或进行生产的组织，多数以行业关系为基础建立，其活动的开展一般围绕经济行为进行，主要为社区居民提供商品或者各类生活服务。（3）综合组织。这类组织一般整合了多种类型的社会关系，并由此承担一定职能，属于功能或者目标模式的社会共同体，比如城市社区委员会、农村村民委员会等。（4）文化教育组织。主要指传播文化知识、从事文化教育活动，以促进和丰富社区居民精神文化生活为目的的组织。随着物质生活水平的提高，社区居民对精神文化生活的要求越来越高，社区老年大学、舞蹈队、书画社等社区组织应运而生，成为满足居民文化需求的重要渠道。（5）宗教组织。指以某一宗教的教义为行动指南，定期或不定期举行宗教仪式的社区组织。

最后，按照性质的不同，社区组织可以划分为地域型社区组织和功能型社区组织两种。地域型社区组织是指在一定地域范围内建立起来的社区组织，如以街道、小区、厂区、村落、村镇为区域范围建立的各种组织。功能型社区组织主要指打破区域界限，完成某一特定目标，发生某种社会功能的服务机构或组织，如城市社区中的工会、专业团体、宗教团体、行业服务组织、家政服务机构、房屋中介机构，农村社区中的农业技术服务组织、农民互助组织、合作医疗组织等。

（二）社区组织结构

组织结构是指组织内部正式规定的、相对比较稳定的构成形式。社区组织结构包括两层含义：一是指社区内某一组织内部的构成形式，二是指社区内各个不同组织之间的相互关系。这里主要分析社区组织的内部结构。比照社会组织的结构分类，当代社区组织的内部结构应主要划分为三种类型：等级序列型、职能分化型和目标程序型。

一是等级序列结构。这种结构也可以叫做金字塔式的等级结构。组织成员都遵守科层制度的组织原则，按上下级关系排列。下一级必须服从高一级的领导，上一级直接决定着下一级组织工作的开展。下级单位只接受一个领导的指令，上下级之间的关系简单、明确。信息的传递都是从上而下或者从下而上直线展开。该结构可以有效处理大量信息，但是组织成员之间的横向联系很少，而且该结构会遏制个体的创造性和积极性。

二是职能分化结构。顾名思义，职能分化结构是指组织整体承担的职能在组织内部不同成分间得到了合理的分配。在这样的组织结构中，各级主管者都有专门的工作分工，完成某种职能的所有相关职位和相关部门都被集中于一起，归属于一个更大的职能机构。所有管理职能都集中于一人之手。与等级序列结构相比，该结构的优越性主要表现在：各个职位和各个部门能够互相配合，以专业知识和技能分工共同完成某项工作，活动成效比较显著。其不足之处在于组织内部各个职能部门都有相对独立的领导，各负责一摊事，某种程度上会削弱组织内部的统一管理。

三是目标程序结构。该结构是指把按职能划分的部门和按产品划分的小组结合起来开展工作。由于目标与程序形成一个矩阵，所以该结构又可以叫做规划矩阵结构或规划目标结构。其优点在于可以使组织内部各职位、各部门、各机构之间进行全方位的信息交流，并且围绕组织特定的统一目标进行，而不是单一上下指令的发送、接收和反馈等。该结构可以加强横向组织之间的联系，有利于组织成员的合作和工作效率的提高，是比较好的一种社区结构。

我国社区居民委员会体现以上三种结构的主要特点，即有一定的等级序列结构，同时居委会的各个委员会职能界定清晰，各司其职。在我国目前大力推动社会服务管理创新的形势下，社会服务项目管理的方式使得社区居委会的目标程序结构越发清晰。

社区组织对社区发展意义重大。从社区居民的角度看，社区组织为他们提供了很好的社会化的机会以及参与社区活动的场所，开辟了更多的与社区外进行信息交流的渠道。社区居民以及居民参与是社区发展的重要因素，社区居民只有组织起来，才能将分散的意见统一起来，整合资源，更加有效地参与到社区决策的过程中来。从社会工作的角度看，社区组织可以以预防和解决某一社区问题为重点，通过开展社区服务，帮助居民解决现实生活中存在的实际问题，提高居民的生活质量。社会工作组织常常与社区发展、社区工作联系在一起，共同弥补社会福利政策在执行过程中出现的漏洞和不足。

第二节
我国目前主要的社区组织

随着市场经济体制的逐步建立和完善，社区组织在当代中国社会生活中的地位越来越突出。社区组织的存在不仅使政府的各项方针政策能够及时传递到千家万户，而且在组织人们参与社区事务和社会活动，增进人们对社区的认同感，提高社区内部的凝聚力，维护社会稳定、促进社会发展等方面起着积极的作用。就目前来看，存在于城市社区的组织主要有街道办事处、社区党组织、社区居民委员会、业主委员会等，存在于农村社区的组织主要有村党支部、村民委员会、村民会议等。其他如非政府组织及民间公益组织等也获得了较快的发展，并日益成为影响居民生活的重要力量。

一、城市社区的主要组织

（一）街道办事处

我国的街道办事处是不设区的市或市辖区政府的派出机构，从性质上讲属于政治性社区组织。新中国成立后，为了弥补单位制的不足，更有效地对城市中因各种原因无法被纳入正式单位组织的居民实施有效的社会管理，城市政府在基层社区中普遍建立了街道办事处。1953 年 6 月 8 日，时任北京市市长的彭真在给中央的报告中写道："由于我们现在的工业还很不发达，同时还处在向社会主义过渡的新民主主义社会阶段，即使在现在工业较发达的城市中，仍有很多不属于工厂、企业、学校、机关的无组织的街道居民，这种人口在有的城市中，甚至多至百分之六十以上。为了把街道居民逐步加以组织并逐渐使之就业或转业，为了减轻现在区政府和公安派出所的负担，在很多城市中除建立居民委员会外，还需要设立市或区人民政府的派出机关，我们的意见是设立街道办事处。"① 以北京初创街道办事处为开端，到 1956 年年底，全国城市行政区中逐渐统一形成了市政府—区政府—街道办事处这样三个行政管理层次。

街道办事处属于区域型社区组织。根据 1954 年《城市街道办事处组织条例》的规定，10 万人口以上的市辖区和不设区的市，应当设立街道办事处；10 万人口以下 5 万人口以上的市辖区和不设区的市，如果工作需要，也可以设立街道办事处；5 万人口以下的市辖区和不设区的市，一般不设街道办事处。街道办事处的主要任务是指导居民委员会工作、反映居民的意见和要求、办理市区人民政府交办的事项等。街道办事处一般设主任一人，副主任若干人，其他工作机构因各地区经济发展状况的不同而有很大的不同。

街道办事处在我国基层管理体制中有着非常重要的地位。作为政府和居民之间的桥梁，街道办事处既要保障党和政府的各项方针政策、法律法规能及时传达到居民委员会，也要将居民的意见和需求反映给上级政府。随着我国社会的发展，街道办事处的工作对象也在不断发生变化，已经从原来单位体制之外的"纯居民"扩展到辖区内所有的居民和驻区单位。工作任务也早已突破原来条例规定

---

① 《彭真文选》，241 页，北京，人民出版社，1991。

的三个方面。事务繁杂，负担过重，已经成为街道办事处当前最突出的问题。此外，街道办事处的人员和机构设置也逐步呈现出“科层化”和“准政府化”的倾向。在社区建设中，街道办事处的功能和地位颇受争议，有的人建议将街道办事处建成一级政府，也有人主张取消街道办事处，增加各个社区居委会的权限。这些争议恰恰说明，作为政治性社区组织，街道办事处的地位和功能绝非一般社区组织可比。对街道办事处角色定位、功能界定、机构设置等现实问题的深入研究，有助于社区组织沿着健康的轨道前进，并逐步发展出自身的特色。

（二）社区党组织

党的路线方针政策和各项任务要在社区得到很好的贯彻落实，就必须按照党的十八大的要求，健全党的社区组织体系，夯实党的执政基础。社区党组织是社区组织和社区工作的领导核心，在街道党（工）委领导下开展工作。其主要职责是：（1）宣传贯彻党的路线、方针、政策和国家的法律、法规，执行上级党组织和本组织的决议，团结和带领党员、群众完成党和政府在辖区的各项任务；（2）领导社区居委会和共青团、妇联等群众组织，支持和保证其按照法律和各自章程履行职责，开展工作；（3）组织开展社区服务，抓好社区精神文明建设，维护社会稳定；（4）组织、协调辖区单位党组织和党员参加社区建设；（5）加强党组织自身建设，搞好党员的教育、管理和监督，做好发展党员工作；（6）做好社区工作者的教育管理工作；（7）密切联系群众，反映群众的意见和要求，维护群众的正当权利和利益。社区党组织是提高社区治理能力，提高社区服务水平的核心力量。

（三）社区居民委员会

居委会是社区内的群众性自治组织，受街道办事处委托承担一定的行政职能。1954 年全国人大常委会颁布的《城市居民委员会组织条例》，第一次确立了居民委员会的性质和功能。1989 年颁布的《中华人民共和国城市居民委员会组织法》，对居民委员会的性质功能、规模大小、机构设置、工作任务、经费来源、产生方式等进行了规范。2000 年 11 月，中央转发《民政部关于在全国推进城市社区建设的意见》，明确规定：“社区居民委员会的成员经民主选举产生，负责社区日常事务的管理。社区居民委员会的根本性质是党领导下的社区居民实行自我管理、自我教育、自我服务、自我监督的群众性自治组织。”自此之后，社区建设在全国各个城市中普遍推行开来，给居民委员会带来的主要变化有：（1）通过合并调整居委会规模。规模扩大后的居委会一般更名为社区居委会，一般规模为每 1 000～3 000 户设置一个社区居民委员会。（2）改变居委会干部的来源结构。为了解决年龄老化、文化水平低等问题，不再像过去那样由热心公益事业的社区退休人员自愿担任居委会干部，而是改由街道办事处公开招聘，然后经由居民代表会议表决通过。专职的社区居委会干部必须在年龄、工作经验和学历方面符合一定的条件。此外，我国部分城市也开始尝试由居民直接选举居委会干部。（3）居委会的办公条件得到了一定程度的改善。包括配备和扩大居委会的办公用房，增加办公设施和经费，提高居委会干部的工资待遇等。居委会下设六大专业委员会，分别为社区治安和人民调解委员会、社区服务和社会福利委员会、社区医疗和计划生育委员会、社区文化教育科普和体育委员会、社区环境和物业管理委员会、社区共建和协调发展委员会。这些委员会各司其职，负责社区工作的不同内容。

居委会的工作内容主要是围绕居民的切身利益，承办政府委托的事项，如低保申请的受理、初核，涉及社会治安、计划生育、公共卫生、优抚救济、青少年教育、福利保障等多个方面的公共事务。同时社区居委会还要协助建立各种社区服务机构和设施，为社区居民生活提供方便。当前社区居委会存在的突出问题是行政性功能过强，这在一定程度上弱化了其自治功能，需要通过为居委会减负，让居委会提高自我管理和服务居民的能力。我国政府近年来大力加强社区治理和服务创新，各地积极探索社区治理的新形式和新模式。

（四）业主委员会

业主委员会是一个新兴的社区组织，是随着我国城市住房制度改革的深入而产生的。在社区内，业主委员会是物业管理市场需求的主体，是维护业主权利的主要机构。业主就是指“物业的主人”，即物业所有权人。业主委员会受全体业主和非业主使用人委托，旨在维护业主和非业主使用人的合法权益，反映其意愿和要求，支持、配合、监督物业管理公司的工作，共同创造一个良好的生活环境和工作环境。按规定，业主委员会由业主大会或业主代表大会选举产生，每届任期2～3年。业主委员会成员由业主或非业主使用人担任，一般由5～15人组成，设立主任1名，副主任2～3名。可以连选连任。业主委员会的主任和副主任在委员中选举产生。

业主委员会的职责是：（1）选聘、续聘或者解聘物业管理公司，与之签订、变更或解除《物业管理合同》；（2）召开业主大会或业主代表大会，报告自身工作情况和物业管理的实施情况，听取业主、非业主使用人的意见和建议，接受监督；（3）执行业主大会或者业主代表大会通过的各项决议；（4）对涉及业主利益的重大事项作出决策；（5）负责本物业管理区域内的维修基金、公用设施专用基金、管理服务费的筹集、使用和管理；（6）审议物业管理公司制订的物业管理年度计划、财务预算和决算报告；（7）支持、配合、监督物业管理公司的管理工作。业主委员会是物业管理区域内代表全体业主对物业实施自我管理的组织，只有在民主、自治、自律、公益的原则下，业主委员会才能在物业管理中发挥主导作用。①

（五）社区居民大会或社区成员代表大会

有时也被称作社区居民会议或社区居民代表会议，是社区内的最高权力机

---

① 参见朱爱华等编著：《物业管理》，166页，北京，社会科学文献出版社，2002。

构。《中华人民共和国城市居民委员会组织法》对居民会议的参会资格、产生办法、工作程序、讨论内容以及居民委员会和居民会议的关系都作了明确规定。该法规定："居民会议由居民委员会召集和主持"，"居民委员会向居民会议负责并报告工作"。居民会议讨论决定的事项包括居民公约、自筹性公益费用、居委会成员生活补贴等。社区居民大会或社区成员代表大会的主要职能是选举产生社区居民委员会、推荐选举产生社区协商议事会、听取和审议议事会和居委会年度工作计划和工作情况报告、评议物业管理公司工作、讨论决定社区建设重大事宜和社区管理机构重要组织人事变动等。

社区居民大会由18周岁以上的居民组成；社区居民代表大会可由每户派代表参加，也可由每个居民小组推选代表2～3人参加。社区居民代表会议的代表数额、产生方式和工作程序在不同的社区有所不同。社区居民大会和社区成员代表大会制度是我国城市基层民主政治建设的重要内容，它改变了由政府全盘决定社区事务的现状，提高了社区居民的民主意识和参与社区事务管理的能力。

（六）志愿者协会（组织）

是指社区中以志愿服务为主的群众性自治组织，其主要任务是发动和组织志愿者提供定期的、无偿的公益服务。如帮助、照顾老年人，协助维护社区治安，美化、绿化社区环境等。志愿者组织的特点是无偿性、定期性和自治性，是现代文明的一个重要体现。社区志愿者在社区工作中是重要的力量和参与者。居民志愿者、党员志愿者、青年志愿者等各种类型的志愿组织纷纷成立，参加社区活动和社会服务。有些义工组织与社会工作组织形成了"义工＋社工两工联动"的机制，更好地为居民提供专业服务和志愿服务。

（七）文化体育兴趣组织

主要是指社区居民围绕文化活动、个人兴趣、体育锻炼健身等共同爱好，自主组建的自治组织。在每个社区几乎都有这样的组织或社团。这类组织为居民提供了很好的交友、互助、娱乐、健身的机会，同时社区居民也可以通过它们参与不同的社会生活，从而增加对社区的认同感和凝聚力。比如，一个新的商品房小区组织了老年人的歌咏会，老年人积极参与，互相认识，彼此开始交往，这对老年人的精神生活是有很大好处的。

（八）社区工作站、社区服务站

随着社会工作专业化和职业化程度的提高，社区服务也出现了新的趋势。区政府或者街道办事处在社区成立工作站或者设区服务站，一方面是为了改善目前社区委员会职责不清、任务过重的现象，使居委会能减轻负担，主要从事居民自治和培育社区组织的工作；另一方面则是要积极探索社会服务的新方式，在社区工作中引入社会工作专业人才，提高为居民服务的水平。通过设立工作站或者服务站，可以为居民提供更全面的服务。北京市的社区服务站提出了"百项代办"，可为居民代为办理生活中的各种事项，满足不同层次的需求。

（九）民办社会工作服务机构

该机构是以社会工作专业人才为主体，坚持“助人自助”宗旨，遵循社会工作专业伦理规范，综合运用社会工作专业知识、方法和技能，开展困难救助、矛盾调处、权益维护、人文关怀、心理疏导、行为矫治、关系调适、资源链接等服务的民办非企业单位。民办社会工作服务机构是社会工作专业人才发挥作用的重要平台，是整合社会工作资源、提供社会工作服务的重要载体，是承接政府社会服务职能的重要依托。发展民办社会工作服务机构，对于加强现代社会组织建设、促进转变政府职能、引导社会力量有序参与社会治理、建立健全社会服务体系，具有十分重要的意义。成立民办社会工作服务机构，应当符合《民办非企业单位登记管理暂行条例》规定的条件，专职工作人员中应有三分之一以上取得社会工作者职业水平证书或社会工作专业本科及以上学历，章程中应明确社会工作服务宗旨、范围和方式。截止到2014年，全国有民办社会工作服务机构近1 000家。这些社工组织与社区、社工形成“三社联动”机制，充分发挥了社区、社会组织和企事业单位的资源补充作用，提高了社区服务的质量。

二、农村社区的主要组织

农村社区是指聚集在自然村落内，在生活上相互联系，有一定社会关系的人群组成的社会共同体。我国是农业大国，农村人口占全国人口的绝大多数。农村社区的发展对于整个社会的稳定和国家的现代化建设具有十分重要的意义。社区组织在农村社区发展过程中占有极其重要的地位。当前，我国农村主要的社区组织有村党支部、村民委员会、村民会议或村民代表会议。

（一）村党支部

村党支部是中国共产党设在农村的基层组织。根据《中国共产党基层组织工作条例》的规定，有正式党员三名以上的村，应当成立村党支部。村党支部由村庄内的全体党员选举产生，在乡镇党委的领导下开展工作。在中国目前的村庄权力结构中，村党支部处于核心位置。其主要职能包括：（1）贯彻执行党的路线、方针、政策和上级党组织及本村党员大会的决议；（2）讨论决定本村经济建设和社会发展中的重要问题；（3）领导和推进村级民主选举、民主决策、民主管理、民主监督，支持和保障村民依法开展自治活动，领导村民委员会、村集体经济组织和共青团、妇代会、民兵等群众组织，支持和保证这些组织依照国家法律法规及各自章程充分行使职权；（4）搞好支部委员会的自身建设，对党员进行教育、管理和监督，负责对要求入党的积极分子进行教育和培养，做好发展党员工作；（5）负责村、组干部和村办企业管理人员的教育管理和监督；（6）搞好本村的社会主义精神文明建设和社会治安、计划生育工作；（7）向乡镇党委反映党员、群众的意见和要求等。

(二) 村民委员会

根据《宪法》和《村民委员会组织法》的规定，村委会属于农村基层群众性自治组织。20 世纪 80 年代初期，中国实行改革开放政策以后，为了适应社会管理和人口流动的需要，促进联产承包责任制在广大农村的推行，农村生产大队逐步被村委会替代。村委会与乡镇政府之间形成了新型的指导与被指导关系，而不是过去的领导与被领导关系。

村民委员会有三个特点：一是基层性。村是我国农村人口最基层的聚集单元，是村民长期生产和居住的舞台，与村民的关系最为紧密。二是群众性。从产生上讲，村民委员会由全体 18 周岁以上的村民选举产生，任何人、任何组织不得随意任命和撤换；从管理过程上讲，村委会实行民主决策、民主管理和民主监督，凡涉及村民利益的重大事项都须经村民会议或者村民代表会议讨论决定，具有广泛的民意基础。三是自治性。村民委员会是村民自治的执行机构和工作机构，在完成法律规定的政务的前提下，它只向村民会议负责并汇报工作。法律同时规定，凡属村民自治范围内的事情，任何组织和个人都无权干预。受传统观念和压力型行政管理体制的影响，目前村委会在与村党支部、乡镇党委政府的关系处理上，还存在着一些矛盾，影响其制度功能的发挥。比如乡镇行政权力机构对村委会的控制或变相控制、村委会民主决策能力不高等，都需要在村民自治实践中逐步解决，从而强化村委会作为村庄社区自治组织的法律地位。

(三) 村民会议和村民代表会议

村民会议是指由本村 18 周岁以上村民组成的会议，它是村民自治体系中地位最高、最有权威的自治组织。

村民会议组织在村庄政治生活中拥有四项职权：一是决策权，指讨论决定涉及全体村民利益重大事项的权力；二是立约权，村民会议具有制定村民自治章程和村规民约的权力；三是监督权，指村民会议有对村委会成员的工作及其行为进行监督的权力；四是罢免权，村民会议有权按照法律规定的程序行使对村委会成员的罢免权。这四项权力中，决策权是广大村民参与村务管理的重要渠道，主要讨论决定涉及村民利益的重大事项：(1) 乡统筹的收缴方法，村提留的收缴及使用；(2) 本村享受误工补贴的人数及补贴标准；(3) 村集体经济所得收益的使用；(4) 村办学校、村建道路等村公益事业的经费筹集方案；(5) 村集体经济项目的立项、承包方案及村公益事业的建设承包方案；(6) 村民的承包经营方案；(7) 宅基地的使用方案。其他村民会议认为应当由村民会议讨论决定的涉及村民利益的事项，也应当提交村民会议讨论。村民代表会议是村民会议休会期间，由村民代表讨论决定村庄重大事项的组织。村民代表由全体村民推选产生，讨论决定由村民会议授权的事项。村民代表会议是村级民主中最为常见的决策形式，在农村社区组织中的地位相当重要。

第三节 作为社区工作方法的社区组织

一、理论含义

在社会工作研究中，社区工作、社区发展与社区组织经常被作为内涵相似的概念互换使用。事实上，对社区工作者来说，社区组织可以解决社区存在的问题，在整合社区资源、促进社区居民之间相互了解、为居民参与社区事务处理提供良好的渠道等方面作用突出，“是一个以地域、共同利益或共同关注为组成基础的集体。参与者多出于自发。组织的目标以保障或提高成员的福利为主”①。因而，社区组织常常被直接视为社区工作的方法之一。

在社会工作研究中，社区组织又被称为社区小组（community group）、居民组织（resident organization）、邻舍组织（neighbourhood organization）、基层组织（grassroots organization）等。总而言之，社区组织在内涵上强调三点：（1）社区组织由一定共同地域内的居民组成；（2）社区组织为社区提供服务，满足社区居民的需要，为居民提供参与和贡献的机会；（3）社区组织及其活动都是以社区为基地，而且以影响外界政策的制定和推动社会发展为己任。

从社会工作方法的角度对社区组织的概念进行界定，可谓众说纷纭。参照台湾学者徐震和林万亿对这些概念的研究分析②，大致可以将社区组织的概念分为三类：一是把社区组织看成是一种工作方法，二是将社区组织看成是工作过程，三是将社区组织看成是方法和过程的融合。将社区组织看成是一种工作方法的重要代表人物有美国学者霍伯斯（Daryl Hobbs）。他认为社区组织是解决工业化带来的技术与社会变迁所产生的问题的一种方法，其作用是通过新的服务形式，缓和社会矛盾，协助社会中的民间团体或者个人更有效地适应社会经济快速变迁的结果。克拉莫（Ralph Kramer）和史佩齐（Harry Specht）则认为，社区组织是指一种干预的方法，它经由专业的变迁媒体来协助由个人、团体与组织构成的社区行动体系，投入有计划的集体行动以解决社会问题。

将社区组织看成是工作过程的著名学者是罗斯，他认为社区组织指一种过程，一个社区经由这一过程去确定其需要或目标，并且设定这些需要或目标的优先级，鼓励其从事改造的信心与努力的意愿，寻求各种资源，并采取果断的行动，通过这种做法来培养社区的合作态度和行为。波尔曼（Robert Perlman）和古林（Arnold Gurin）强调指出，社区组织和社会计划是利用组织的方法，满足

---

① 甘炳光、梁祖彬等编：《社区工作：理论与实践》，190页，香港，香港中文大学出版社，1998。

② 参见徐震、林万亿：《当代社会工作》，225～226页，台北，五南图书出版公司，1984。

社会需要和解决社会问题，它需要社区工作者和聘雇他们的团体设法对资源、服务功能与决策权予以再分配。其过程包括组织人们共同行动，设计出政策与方案以达成其目标。

将社区组织视为方法与过程的融合的学者有史基摩尔（Rex A. Skidmore）和格蕾（Milton Geray）。他们认为社区组织既是社会工作的基本方法之一，也是一条促使社会变迁的途径。凯特纳（Kettner）、戴利（Daley）及尼科尔斯（Nichols）的定义是：社区组织是一种计划性的改造模式，包括改造过程、实务场域以及预期的干预形式等三个要素。台湾地区学者李增禄也认为社区组织是一种社区工作的方法与过程，它利用计划与组织工作协助社区居民认清社区整体需要与目标，通过社区方案与社区变迁机构来统筹、协调、发展社区个体、团体和组织，并整合运用社区内外资源，满足社区需要，达到社区目标，以适应社会变迁与生活环境的变化。[①]赖雨阳认为，社区组织常被看成改善不同福利机构间关系的一种方法，经过协调可以避免服务的重复使用和资源的贫乏，以提供有效率、有效果的福利输送。[②]

综上所述，我们认为，社区组织是社区工作的一种工作方法，它利用组织的形式，帮助社区居民提高参与社区事务的能力，代表与协调不同群体的利益，整合社区资源，解决社区问题，满足社区需要，推动社区发展。

二、历史发展

作为社区工作方法的社区组织，其起源可追溯到18世纪末德国汉堡制和爱尔伯福制两种济贫制度出台后所引发的社会运动，以及19世纪末英美慈善组织会社和睦邻组织运动的发展。西方国家在工业化过程中出现的各种社会问题需要更加有效的社会工作方法，英美等国利用社区组织来解决城乡发展过程中出现的问题，取得了较好的社会效果。随后，社区基金会、社区福利中心和社区福利委员会等社区组织纷纷成立，对促进社区发展产生了积极的影响。

1869年，英国利物浦成立了社区联合募捐组织，定期举行有组织、有计划的联合募捐行动，推动和发展了社区社会工作。1913年，美国克利夫兰市成立了第一个具有现代理念的社区基金会。该基金会制定了社区福利预算制度，按照社区需要来规划事业和编制预算，并开展有组织的募捐活动。以该类基金会的募捐活动为蓝本，美国在第一次世界大战期间成立了许多类似的战争基金会，战后统一改为“社区联合募捐组织”，到1918年成立了美国社区组织协会，标志着美国社区组织发展到一个全新的阶段。美国慈善组织运动还促成了社区组织中其他工作机构的产生，如社会福利委员会、社会服务交换所、社区机构会议、社区福利中心等。其中，社区福利委员会是最重要的机构。社区福利委员会由社区内的

---

① 参见李增禄主编：《社会工作概论》，3版，178页，台北，巨流图书公司，2002。

② 参见赖雨阳：《社区工作与社会福利社区化》，23页，台北，洪叶文化事业有限公司，2002。

社会福利机构和社区团体联合组织，对社区的福利机构、福利计划、福利工作进行协调，同时统筹计划、分配社区基金，组织居民参与计划和预算工作，对社区发展发挥了重要作用。

在社区组织实践越来越广泛的同时，研究者们对社区组织理论所涉及的领域及研究方法也展开了热烈的讨论。1946 年，在美国布法罗市召开的国际社会工作学会年会，倡议成立了社区发展协会。此后，学术界将社区组织视为社区社会工作的一个基本过程，并对社区组织的定义和功能进行专门研究。1962 年，国际社会工作教育协会的课程再次确认社区组织在社区工作训练及实习上的重要性，标志着社区组织正式成为社区社会工作的基本方法之一。

从英美等国社区组织的发展历史来看，社区组织是达到社区社会工作目标、推动社区发展的必要条件。通过一些具体的组织活动和专门的社区组织可以在很大程度上促进社区服务和社区福利事业，从而推动社区整体的发展。从这一角度看，社区组织本身是一个组织系统，但同时也是一项具体的工作和活动。

三、社区组织的目标与功能

在社区工作中，社区组织有其特定的工作目标和社会功能。社区组织针对不同的服务对象提供类型不同的服务，发挥不同的功能。其目的是帮助居民解决困难，协助他们参与社区事务办理，争取更多的资源和福利，推动社区的共同进步。

（一）社区组织的目标

社区工作的目标是：以社区和社区居民为案主，通过发动和组织社区居民集体参与行动，确定社区问题及其需求，调整或改善社会关系，减少社会冲突；寻求社会福利需要与社会福利资源的有效配合，以满足社区成员的需要，改善社区生活，促进社会进步；改善和调动社会资源的分配，尽可能实现社区内的公平和公正，推动社区发展。社区组织与社区工作的目标在本质上是一致的。

社区工作的目标可分为任务目标和过程目标。前者主要解决具体的社会问题，后者主要培育居民的参与精神，促进社会的发展。而根据不同的参照物，社区组织的目标可以做多种划分：

（1）任务目标和过程目标。任务目标是指在工作过程中具体解决的问题和达到的目标；过程目标又称系统维持目标，指维持组织的现状并进一步发展的目标。

（2）正式目标和操作目标。正式目标指支持组织成立的期望和原因，成员共同认可的最高理想与期望是组织的正式目标；在特定环境下被成员认可的目标是操作目标。

（3）显性目标和隐性目标。显性目标指得到成员了解和认同而公开制订出来的目标；隐性目标指那些虽然没有被成员留意或认识，但影响着组织推行活动时的方向的目标。[①]

邓纳姆认为社区组织是一种社会互动的自觉过程、是一种社会工作方法，包含了以下几个目标：

（1）在社区或者其他领域中，了解需求与资源的供需状况，以满足多方的需求。

（2）通过协助社区发展、增强以及维持参与、自我抉择及合作协调之品质，才能使社区更有效地处理社区自身问题并达成目标。

（3）促进社区及团体关系的改变，以及决策分配的改变。[②]

（二）社区组织的功能

不同的社区组织在实现社区工作目标的过程中会展现出不同的功能，概而言之，社区组织的功能主要有三种：

（1）提供服务。为居民提供服务是大多数社区组织最基本的功能。社区组织一方面整合资源，弥补政府提供服务的不足；另一方面也可以直接参与生产，提供服务。比如利用社区居民的空闲时间和劳动技能，提供廉价服务。同时，社区还可以通过与政府提供的服务进行竞争，促进政府改变服务模式，提高服务效率，使更多的社区居民从中受益。

（2）增强社区认同感，提高社区凝聚力。社区组织的形成过程就是将居民个体的力量集合起来，将分散的资源整合起来，共同面对社区存在的共同问题，确定社区的需要。社区组织对居民的帮助不仅是物质上的辅助，更在于心理上的支持，使居民对社区的认同感提高，社区凝聚力得到提升。

（3）促进社区参与。社区参与是社区工作的核心任务，是民主价值的体现，也是了解社区需要、促进社区发展的最佳途径。社区组织在促进社区参与，尤其是政治参与方面起着举足轻重的作用。这是因为，社区组织可以对社区居民的不同需求进行整合和分析，向相关的社会机构及政府有关部门提出，通过咨询、参与和支持政府的活动，影响政府决策，增强政府政策制定的科学性，推动政府提高依法执政的能力。同时，社区组织引导居民广泛参与，还可以督促政府对社区居民的呼吁及时作出回应。在社区内部，社区组织通过组织活动，采用民主讨论等形式，使居民熟悉民主精神、理解民主知识、掌握民主技能，从而增强了居民对政府管理和社区发展的了解，吸纳更多的社区居民到社区组织中来。

四、社区组织的发展阶段

罗宾斯很生动地用生物的生命周期来比喻一个组织的发展历程，形象地说明

---

① 参见甘炳光、梁祖彬等编：《社区工作：理论与实践》，192页，香港，香港中文大学出版社，1998。

② 参见O. William Farley、Larry Lorenzo Smith、Scott W. Boyle：《社会工作概论》，2版，147页，台北，学富文化事业有限公司，2009。

它的兴衰。他认为，生命必然经历产生与形成、生长、成熟、衰落四个阶段，与此相似，组织的发展也可以分为经营期、集体化期、成形和控制期、结构完善期、衰落期等几个阶段。罗宾斯的观点反映了社区组织的发展有一定规律可遵循，但是如何划分和界定，不同学者提出的不同意见，却难以统一起来。比较流行的观点有①：

布伦和雷格（A. Blum & I. Rgab，1985）强调应重点考察组织在结构上的改变，如规章制度的产生与执行、各种职位的职责范围、与外界的关系，以及如何重新安排社区组织的角色以面对社区的转变和挑战。在研究了四个社区组织发展阶段后，他们总结提炼出六个发展进程：（1）产生；（2）正式化；（3）联合；（4）转型；（5）再生与联合；（6）稳定、转型、衰落。

布雷格、史伯和托斯劳（G. Brager，H. Specht and J. L. Torczyner，1987）等人则从另一个角度来分析社区组织的进程。他们从组织成员间的关系入手，认为成员间最初是普通的群体关系，进而建立较深入的个人交往，再转化为小组成员认同的共同目标，而成员间的关系也从个人层次转化为组织间的规范制定。他们总结的四个发展阶段是：（1）社会化小组；（2）初级群体；（3）组织发展小组；（4）制度化关系组织。

科恩（S. Kahn，1970）将社区工作者介入时的事件节点作为分析组织发展阶段的临界点。在他看来，一般的社区组织在一个社区内开展工作时必须经历十一个阶段：（1）进入社区；（2）分析社区；（3）进行接触；（4）集结居民；（5）发展社区领袖；（6）组织工作；（7）设定优先次序；（8）运用权力与谋略；（9）建立政治力量；（10）自助谋略；（11）离开社区。其中集结居民、发展社区领袖、组织工作、设定优先次序、运用权力与谋略等，都是组织在发展过程中要做的工作。

同样是以工作阶段为划分标准，亨德逊和托马斯（P. Henderson and D. N. Thomas，1989）则将它分为九个阶段：（1）进入社区；（2）了解社区；（3）需要、目标与角色；（4）接触与集结居民；（5）形成和建立组织；（6）澄清目标和优先次序；（7）维持组织运作；（8）处理朋友和敌人；（9）离开及工作完成。

从上述对主要流行观点的介绍不难看出，影响某一社区组织发展与成熟程度的因素主要包括：组织目标、结构，组织成员的关系与认同、参与程度，组织是否被外界接纳等。这些因素综合协调及运作的情况，决定着一个社区组织的发展轨迹。

【本章要点】

社区组织是支撑社区发展的重要组织形式。社区组织是指以某一社区为范围

① 参见甘炳光、梁祖彬等编：《社区工作：理论与实践》，204页，香港，香港中文大学出版社，1998。

建立起来的，有目的、有计划地满足居民一定需要的各类组织，不同的社区组织通过各种关系相互联结成一个完整的社区组织有机系统。

社区组织依照不同的标准，有不同的类型。我国城乡社区有不同的社区组织，在城市社区，有街道办事处、社区居民大会、业主委员会、志愿者协会等，在农村社区有村党支部、村民代表会议和村民委员会等。

社区组织是社会组织的一种，同时又是社会工作的工作方法和过程。

【关键概念】

社区组织　社区居民代表大会

复习思考题

1. 简述社区组织的种类与功能。
2. 试述我国城市社区中的社区组织。
3. 如何理解社区组织是一种社会工作方法？

推荐阅读书目

1. 甘炳光，梁祖彬，等，编. 社区工作：理论与实践. 香港：香港中文大学出版社，1998.

2. 袁华音，王青山. 社会工作概论. 济南：黄河出版社，1990.

3. 白秀雄. 社会工作. 台北：三民书局，1982.

4. 徐震. 社区与社区发展. 台北：正中书局，1980.

第十三章

社区工作的过程与方法

第一节 社区工作的过程与方法的定义和类型

一、社区工作的过程与方法的含义

社区工作的过程是指为实现社区工作的目标而实施的一系列连贯有序的工作步骤和相应的方法、技巧的运用。社区工作的方法是指为完成社区工作每一个阶段的目标而采用的方式、方法、战略、策略。由于社会制度和文化传统上的差异，世界各国社区工作的模式、性质不尽相同，甚至截然相反，因此社区工作的方法自然也就呈现出千姿百态的境况。

二、两类不同的社区工作的过程与方法

根据社区工作的主体是非政府还是政府的机构和个人，社区工作可分为介入式社区工作和非介入式社区工作两种类型。介入式社区工作主要在社会主导型或政府与社会合作型的国家开展，非介入式社区工作主要在国家主导型的国家应用。在介入式社区工作中，社区工作者从介入到任务的完成，整个过程具有鲜明的时段性，问题解决了，社区工作也就结束了。在非介入式社区工作中，社区工作者从始至终一直从事着经常性的基层社会管理和服务工作，整个工作过程保持着内在的、持续的统一。尽管两类社区工作的过程与方法差别较大，但阶段性和时序性仍然是它们共有的特征。所谓阶段性，就是不管何种类型的社区工作的过程，都是由不同的工作阶段构成的，每一个阶段都有特定的目标和任务，小的任务和目标完不成，整体目标和任务就难以实现。所谓时序性，就是工作过程中的各个阶段按照时间的顺序连接成一个整体，层层递进，环环相扣。除此之外，学科基础、方式方法也有相同的地方，比如理论都源于社会学、心理学、教育学、政治学、经济学、管理学等学科，在宣传动员群众、家庭走访、组织会议、制订计划、社区调查等方面所使用的方法也具有共同性、相似性。

三、中西方社区工作方法的比较

（1）指导思想不同。中国以马克思主义作为认知社区、解决问题的世界观和方法论，西方则以精神分析主义、实证主义、实用主义等多元理论视角来审视和解决社区问题。

（2）主体不同。中国的社会工作机构主要是各级政府的民政部门及其下属企事业单位、政府的派出机构（街道办事处）以及群团组织（工会、妇联、共青

团、残联）。它们是政府部门或准政府部门，既担负着管理经济社会的重任，又直接从事社区工作的实践。在这种情况下，专业社区工作者的队伍及其实践社会工作的体制尚未形成，社会工作的职业化、专业化尚未实质性启动。西方发达国家在工业化、现代化、城市化的进程中已经形成了以非政府的专业社会工作者和工作机构为主体的社会工作体制，社区工作者素质高，差不多都受过比较全面系统的专业教育。

（3）方法应用的程度不同。一方面，我国完整的社区工作方法体系尚未形成，各种社会工作专业方法有的才开始在社区工作中被使用，有的还未被使用；另一方面，传统的社区工作方法中虽然有着“一切为了群众，一切依靠群众，从群众中来，到群众中去”的优良传统，但也存在着习惯于行政调控、政府干预的缺陷。在几百年的社区工作理论与实践中，西方已形成了比较完备的社区工作方法体系，各种方法相互补充，相互协调，共同为社区工作贡献自己的力量。

第二节
社区工作的过程

社区工作的过程是指为实现社区工作的目标而实施的一系列连贯有序的工作步骤，以及相应的方法、技巧的运用。关于介入式社区工作的一般过程，不同的学者有不同的划分。美国学者 M. H. 库汉认为社区工作是一个解决问题的过程，这个过程大致可分为七个阶段：（1）搜集、探究并分析与问题有关的各种重要事实，包括问题产生的原因、历史、范围、结果以及过去或现在为处理这个问题所尝试过的各种方法；（2）寻求可能的解决途径并详细地加以陈述；（3）从事实、经验、时间、组织目标、所要达到的成果、资源、政策等角度衡量各种解决途径的可能性；（4）选定最佳对策；（5）发展适当的行动结构；（6）完成行动计划；（7）评估。①

台湾地区学者徐震认为社区工作主要是社区行动的过程，他将社区行动的步骤分为六个阶段：（1）社区需求的研究；（2）工作目标的确定；（3）行动方案的拟订；（4）大众意见的征求；（5）行动方案的修订；（6）工作进行的反馈。②

香港学者陈丽云认为，介入式的社区工作可分为四个时期：（1）探索期；（2）策动期；（3）巩固期；（4）检讨期。③

香港学者莫邦豪认为，社区工作的历程可分为四个阶段：第一阶段——准备

① 参见吴亦明：《现代社区工作》，172页，上海，上海人民出版社，2003。

② 参见徐震：《社区与社区发展》，278页，台北，正中书局，1980。

③ 参见陈丽云：《基层社区发展工作：阶段性介入模式》，见《社区工作——社区照顾实践》，49页，香港，社会工作人员协会，1989。

与探索；第二阶段——动员与组织；第三阶段——推展与巩固；第四阶段——检讨与反思。①

总括起来，社区工作的过程包括准备、建立专业关系、社区分析、制订计划、实施计划、评估六个阶段。

一、社区工作者的准备阶段

（一）心理准备

社区工作与其他工作相比，有着自己的优势，比如其宗旨是为社区、为百姓福利服务，扮演的角色是一个行善的义士，工作弹性大、多变、挑战性强，且与百姓的生活息息相关，与时代步伐紧紧相连。这些优势是一把双刃剑，既会增强社区工作者的工作信心，也可能会在社区工作者心理上造成一定压力。所以，社区工作者在介入社区工作前，一定要认清形势，看清问题，做好充分的心理准备。

1. 工作过分弹性，缺乏明确路向

社区工作是个从无到有的过程，是由社区工作者创造出来的，其间虽有广大的市民、社区领袖及同仁的参与，但社区工作者扮演的是组织者、推动者的角色，社区工作者的能力和水平直接决定着社区工作的成效。如果社区工作者的主动性、创造性和洞识能力很强，社区工作成效就显著；相反，社区工作则成绩平平。所以，社区工作的个人化倾向明显。

2. 推销社区工作难度较大

社区工作者是受雇于社会工作机构的工作人员，要按照该机构的要求为社区服务。所以，社区工作的主要职责是推销自己的服务。一般推销员推销的是具体的、有形的商品，强调的是购买了他们的商品可以利己；而社区工作推销员推销的是抽象的、无形的服务，所强调的不仅是购买服务的利己性，还有服务的利他性，即灌输利他主义的观念。所以，社区工作者这一职业的难度较高，需要具备高度的沟通技巧，与工作对象建立互信关系，还要有高度的耐性。

3. 社区通常都面临着资源不足的局面

社区工作大多由政府出资资助，但公共资源毕竟有限，特别是在自身资源非常匮乏而又需大量资源的社区，公共资源更是杯水车薪，这就需要社区工作者去寻找和发掘资源。

4. 社区工作者对具有争议性的事件必须有明确的立场

社区工作者在社区工作中的角色使他不能回避带有争议性的问题和事件，必须毫不犹豫地作出取舍。不管是赞成还是反对，有了立场就要面对压力，即为自己的立场辩护或攻击对方的立场。表明立场的机会越多，面对的压力就越大。

---

① 参见莫邦豪：《社区工作原理与实践》，33页，香港，集贤社，1994。

5. 社区工作不易度量，成就感不明显

社区工作者介入的社区大多是问题社区，积贫积弱，千疮百孔，百端待举，需要很长时间才能复兴，因此短期内很难见成效。工作者要对自己的工作目标有清楚的了解，以不懈的努力、必胜的信念去完成任务。

（二）实际准备

1. 认识雇用自己的机构

社区工作者通常受雇于政府部门、志愿机构或宗教组织。他若要获得机构的全力支持，成功地推行工作，首要任务是认识雇用自己的机构。第一，要看准机构的工作倾向。机构的目的是强调社会稳定还是社会改革？机构能否容许不同的工作模式，例如对抗和冲突？机构的工作重点在于提供服务还是提高居民社区意识？社区发展和机构发展孰轻孰重？通过对上述资料的分析，社区工作者应能看到机构的信念和自己的信念是否吻合，如有冲突能否做出适应——例如改变自己或改变机构。第二，把握机构与社区其他组织和团体的关系及机构在社区的声誉和地位。

2. 了解自己的工作内容和分配

在选拔和招聘了符合要求的工作人员以后，机构一般会进行基本的分工，明确各自的职责，建立起工作团体。但工作人员在实践的过程中，会遇到自己的看法和诠释与社区人士的看法一致，但与机构的看法并不吻合的问题，也会遇到机构利益与社区利益冲突的情况。怎么办？站在谁的立场上解决问题？这些问题都没有答案，工作人员需要自己做出决定、做出承担。

3. 认识同仁

社区工作者通常都会有同仁一起工作，很少单枪匹马的。所以，必须与同仁建立默契，工作上才能互相支持，达成共同的目标。

二、建立专业关系阶段

建立关系是介入社区工作的第一步。这里所指的关系是专业性关系，就是指社区工作者与其案主之间为了一个共同的目标，在特定的时间和空间里，社区工作者运用专门知识和技巧与案主进行心理、情感的互动，为物质上的援助和心理上的疏导做好充分准备。社区工作者之所以要与工作对象即案主建立专业关系，是为了让社区居民知道“我是谁”以及“寻求未来工作的支持者”。社区工作不像个案工作和小组工作，后两者的工作人员是先接受案主的申请，然后为案主提供针对性的服务，案主对工作人员的职责与角色十分明确，不用作太多的介绍。而社区工作的工作人员所面对的案主是整个社区的机构、团体和个人，尽管工作人员也是受邀来到社区的，但并不是每一个机构、团体和个人都了解和一致邀请他们。很多社区在社工介入之前，已经有了历史传承下来的规范、历史及文化。这些既有的先在因素可能使居民对社区工作者的介入存有怀疑的态度甚至近乎抗拒的倾向。有些虽然达不到抗拒的地步，但也对工作者感到陌生。所以社区工作者有必要让社区的所有机构、团体和个人了解自己的角色和职责，并能接纳他们的介入，主动配合他们的工作。因此，能否建立良好的专业关系，直接关系着下一步工作的成败。

社区工作者和案主在这一阶段所建立的关系主要有：(1) 提供配合案主需求的服务信息渠道；(2) 了解与评判社区居民所遇到的问题以及他们的自主自愿状况；(3) 决定如何提供进一步的服务计划；(4) 让社区居民了解社区工作机构与社区工作者的能力和职责；(5) 明确服务的范围，认定案主资格；(6) 建立和谐、合作的关系；(7) 协商服务契约的建立；(8) 确定社区居民、社区组织与社区领导人的角色；(9) 在接触的初期就要对案主提供适当的帮助，以获得其信任。

社区工作者与案主建立专业关系，应遵循如下原则：(1) 接纳案主的原则。工作者不能对案主抱有成见、偏见，应以理解和尊重的心态为案主服务。目的是消除案主的心理障碍，使其在一个轻松的环境里坦露心迹，以便全面准确地了解案主的问题，更好地协助案主解决问题。(2) 沟通的原则。不仅把案主看成是工作对象，更把他视为自己的知心朋友，以诚恳的态度对待案主，积极主动地向案主表达愿意协助的态度以及实施帮助的计划，让案主觉得对方不是在可怜他，而是在真心帮助他。(3) 尊重案主隐私和保密的原则。工作者应恪守尊重案主隐私和保密的职业道德，将在双方互动过程中获得的有关案主的信息和资料秘而不宣，以使案主的个人隐私和权益不受侵犯。这样做，有利于维护社会工作者的信誉和形象，更有利于下一步的工作，因此尊重案主隐私和保密的原则是工作者与案主建立良好的专业关系的前提。(4) 案主参与和自决的原则。工作者不能越俎代庖，替案主包办一切，而是应引导案主积极参与对问题的剖析，帮助案主认识自己，培养自尊、自信、理性的健全人格，提高解决问题的勇气、能力和习惯，重新投入新的社会生活。(5) 个别化原则。工作者所接触到的案主都不尽相同，因此，应对案主区别对待，切不可千篇一律、千人一面。这就要求工作者因人而异，对症下药，重视案主在生理、心理和社会环境中的差异性以及对问题的个人感受和看法。(6) 角色互换原则。工作者应站在案主的角度，设身处地地考虑案主的处境，而不是光把自己固定在工作主体上。这样能更好地实现工作者和案主的互动、主体和客体的统一。

三、社区分析阶段

社区工作者和案主建立关系后，下一步就进入了社区分析阶段。社区分析就是通过社区调查等手段获取资料并对资料进行专业性分析和评估的过程。从定义中不难看出，该过程分为两个阶段：一是收集资料；二是分析评估。社区分析是制订正确的工作计划的基础。它既是社区工作的一个重要步骤，也是必经的过程。它可以说是社区工作的灵魂和指针。通过社区分析可以探索社区需要，评估社区资源的运用，研究社区问题，明确努力方向。只有这样，才能制订社区行动方案，有效地达到工作目标。

(一) 收集资料

知己知彼，方能百战不殆。对社区工作者而言，心理及实际的准备就是知己，认识和了解社区就是知彼的过程。毛泽东说，没有调查研究就没有发言权。收集资料，全面认识和了解社区，应围绕社区的基本状况、社区需要两个方面展开。

1. 社区的基本状况

它包括以下几个方面：

(1) 社区的现状，包括社区的名称、地域、人口、组织机构、所属行政区划、与地方政府以及其他社区和社团的关系等。

(2) 社区的历史，包括社区的由来、社区的发展历程、社区历史上出现过的重大历史事件和重要人物、社区的文化传统及物化标志。

(3) 社区的制度和结构，包括社区的各项管理制度、社区的重要组织及其负责人、社区居民的阶层结构。

(4) 社区的资源，包括区内、区外两种资源。社区内资源可分为物质资源和精神资源：物质资源包括教育、医疗卫生、娱乐休闲、社会福利、宗教、体育等流动资产和固定设施，精神资源包括文化、习俗、居民的智力水平、劳动技能、价值观、社区认同感和归属感、参与公益性活动的积极程度和水平等。社区外资源主要指社区可从政府和社会获得的或可利用的政策、人力、设施、财政、技术和信息等。

(5) 居民的生活水准、生活方式和人际关系。居民的生活水准是指由居民的收入、家庭规模和居住条件等因素决定的实际生活状况；居民的生活方式是指居民的生产方式、消费方式、娱乐方式和休闲方式等；居民的人际关系主要是指居民之间互动的频度、深度、方式、性质等。

2. 社区需要

认识和发现社区需要是全面认识社区的最重要环节。何谓需要？对此，不同的学者给予了表述不同、参照体系不一的界定。

美国人本主义心理学家马斯洛认为，需要是分层次的，当低层次的需要得到满足时，高层次的需要就会显现。归结起来有五个层次：

(1) 生理需要。是与有机体生存有直接关系，人和动物所共有的需要，包括饮食、性、排泄和睡眠。生理需要是最基本的需要，如果不能得到起码的满足，它就会完全支配这个人的活动。

(2) 安全需要。安全需要包括住宅、工作场所、秩序、安全感、可预言性。处于这一层次，人们首先要减少生活中的不确定性，如儿童失去父母就会出现焦虑不安、失去信赖、寻求安定的行为，成人失去了工作也会产生焦虑、烦躁、不稳定感等。

（3）归属与爱的需要。在前两类需要基本得到满足的前提下，人们会寻求在人与人之间建立健康亲密的关系，即彼此关心、尊敬和信任，爱与被爱。在现代社会中，单位制解体、人口流动频繁、家庭破裂增加、利益冲突加剧，使得人与人之间陌生、疏远，于是建立一个人人向往、有亲密感、彼此关怀、易于接触的社区，便成了现实的要求。

（4）尊重的需要。尊重一方面是要求别人对自己重视，进而产生威信、认可、地位等情感；另一方面要求自尊，与此相应的是适应、胜任、信心等情感。两种情感来源于人们从事有益于社会的活动，而社区可以为人们提供满足这种需要的条件。

（5）自我实现的需要。它是需要的最高层次。自我实现被定义为潜在能力和天资在一个人的发展过程中的不断实现，是个人对自身内在本性的更充分把握和认可，或者说，自我实现的需要就是一个人自我进步的愿望，就是把他的潜能变为现实的需要，也是把自己变为理想的人的需要。

伯列梳认为，社会需要有四种基本存在形式：

（1）感觉到的需要。大部分居民感觉到某些需要或期望不能满足，并把它说出来，那便是居民感觉到的需要。这种需要可能是主观的感觉，也可能是基于实际的体会而生发的感受。若要居民愿意接受社区工作服务，那么服务的内容和设计必须照顾到居民感觉到的需要，否则他们便不会使用这些服务。另一方面，居民感觉到的需要有时可能期望过高，甚至有点不切实际，这就需要有关工作人员注意和引导。

（2）表达了的需要。当大部分居民都使用某种服务，以至于服务的需求大于供给时，就说明社区对该种服务确实存在需要。这种由居民实际的行为表达出来的需要，称为表达了的需要，例如社区养老院的床位不足、社区停车场不够等，但是表达了的需要往往是对社会服务数量上的需求，并不一定表示服务的质量很高，非常令人满意。

（3）标准上的需要。根据有关部门和专家制定的服务项目必须达到的质和量的标准，当某项服务没有达到规定标准时，由于标准上的差距而产生的需要就出现了。例如，政府规定在5万到8万人口的地区设立社区中心，并定下中心应有的设施和工作人员的数量。假若地区的人口超过8万，却没有社区中心，或有了社区中心，但其提供的服务设施和工作人员的数量较要求偏低，那么该社区便有了标准上的需要。

（4）比较性的需要。当某个社区享用某种服务，而背景相同的另一社区却没有该项服务时，后者便存在对该项服务的需要。这种与其他社区比较而出现的需要，称为比较性的需要。这种需要可以由居民提出，也可以由专家界定。社区工作者介入社区时，必须全面正确地了解和界定社区的需要，然后才能制订工作的方针。

（二）分析评估

分析评估就是在收集到社区情境的资料后，社区工作者运用其专业知识对这些资料进行分析并做出专业结论，找出社区以后的工作方向。换句话说，在分析材料的基础上，以专业化的语言描述社区的状态，确立下一步的工作目标及实现目标的方法途径。所以，分析评估过程就是对社区的状态、问题或需要以及工作方向给予概念化的过程，是从感性认识上升到理性认识的过程。这一过程具有如下几个特点：

（1）社会工作者及其机构的意识形态决定着情境界定的方向，也就是说，社会工作者及其机构所持的价值观念、理论架构直接影响着分析评估的趋向。一般而言，社区问题的先后缓急多以居民的价值判断为准，但在制定工作目标时，工作者及其机构的意识形态可以起决定作用。例如，假如居民缺乏社区归属感，若工作者认为问题起源于居民的冷漠及疏远感，则工作目标就是改变居民态度及行为；但若工作者认为问题的根源在于社区并未能提供足够的吸引力使居民认同社区，则改变对象应该不是居民，而是社区的不良形象。在目标确定的情况下，怎样才能实现目标呢？社区工作者可以选择不同的手段、工作方法或策略，比如可以采取直接干预法，也可以采取非直接干预法；可以采取以目标为本的方法，也可以采取以过程为本的方法。

（2）分析评估是一个动态过程。分析评估是在互动和工作的过程中进行的，情境在不断变化，所作的结论当然不会一劳永逸，应根据变化了的情况及时做出调整。

（3）分析评估是理论与实践相统一的过程。分析评估一方面要运用知识分析社区的处境，进行抽象的思考，另一方面还要接触实际，不断修正已做出的判断，使判断更符合社区变化中的实际。

分析评估过程具体分为两个阶段：一是专业性描述，二是评估。专业性描述主要描述社区的处境及生活于其中的社会系统的情况、社区的需要及问题（什么样的需要和问题，需要的迫切程度、问题的严重程度等）、社区的需要与问题的发展情况、社区的资源情况、案主系统的发展阶段。评估主要包括对社区的问题和需要的性质、强度、可能的解决方法与途径做出解释，列出解决社区问题和需要的先后次序，对前一阶段的描述、解释及所列问题的先后顺序做出规范的书面报告等。

四、制订计划阶段

凡事预则立，不预则废。计划就是为实现预定目标而制订的行动方案或工作蓝图。社区计划就是社区发展设计和规划，是在社区分析阶段做出的专业界定的基础上制订的包括目标及实现目标的方法策略等在内的一揽子行动方案。社区工作计划是一种通过专家介入，制定合理的、科学的发展方案而引致社区变迁的理性方法，是社区工作的主要模式之一。制订社区工作计划应遵循案主参与、具有可行性、目标明确、整体规划等原则。

社区工作计划的内容主要包括：

（1）工作目标的选择和制定。工作目标也即要达到的工作方向和目的。解决一个具有重大影响的具体事件或问题，引导整个社区、社会的变迁通常不是一蹴而就的，需要分阶段、有步骤地进行。因此，在制定社区工作目标时，既要制定整体目标，还要根据每一阶段的具体任务制定具体的阶段性目标。由于社区工作的目的是增进案主系统的福祉，如果仅有社区工作者的善意的一厢情愿，而没有案主的认同，那么再好的方案也不一定能得到理想的结果，说不定还事与愿违，走向反面。因此，在制定社区工作目标时，社区工作者要与案主系统共同分享对工作目标的期望。如果双方目标不一致，应讨论协商，直至达成共识。如果案主系统的认知水平尚不能达到认同社区工作者所制定目标的地步，双方难以取得共识，社区工作者应尊重案主的选择，只要案主认为它是重要的，而工作者也能够进行的话，就不妨从这个目标开始。钱伯斯明确提出，判断社会政策和社会服务项目对社会问题适合性的总目标的原则是服务的充分性、平等性和效率；而判断一个社会服务项目的具体目标的标准是清晰性、可量化性、可操作性，以及强调结果而不是手段等。

（2）服务对象。要清楚地界定该项社会服务的目标群体是谁。通常服务对象的界定条件分自然条件和社会条件。自然条件包括性别、年龄、地区、种族、健康状况等，而社会条件包括收入、工作、教育程度、对服务的交费或供款情况、家庭支持状况等。当然还要估计服务对象的数量、集中程度、服务频次等。

（3）服务的形式和手段。要根据服务对象的需求，设计有针对性的服务形式和手段。通常把服务对象的需求分为生理性需求、物质性需求、情感性需求、社交性需求等几方面，然后根据资源、财力、专业素质等，设计出相应的满足需求的形式和手段。比如生理性需求要求有医疗、康复、合法性生活等服务形式和手段，物质性需求要求有吃、穿、住、用、行等服务形式和手段，情感性需求要求有接纳、归属、爱、肯定、赞扬等自然关系及专业辅导形式和手段，社交性需求要求有社交网络、志愿团体、自助团体等服务形式和手段等。

（4）财力安排和人力安排。要计划相应的筹资渠道、筹资数量和财政分配预算，满足服务的推行需要；还要有相应的人力资源筹划，包括岗位设置分析、人员的素质结构、人员的数量、人员的招聘方式、人员的培训和激励方式等。

（5）服务活动时间进度表。要计划政府服务的时间进度，并且根据时间进度列出相应的具体表格，便于控制、评估进度等。

（6）介入策略。方法是达到目标的手段。采取什么方法应征得案主的同意。否则欲速则不达，事倍功半。具体的策略措施主要是发现事实和分析技巧的运用，而在社会关系上则是根据具体的情景选择冲突性或者共识性措施。也就是说，具体的策略措施可分为两部分：一是理性技术性措施，包括调查社区的问题，收集事实资料，比较分析方案的利益得失，选择最优方案，并学会组织管理、落实方案，监督方案的执行，最后评估方案的成效等。二是社会关系措施，即根据具体的情景，要么选择冲突性措施，比如游说、倡导、谈判、竞争、抗议、游行、示威、罢工、对抗等；要么采取共识性措施，比如协商、沟通、对话、合作、分包、交换等。

（7）社区工作者与案主系统的角色和任务。在社区工作计划中，工作者和参与者在将来的工作中承担什么样的责任义务、扮演什么样的角色，都应一一列明，这是保证计划有条不紊、按部就班进行的依据和保障。

（8）协同工作的单位。社区工作涉及多方利益主体，需要各方参与协作。协作单位包括辖区企事业单位、民间组织，社会上的企事业单位、民间组织以及政府机关等。

（9）实施计划的具体行动方案以及资源和资金的使用方案。

（10）工作程序及工作时间表。

五、实施计划阶段

（一）资源准备阶段

资源准备阶段包括发动群众、挖掘资源、建立新组织、联系旧组织等步骤。

1. 发动群众

发动群众就是鼓励他们积极主动地参与社区事务、为社区发展献计献策。社区工作者若要成功地把群众动员起来，需恪守利、诚、忠、信四大原则。所谓利，就是要找到与群众利益休戚相关的社区问题，为之排忧解难；所谓诚，就是对群众的问题和困难由衷地关心关注，这种关心关注不是出于职业的需要，而是发自内心地自觉自愿；所谓忠，就是忠于机构、忠于案主、忠于工作；所谓信，就是言而有信，言必行，行必果。

2. 挖掘资源

挖掘资源就是想方设法、动用一切力量，把社区内外的潜在人力、物力、财力资源开发出来。首先是发掘人力资源。发展和培养志愿者是发掘人力资源最重要的一部分。发展志愿者应在社区内进行，以青年学生、退休人员为主要对象。招募志愿者要做好宣传工作，重视志愿者的培训，很多时候培训志愿者的过程就是招募的过程，因为培训增强了志愿者对其社区的认同感和投入感。不要把志愿者视为廉价劳动力，要尊重他们的劳动，给予一定的精神鼓励。除了志愿者之外，社区内的知名人士和有影响力的居民也是重要的可以借助的人力资源，能争取他们的支持，自然事半功倍。大众传播媒介的记者也应成为社区工作者争取的对象。若能得到他们的同情或特殊关注，对社区事件给予善意报道，社区工作将从中受益。其次是发掘物质资源。工作者介入的社区多为问题社区，物质资源较为有限，有的甚至严重匮乏。因此筹集资金是工作者面临的艰巨任务。社区工作者在筹措资金时应根据工作的性质采取不同的策略：若是群众的文化娱乐，应寻找厂家、商家或富人赞助；若是政治性或争议性的工作，应从社区经费中划拨，以免募捐导致影响社区工作的自主性。

3. 建立新组织

问题社区、问题人群大多因缺乏组织而呈现出四分五裂、一盘散沙的局面。因为缺乏聚合机构，社区发展失去了动力和依靠。组织意味着力量，意味着有序化，只有把群众组织起来，才能和舟共济、共克时艰。建立的组织无非三种形式：全民性参与的组织、代表性参与的组织、分开性参与的组织。第一种组织适合小型社区，每一位居民都可以参加；第二种组织适合较大的社区，由居民选出代表参与组织；第三种组织适合各种类型的社区，先由热心人士发起，然后慢慢壮大。

4. 联系旧组织

联系旧组织就是联络当地的居民组织、社团、宗教团体、福利机构或把与自己工作性质相同的团体组织起来，建立更大的组织或结成联盟，其目的是为了交流信息、整合资源，使资源发挥更大的效用。

（二）行动阶段

在这一阶段，社区工作者和案主系统一起运用各种手段，采取切实行动解决社区面临的问题和需要，提高案主解决问题的能力，实现预定目标。实现目标的方法、手段多种作样，使用什么手段依工作目标和工作者、案主的选择而定。手段是实现目标的工具，为实现目标可以不择手段吗？亚伦斯基认为，在战争时期，为达到目的可以不择手段，因为战争是关乎生死存亡的问题。但亚伦斯基的主张或假设超越了社区工作的范围。因为在社区工作中，可能会遇到案主与当权者敌对的状态，但也不可能发展为战争状态。从本质上讲，社区工作是一种社会控制的机制和手段，它的目的是通过社会改良以巩固当权者的统治，维持现有制度不变。有鉴于此，在社区工作中，实现目标的手段可以是非常规的，但绝不可以是非法的。下面简单介绍几种常用的解决问题、实现目标的方法。

1. 为居民提供各种急需的服务

这是一种最温和、最正常、最没有争议性的方法。它不会制造冲突或对抗，所针对的目标不是资源、权力及地位分配的制度或结构不公，而是群众所需的社区服务的匮乏，因此，深受大多数社会工作机构和社会工作者的青睐。通常中下层社区缺乏相应的社区服务，影响了居民的生活质量和解决问题的能力。所以提供社区服务不仅能够满足群众的眼前需要，也是赢得群众支持的有效方法。这些服务内容多样，可以是为青少年提供学业上和个人成长道路上的辅导、为社区举办家庭生活讲座、为社区优秀学生提供奖学金，也可以是诸如家庭旅行等文娱康乐性活动。

2. 制造社会舆论的压力

这也是一种正常的、被机构和工作者广泛采用的方法。它所针对的目标不是表层的服务不足，而是社会制度结构的不合理，其目的是改变某一项政策，或改变资源、权力等方面的分配不公。若要成功地制造社会舆论的压力，首先要争取大众的同情和支持，其次是引起大众传播媒体的注意并做出善意的报道。

3. 游行请愿

这是一种较为激进的非常规方法。若组织得当，策略恰到好处，也不失为一种好方法。其优势在于能够威慑当权者，引起社会大众的注意；不足之处在于若策略不当，往往会被当权者冠以“无事生非，故意滋事，影响治安秩序”的罪名，不仅得不到群众的同情，反而会引起大众的反感。所以，使用此法要精心组织，讲究策略。

4. 谈判

这也是一种较为激进的非常规方法。其目的是通过对话解决双方的矛盾，以求政府政策或做法的改变。若要在谈判中居于有利地位，使当权者接受案主提出的要求和条件，拥有实力是关键之举。谈判在实质上是双方实力的较量，“弱国无外交”道出了这一判断所蕴含的哲理。因此，如何策动资源壮大自己的实力，是社区工作者在谈判中面临的一大挑战。增强自己实力可以从三个方面着手：一是激励更多的群众参与到激烈的社会行动中来，保持对当权者的持久压力；二是争取社会舆论、社会团体、社会知名人士的支持；三是窥探对方的弱点并加以暴露。谈判中应注意技巧。不战而屈人之兵乃为上策。怎样兵不血刃，达到不战而胜的目的？威胁或恐吓也许是最好的办法。

（三）巩固成果阶段

社区问题的产生多半是因为缺乏组织，缺乏组织就缺乏凝聚力和战斗力。解决问题应当从组织群众入手，问题解决以后，为巩固成果和促进发展，也应当从巩固组织开始。巩固组织就是巩固已经建立的正规组织或非正规组织，其内容是：

（1）加强组织成员之间的关系。组织就是按照一定的结构而结成的具有共同目标的人与人之间的关系状态。组织有没有力量取决于成员之间关系的性质，组织内有着合乎理性、科层和公义的关系，组织外有着亲密的友谊关系，这样的组织是不可战胜的。因此，巩固组织、加强组织的力量就是理顺成员之间的关系、消除误解、增进团结，使之符合理性化、科层化、人性化的原则。要做到这一点，工作者首先要确立组织成员认同和共守的一套办事、决策或解决问题的程序与原则；其次是尽可能地协助和促进成员发展个人化的友谊关系；最后要了解成员参与组织的个人需要和动机，好的给予肯定和帮助，不好的给予教育和纠正。

（2）加强内部的分工合作。随着组织的发展壮大，组织内部的结构和职能不断扩张，需要更多的人员承担一定的职责，而原来的职位和新设的职位，其功能也可能会随着时间的推延而需要重新界定及调整。在重新界定和调整的过程中，组织内的分工合作制度便得以发展和巩固。

（3）建立稳定的资源系统。在人力资源方面，注意从居民中吸纳会员，从附近的学校和机构中招募志愿者；在物力资源方面，注意从辖区单位、居民、民营企业、慈善组织中筹集资金。

（4）对组织成员进行专业培训，提高他们的工作能力与技巧。

六、评估阶段

这是社区工作一个周期的最后阶段。它是对前一阶段工作成效、工作方法、资源利用状况的全面检查及评估。其目的是回顾过去，展望未来，即总结经验教训，明晰今后工作的思路，改进工作，少走弯路，避免失误，同时也是向协助单位、资助机构和参与的社区居民做个全面的交代和汇报。

社区工作评估包括过程评估、成效评估和效能评估三类。过程评估侧重于社区工作的进程和基本状况；成效评估着重于预定的目标是否达到、达到多少、结果如何；效能评估主要是看投入成本的产出情况。在社区工作评估中，人们更多地使用成效评估。

社区工作评估主要围绕以下几个方面进行：工作目标是否达到？社区居民和社会各方对社区工作的成效是否满意？社区工作者使用的方法技巧是否妥当？社区工作者的角色是否得当？

社区工作评估应遵循如下原则：工作目标应具体明确，可量度、可操作；社区工作者、社区行政管理人员、社区居民以及相关的专家共同参加评估。具体来说，事工目标的评估应以社区群众、团体和机构的意见为主，过程目标应以工作者及同行专家的判断为准；用政治、经济、文化、心理等多个因素衡量社区工作的成效；制定科学合理的评估方案；定量定性评估相结合。

评估的过程可分解为五个主要步骤。

（一）界定评估目标

如果没有清楚界定目标，我们很难测评计划能否取得预期成果。在订立工作计划目标时，工作者应注意以下几点：

（1）所测评的成果必须是适当的。由于社区工作计划经常会涉及不同方面的目标对象的改变，所以在制订评估目标时，应该明确指出计划的预期对象，即从这项工作中受益的个人、团体、组织或社区。只有清楚界定计划的目标对象，我们才可能期待在哪些方面会发生相应的改变。

（2）评估目标的描述必须清楚和明确。所谓清楚，是指工作者应该知道自己此次的介入想要达到一个什么样的结果；所谓明确，是指目标要明白具体，便于操作，且有利于数据的收集和分析。为了使目标更清楚、更明确，可以在一般目标下再设立一些子目标。

（3）工作者应在评估目标上达成共识，避免纷乱争议。

（4）把评估目标与社区工作计划目标联系起来。若是阶段性评估，评估的目标一定要与过去的目标相联系。过去的目标为我们制订下一阶段的目标和评估准则奠定了基础。

（二）建立成果评估方法

评估目标确定后，接下来就是如何测量它们。在评估中，成果测量的操作化是十分重要的步骤。所谓操作化就是把目标转换成可以观察和量度的指标。在将成果测量操作化时，一定要使操作性指标具体、可供量度，并且有效而适当（应该量度它们该量度的）。

（三）选择适当的研究设计

目标对象的改变受到多种因素的影响。在社区工作中，我们往往很难分辨出哪些是影响问题得到改善或解决的主要原因：是我们卓越的工作起了作用？还是其他因素发挥了作用？所以，为了证实计划或措施是否有实际效果，我们可以采取控制组和时间序列测量的方法来加强这方面的解释。所谓控制组的方法，就是将一个接受服务的组别与另一个没有接受服务的组别作比较，从而发现它们的区别。所谓时间序列测量的方法，就是测量和比较不同时段的成果变化，以观察同一参加者在不同时段是否存在差别。

（四）选择适当的收集资料的方法

在选定了测量指标及研究方法后，接下来要确定收集资料的方法。方法很多，常用的方法有：问卷调查、访问、观察、文献等。不同的方法提供的资料和信息不一样，各有利弊，因此，有效的成果评估往往会采用不同的方法去收集所需要的资料。

（五）使用综合分析方法

收集到资料后，接下来就要对它进行分析，看计划是否达到了预定目标。分析的方法有定量分析和定性分析。有些资料需定量分析，有些资料需定性分析，有的需两者结合起来使用。

以上是对社区工作过程的一般概括。但在实际工作中，社区工作很难被分成几个界限分明的阶段，每个阶段的内容往往是交叉重叠的。之所以做一定的区分，无非是为了研究的方便，因为研究需要抽象，需要韦伯说所的理想类型。因此社区工作者在从事实际工作时，不要因循固定的程序，而应该根据具体情况加以灵活运用。

第三节 社区工作的方法

一、建立专业关系的方法

介入和建立专业工作关系是介入式社区工作的初始阶段和探索阶段，其中最重要的工作方法是如何同社区群众接触，使社区群众建立起对社区工作机构和工作人员的信任。一个社区工作者被社区接纳是顺利开展社区工作的前提。这种接纳一部分来源于社区居民，一部分来源于社区组织和有关团体。

（一）与社区居民个体的接触

居民是社区工作的资源，也是社区工作的归宿。居民是社区工作者开展社区工作的依靠对象，又是实现社区工作目标的受益群体。接触群众可以是正式的，也可以是非正式的；可以是一对一的，也可以是集体的；可以通过讲话、访问、电话交流、电子媒介等不同形式进行。

1. 接触动机

社区工作者接触居民的目的主要包括两个方面。首先是增加对居民和社区的了解，便于制订计划、开展工作；其次是建立关系，提高居民对社区工作的参与热情，协助工作者开展工作。我国香港学者胡文龙又将接触分为探索性接触和招揽性接触两种。

（1）探索性接触。了解社区成员的所思、所想、生活的环境、对事物的感受和看法，以及他们的社交方式、状态和人际网络等。通过工作者的亲身感受，去界定社区问题和需要，寻找社区工作的方向。同时，让居民了解社区工作者的角色、任务，以提高居民对工作者的接纳与认同，为日后建立信任合作的关系奠定基础。

（2）招揽性接触。社区工作的开展离不开居民的参与和支持，因此能否运用技巧和情感“招揽”居民、吸引居民，使居民主动进入工作内容之中，而非置身事外，便显得相当重要。使居民们由冷漠、无奈转变成热情投入，进而获得自我提升，这是工作者的目标和任务，所以这种招揽性的接触，不仅有任务性的价值，还有教育性和发展性的功能。

2. 接触原则

社区工作者在与居民接触中所表现出来的态度和行为对接触能否达到预期效果十分关键。首先，社区工作者要用人格魅力去影响和感染居民，以真诚、热情、认真而开放的态度，与居民之间保持一个良好顺畅的沟通，排除与居民交流中的障碍。其次，社区工作者要运用互动过程这个平台，通过提出有深度的问题，与居民一起讨论和分析解决问题的可行性。

3. 接触过程

（1）事前准备。与居民接触是一种有意识的介入活动，因此要做好充分的准备。第一，明确接触的目标和出发点。接触是为了收集资料、建立关系，还是为了树立形象？访问对象需要什么样的工作者？或者说什么样的工作者才能与受访对象契合？只有目标明确，才能为后续测定、评估效果创造条件。第二，选择对象。根据访问目标选择合适的采访对象，比如以前接触过的居民，受事件影响的有关人士，或属于特定利益群体的成员，都是较为合适的采访对象，同时还要根据其重要程度，将受访对象依序排列。第三，选择访问时间。目的不同、对象不同，选择的时间也不同，应因人而异，区别对待。如访问家庭主妇与职业女性的时间就必须考虑到各自的特点而有所不同，采访有宗教信仰的人必须避开礼拜的时间，重要的节假日、流行的电视剧播放时段也都要尽量避开。第四，准备适当的话题。比如提前准备一些访问对象需要的或感兴趣的话题，以及能够深度了解要解决的问题的话题。第五，穿着得体。要留意被访者的文化背景，包括对人和事所持的价值观，自己希望在对方心目中留下什么印象。穿着打扮应尽量给人以整洁、大方、成熟可信的印象。第六，预想可能会遇到的问题和克服的方法，以免临危大乱。事先做一些预演或与旁人讨论一下可能出现的情境，以使自己保持冷静、自信，使自己的情绪不受对方的影响。第七，对前往访问的场所环境有所了解，做到心中有数。

（2）与访问对象的接触。对于初次接触的居民，首先要想方设法建立信任关系和激起他们谈话的兴趣，所以要有步骤、分层次地层展开。第一，介绍自己。根据不同的情况和对象，采取不同的自我介绍方式：可以说自己是由与他熟识的一个朋友介绍而来的；可以拿自己和对象都熟悉或有好感的活动作为谈话线索；对不信任的人可适时出示证件，打消其顾虑；赠送一些物品或宣传单让其保存，加强对工作者的信任和好感；态度热情、诚恳，并清晰地介绍访问的目的，表达对被访者的关心和关注。第二，展开话题。在获得对方接纳或不拒绝的情况下，工作者要抓住时机，继续交谈，使内容逐步转向正题。注意避开一些敏感的话题，话题要由浅入深，由具体到一般再到抽象，由感性到理性。用普通、容易回答的问题提问，也可运用周围正在发生的事情来展开话题。第三，结束对话和访问。初次接触时间不要太长，除非被访者有特殊的个人问题需要及时和深入地了解。临别时留下联系方式，鼓励他们主动联络。第四，结束接触活动。离开被访者后，及时记下有关资料（有用的地方及数字、被访者的背景、谈话留下的印象、受访者的反应、热心程度、是否容易被调动、人际网络情况等），总结目标的实现情况，自己对对象的感受，评估对象以前和现在有什么不同、自己有什么做得不妥和遗漏、有无补救的余地，等等。

下面简要介绍一些工作者与群众交谈的具体方法：讲一些他们感兴趣的事情；在屋内找些可以谈及的东西勾起话题；根据他们的水平与他们沟通，不可超越他们的理解力和认知能力；了解你自己；知道何时聆听及何时说话；在同一时间内只讲一件事，不要四面出击，分散注意力；让他们说，你认真地听；感知他们的感受；让他们知道，他们对你和这个社区而言都是重要的，增强他们的主人意识；让他们的想法涌现；有策略地提问；肯定和表扬他们；不要和他们争辩；不要强迫他们用你的方法去思考；聆听多于说话；多提问，像商讨一件事一样（平等而非搜集资料式或盘问式提问）；不要答应一些你不能遵守和实现的承诺；如果不知答案，交回给他们讨论或迟些告诉他们结果，或者让他们迟些再接触你；运用电话做跟进工作；知道自己的限制；忠于自己；知道怎样将责任交托出去；安排下次探望时间。工作者要真正用心去了解他们的需要和心声，熟悉他们的喜怒哀乐和心理特征，将爱与关怀传递给他们，这是比技巧和方法更重要、更根本的。

（二）与社区组织群体的接触

工作者在协助案主解决问题、获取资源，或协助他们利用不同机构的服务时，都会与各种团体或政府机构发生接触，有时工作者还要向这些组织和机构施加压力，谋求政策的改变。因此了解这些组织的运作，有助于工作者向服务对象提供服务。同时，任何组织和部门都无法拥有一切资源，在工作中必定需要得到其他组织和机构的协助。此外，推动社区工作发展仅靠政府方面拨付的资金是远远不够的，还需要各种企业、公司、资金会的捐赠资助。另外，工作者也应该重视社区内作为合作与竞争的伙伴的其他机构，因为良好的合作可以优势互补，获得共同的发展。

以下对影响组织行为的因素作简要分析。

1. 组织分析

了解组织的目的、任务、结构、组织文化的表现和特点；关注组织内真正有影响的人群；注意组织内成员执行任务的表现、价值观和性格，明白哪些是工作者要交往的成员；为各组织机构建立档案。

2. 组织关系分析

与相关的组织交往是汲取资源的一个重要方法。这种交往是为了从中获益，而能否获益受到组织之间的关系的影响。在组织关系分析中需注意以下问题：组织关系不是一成不变的，因而，交往要因时制宜，以能维持和谐关系、增加未来合作可能性为出发点；团体或组织服务对象遇到问题时，视其具体情况，分析所需资源及可能给予的协助；分析不同组织和团体在某些问题上的利益及组织间的关系（是交换关系、权力依赖关系还是授权关系）；摸索不同组织在提供资源上的合作意愿和动机；根据不同组织间的关系来计划不同的交往工作。通常组织间关系的状况都有一定的规律可循。政府组织对服务对象来说通常是权力依赖关系，权力主管部门和下级之间则一般是授权关系，当上级需要下级提供信息或支持时则又可转变为交换关系，因此，不同组织关系下的交往方法也各不相同。在交换关系下，双方应明确彼此的期望和建立合作的目标任务，以保持双方共同获利；在权力依赖关系中，寻求帮助的一方要想方设法吸引对方，以维持对方的合作；在授权关系下，要处理好各组织的期望，不断发现合作中各自可获得的利益，以增强各组织参与的积极性，且双方要有一定的规范和职责范围，尽可能减少纷争和互相猜测的行为，巩固交往。

（三）开展社区工作的策略

1. 前期准备工作的侧重点

（1）筹划工作机构的规模。要开展工作，首先要有办公经费、办公地点和工作者队伍，三者缺一不可。

（2）建立人事管理制度。工作的开展首先要有制度和人员的保证。对人员的培训、分工与角色安排要首先确定下来，给员工以安定感、归属感。

（3）深入基层，建立信任关系。居民支持和参与是社区活动的保证，因而社区工作者要通过家访调查开展地区性活动、提供咨询服务、宣传动员、介入社区事件等建立与居民的信任关系。

（4）加强地区联络，搞好地区关系。良好的地区关系会成为社区的宝贵资源，所以善于运用地区关系不仅可以为组织发展创造良好的外部环境，还可从中得到人、财、物等方面的支援，改变社区资源短缺的现状。

（5）了解社区需要。

2. 进入基层建立关系的方法

开展地区性工作是一项十分复杂的工程，社区工作者要深入进去才能有效制订和推行工作计划。因此，首先要了解影响进入社区的因素有哪些，然后才能设计采取何种方式介入。

（1）影响进入社区的因素：一是社区工作者对社区问题的把握是否清晰准确。清晰则目标明确，反之则没有方向感。二是社会问题解决是否迫切。如果十分迫切则运用危机介入的方法，很快就可进入基层。三是社区权力动态是否复杂。如果社区的权力动态相当复杂，工作者通常采用各种服务及温和渐进的方法与社区建立信任关系，等稳定后再作其他打算。四是工作者和机构的思路是否明确。如果机构关注的是社会政策，则进入社区应较少采用服务手法，而以居民大会和社区咨询宣传等手法，较快地进入社区。

（2）进入社区建立关系的几种常用方法：

一是推行全区性活动。初到社区，为了让社区居民知道机构及工作者已到社区工作，可以举办一些投入少、产出多的全区性活动，让所有居民有机会初步接触工作者。这些活动包括综合晚会、电影晚会等。工作者可以在这些节目中亮相，介绍机构的工作，建立工作团队的形象。这些活动虽然不能深化工作者与居民的关系，但由于其接触面广，所以是一个建立机构与工作者初步印象的不错方法。如果工作者在这些场合经常亮相，在日后的家访中必能减少某些居民由于不认识而产生的冷漠与疏离。

二是举办普及性活动。工作团队可以举办一些大众化的活动，吸引社区内的市民参加，如家庭旅行、保健知识讲座等。这些活动以体现文体康乐性为主旨，虽然不及小组工作那么深入和持续，但人人乐于参与，而且在建立工作者与居民的专业关系方面，比电影晚会等大型活动更深入而集中，是认识居民的有效方法。通过这些活动，工作者不仅可以认识参与者的名字，而且能够了解到他们整个家庭的状况。对于社区内的不同群体，如青少年、老人、单亲家庭及失业和享受社会福利救济的人士等，工作者应根据不同的对象举行上述普及性活动，与他们建立关系，为组织他们进一步参与社区活动创造条件。

三是设立街头咨询站。为深化与居民的关系，社区工作者可在街头或固定场所设立服务工作咨询站，预备一些展板、宣传资料以及服务申请表格，在社区内人口流动集中的地点为居民办理登记手续，当场回答居民的咨询。此种方法的好处是能够为居民提供实质性的帮助，并且能够留下愿意进一步关注问题的居民的联络方式，方便日后工作者进行家访或组织他们参与活动。

四是以居民迫切需要解决的社区事件为契机介入社区。工作者介入社区时，往往会遇到一些社区内亟待解决的社区事件。如果事件不需要大规模地调配资源，也不需要政府政策的调整，而工作者判断在短时间内经过努力便可取得成绩，如加强社区治安措施、改善区内交通状况等，工作者就可以介入事件的解决。介入居民迫切需要解决的社区问题可以深化双方的关系，也能使居民看到工作人员是真正关心他们的，对日后组织居民参与社区工作和活动大有益处。但若社区问题不太迫切，而解决又相当复杂，则工作人员应在建立关系以后，再决定是否介入。在选取介入社区事件上应该遵循如下原则：能够真正改善居民的生活；社区居民感到自己有能力去改变处境；居民感到值得下功夫去争取；事件有成功的机会；事件是很多社区居民广泛地感受到的；事件是社区居民深刻及迫切地感受到的；事件是很容易去了解及掌握的；事件针对的政府部门是相当清楚的；事件何时开始及何时结束有清楚的时间表；事件不会令社区居民内部分裂及分化；事件能培养一些社区的居民领袖；事件能与一个美好的社会价值观互相吻合。

二、社区收集资料的方法

社区收集资料的方法有两大类：定量方法和定性方法。定量方法主要有问卷，定性方法主要有访谈、观察、文献、个案研究等。下面依次作一介绍。

（一）问卷法

问卷法是国内外最常用的社会研究方法，当然也是社区调查中最常用的方法。它是基于一定的理论假设设计出来，由一系列变量、指标所组成的一种收集资料的工具。问卷法基本上都采用标准化问卷，即按统一规范和要求设计问题，所以，问卷法是一种标准化的调查方法，可以量化。上述特点决定问卷法适用于大规模的社会调查，便于定量分析，可以节省大量的人力、物力、财力。但其缺点也很明显，主要表现为社区工作者进行的问卷调查很多时候缺乏调查的专业知识，政府及其他人士很多时候质疑这些调查的抽样是否科学、问卷的设计是否过于引导性，以致调查结果的有效性经常受到攻击和质疑。因此，要做好问卷调查，使调查的结果比较客观、科学，调查者必须注意三个问题。

1. 选取不同的访问形式

访问的形式包括访问员亲身访问、电话访问、被访者自填问卷（即时回收）、被访者自填问卷（邮寄回收）、小组讨论等。不同的访问方式各有千秋，访问者要根据不同的情况选取不同的形式。

2. 选择适当的抽样方式

鉴于问卷调查着重的是科学、系统的资料收集和分析，因此一个调查若要有代表性，即样本的结果可推论至母本的话，抽样方法必须是概率性抽样。概率性抽样包括：（1）简单随机抽样（得到母本个单，决定样本的数目，以随机方法进行选择）；（2）系统抽样（在决定样本的母本的比例后，以随机方式选出第一个样本，接着母本依据比例抽出其他样本）；（3）分层抽样（根据研究目的，先决定要用哪一个或多个变项来分层，接着便按分层排列母本名单，再用系统抽样的方法分别在各层中抽出样本）；（4）聚类抽样（先将母本分为不同的区域，再以随机方法抽出有关区域）。

3. 问卷的设计

问卷设计的好坏，直接影响回收率以及能否获得有用的数据。要设计好问卷，应注意以下几个问题：（1）选择问题的范围。选择的问题应紧扣研究的目标、需要量度的概念，切不可漫天撒网。（2）问题必须尽量清晰，务必做到：问题的表述清楚；语言尽可能简单，版面尽量简单，预留大量空位给答案；问题的排列次序有逻辑，一般应先易后难，先是反映基本情况的事实问题，后是行为问题，最后是态度问题，所列问题不应超出被调查者的回答能力；避免使用含糊误解的语言；避免提问禁忌或敏感的问题；用语必须前后一致；提问特别而非一般的问题。（3）问题测试和修订。问卷中封闭式的问题因为提供了可选择的答案，所以被试者可在较短的时间内完成，且封闭式问题易于编码，便于定量分析。缺点在于不能提供足够的选择，被试者只能在圈定的范围内选择，所以研究员难以明了被试者选择背后的想法。为避免这一缺陷，有关问题需经测试，并加上“其他”一项来收集未预计到的回应。根据测试的结果，修订有关的问题的选择，尽量包罗所有的回应。（4）问题的整体编排。问卷的编排应从被试者感兴趣的问题开始，由浅入深，由具体到抽象。开放式问题不宜太多，且应放在问卷的尾部。

（二）访谈法

访谈法是一种访问者和被访问者通过口头交谈来收集资料的一种方法。其优势在于访问者能根据双方的互动情境，通过问听、观察，对问题有更多更深入的了解。缺陷是访谈结果不能做定量分析，访谈质量受访问者的素质影响较大，难以把握且难以保证材料的真实性，也不适宜大面积使用，需与其他方法综合使用。访谈的形式多种多样，如果按照自由程度来分，访谈可分为结构式访谈和非结构式访谈。结构式访谈就是按事先设计好的提纲访谈，非结构式访谈就是在调查要求的大框架内进行漫谈。如果按访谈对象的人数来分，访谈可分为个人访谈和集体访谈。个人访谈，顾名思义，就是调查员对个别调查对象进行访谈；集体访谈就是调查员选择部分代表进行访谈。要做好访谈，调查员应注意以下几个问题：

（1）访前做好充分的准备，即选择合适的访谈对象和访谈场所、访谈时间，尽可能多地掌握访谈对象的情况，设计好访谈提纲，穿着得体，端庄大方。

（2）讲究访问的艺术和技巧，使被访者讲真话。要达到这个目的，访问者要做到：介绍好自己，减少对方的怀疑；在被访对象同意或不拒绝的情况下，访问者迅速进入热身阶段，使被访者继续和你交谈，以免他有所犹豫和变卦；在减低了对方的疑虑和双方松弛后，便需要立即根据探访目的维持对话，提问方式也应由封闭式问题转向开放式问题。在被访者谈话的过程中，访问者应仔细聆听，并不时地发问、理解和测试，体谅周到；访谈宜短不宜长，结束访谈时应给访问对象以表扬。

（3）记下主要资料，及时进行总结和跟进。在访问之后，要对这次访问进行一下回忆，总结这次拜访的目的是否达到，双方的关系如何，有什么缺点和不足，需不需要下次跟进联系，跟进联系的着重点是什么等。

（三）观察法

观察法是调查员直接参与探索研究对象，而将观察所得结果详细记录下来的调查方法。其优势在于能够突破研究对象的文字、语言表达能力的局限，获得真实、详细、生动的资料，是社区调查中常用的一种重要方法。缺陷在于只适合正在发生的社会现象，对已发生的社会现象则无能为力；只适合小范围调查，并且费时费力。所以应同其他方法配合使用，取长补短。

根据观察者所处的立场，观察可分为参与式观察和非参与式观察。参与式观察是调查者深入研究对象的团体生活，并成为其中的一员；非参与观察是调查者不介入研究对象的生活，而是作为一个旁观者从局外观察。根据观察的形式化程度，观察可分为结构式观察和非结构式观察。结构式观察是按照预先设计好的观察提纲进行的项目明确、程序固定、记录标准化的观察；非结构式观察是不事先设计观察提纲，只在总的观察目标的框架内进行的富有弹性的观察。在观察中，观察者的身份可以是公开、部分公开或秘密的。

采用观察法应注意以下几个问题：

（1）事前要对研究对象的环境、运作及作息有初步的了解。

（2）要考虑不同的身份对研究有什么不同的影响。

（3）必须遵守法律和道德原则。进行观察时可以利用不同的量度及记录工具和技巧，如应用录像机、录音机等。

（四）文献法

利用各种文献资料研究研究对象的方法。文献的形式很多，有书面的，如会议记录、法庭记录、信件、日记；有声音的，如录音带；有视觉的，如相片、录像带。

文献还可分为第一手文献和第二手文献。前者是指那些直接与研究对象有关的文献——法庭记录、回忆录、自传及报告；后者则是指已经出版及整理的上述第一手资料。

三、社区工作组织的方法

（一）动员群众

1. 动员群众的意义

群众参与是社区工作的重要价值观念，不仅因为参与是居民的一种民主权利，而且因为群众本身才是自身需要与感受的最佳和最重要的诠释者。发动居民广泛参与到社区工作中，可以提高社区居民的生活质量，提升人们的意识和能力，增强个人的自主性；还能使社区成员对影响自身的社区事件和问题有更多的认识，为自己赢得更多实际经验和资源，也有利于加强居民的归属感、满足感和安全感。

2. 动员群众的原则

（1）掌握群众参与的动机，有针对性地进行动员。群众对社区工作的参与动机往往是各不相同的，有些是为了获取某种实际利益，有些完全是为了奉献社会，有些是为了提高能力、增长技能。只有了解了参与者的动机，才能“对症下药”，取得事半功倍的动员效果。

（2）让群众看到参与带来的社区问题解决的成效。以往人们不愿参与社区的集体事务，很大程度上是因为感到许多参与都是形式上的，没有什么效果。所以让群众看到大家的积极参与带来了社区问题的转变或者是转变的希望，便能有效地鼓舞人们积极投身社区事务之中。用“角色示范”的方法让过来人现身说法，效果会比较直接。

（3）为参与者带来个人的改变。群众参与不仅对社区事务有帮助，同时对参与者本人也是一个锻炼的机会，可以丰富他们的生活，令其增强自信，提高面对压力时的应变能力，获得个人的进一步完善和发展。

（4）选择动员对象。工作者不能指望所有居民都肯参与到社区工作之中，因为任何组织内部都会存在个别冷漠、消极甚至抗拒的成员，他们不是动员的对象。社区工作者应选择那些态度积极、工作热情的成员，或者那些有兴趣但尚采取观望态度的成员。

（5）让参与者感到自己的成就感和贡献。根据参与者的兴趣和意愿分配给参与者一定的任务，待其完成后给予肯定，让他感到自己的价值。

（6）减少参与者付出的代价。以往居民不愿参与是因为参与的代价太大，如时间太长、缺乏效率等。工作者应适时支援及合理安排，使参与者无须付出太多的时间、金钱或精力，保持其参与的热情。

（7）注意工作者自身素质对居民参与的影响。工作者的工作成效和自身良好的能力素养，可以给人一种号召力和吸引力。所以，工作者留给居民的印象，对动员效果有决定性的影响。

3. 动员群众的步骤

（1）准备。动员的对象是谁？如何接触到这些对象？动员群众做什么事？用什么策略打动群众的心？如果对方抗拒，如何反应及应变？

（2）接触。自我介绍，使对方信任；了解对方想法，初步建立关系；仔细聆听，使对方感到备受重视；与他们初步探讨社区问题，探听虚实。

（3）调动群众情绪。使群众感觉社区问题中有不公平或不合理之处；使他们意识到必须合力解决问题；与群众探讨集体行动的得失；使他们对自己的参与能力有信心。

（4）要求群众参与。时机成熟时，请对方参与；对方答应后，留下联络方式，告知行动步骤和需要做的准备；如果没得到及时回答，可留给他们一定的考虑时间，等待他们的决定。

（5）提醒群众参与。如果群众承诺的时间和具体活动开展的时间相隔太长，一定要在活动举办的前一天或数天以家访或电话联络的方式提醒他们；对没有确定参加的居民，在活动举行前再去提醒和动员。

（6）群众参与。对群众的参与表示由衷的欢迎、高度的肯定、大力的支持，并让所有参与者互相认识，使他们感到自己已是团体的一员了。

4. 动员群众的方法

发动群众要讲究方式方法，具体说来可分为直接接触和非直接接触两种途径。

（1）直接接触途径。如果目标对象的姓名及联络方式已经提前知道，可采用去信通知、电话联络或登门拜访三种方式进一步宣传、说服，建立关系。如果没有具体对象及联络方法，则可以采用设立社区咨询站点、向往来的居民宣传介绍等方式，发现目标对象或现场交换意见，建立联系；也可采用“围剿”的方式，挨户上门宣传，挖掘潜在的参加者；还可通过小区广播或流动宣传车，甚至居民大会等宣传方式进行社区鼓动宣传。

（2）非直接接触途径。如果工作者不能与居民面对面进行交流，可以利用一些间接的方法达到类似的目的。最为常用的方法便是借助大众传播媒介报道、展板和广告宣传、电视新闻稿、宣传单、信箱广告、招贴和海报条幅等进行宣传。

对于以上这几种方法，在实际工作中需要考虑多方面的因素，各种方法可互相配合使用。在动员时还要讲究策略，注意根据对象的反应灵活应变，不做无根据的保证；不能引起居民反感，不与对象发生争执；还要小心了解对象的真实想法，积极地宣传，耐心地等待动员效果的产生。

（二）召开居民会议

社区工作十分强调居民的集体参与，使居民聚集在一起讨论社区问题，表达自己的意见，计划行动方案。召开居民会议就是经常性的工作之一，是社区工作介入的重要步骤，是动员居民和组织社区工作中不可缺少的一部分。社区居民会议可以分为一般工作会议和居民大会两种，两者除规模大小不同之外，其他程序基本一致。

1. 居民会议的功能

居民会议是民主参与的途径之一，参加者民主、平等地表达与分享个人的意见和主张，彼此加深认识，相互影响。所以人们非常强调居民会议的过程目标，即参加会议对参与者成长的促进作用。另外，会议的目标还包括交流信息、分享信息、报告工作进展的情况，讨论问题、做出决定，增进参与者的关系和合作，学习解决问题的方法与技巧，提高民主参与的意识等。

2. 召开居民会议的步骤

会议通常分会前准备、会中、会后促进和行动四个步骤。

（1）会前准备。明确会议的目的；安排会议内容及程序，准备资料；确定及通知参会人员；安排场地设备；提前到场检查各项安排落实情况及人员联络；会前接待。

（2）会中。把握会场气氛，保持民主、平等、轻松；按议程进行，注意把握时间；有集中讨论、反馈的时间，时间不能拖延太长；决议要经反复讨论，谨慎通过；注意观察、掌握会场气氛和与会者的反应；主持人做集中归纳和总结，突出主题及收获。

（3）会后促进。进一步明确会议决定；着手会议决定的工作；通知未出席者有关会议的重要内容和决定；整理好会议记录，将任务落实到人。

（4）行动。执行会议决定，必要时征求有关人员意见，做好下次会议报告行动的准备，并随时向与会者通报工作进展情况。

3. 会议主持者的技巧

会议主持者的技巧以及所带动的场内气氛是会议成功的关键。主持者作为会议的核心，要用到以下一些技巧。

（1）聆听。要让发言者知道你在仔细听他发表的意见，要从讲话人的语言内涵和表达方式中收集更多的信息，还要同时观察其他与会者的反应。

（2）提问和邀请发言。要善于启发、引导和鼓励参与者发表意见，用开放式的问题给每个人均等的机会，有时也用特别邀请征求有关人员的意见或阻止滔滔不绝者的发言。

（3）注意澄清和引导。为使发言不偏离主题，要适时复述成员的意见，及时核实和纠正一些观念。

（4）综合、集中。及时综合各方的意见，做出总结分析，找出共同点和分歧点，把握会议进程。

（5）多用赞美和鼓励。对发言者和提供信息的人予以及时的鼓励和肯定，使其感到被尊重和受重视，增加日后参加社区活动的积极性。

（6）运用身体语言。主持人的目光、面部表情、身体姿态都可以辅助会议的主持。尤其是目光和表情的运用，要让参加者感受到主持人对每个人都同样关注。态度开放、谦和、友善、民主。

（7）时间运用准确，会期适中，不拖延。

4. 会议的组织要点

一个成功的会议要遵守下列规则：

（1）会议目的清楚。

（2）认真计划会议进程。

（3）邀请有关、有需要的人士参加。

（4）事前向有关人士简单介绍会议情况。

（5）主持人主持会议而不是垄断会议，不要只有主持人一个人的声音。

（6）让所有的参与人员都有发言机会，互相沟通，彼此回应。

（7）使参加者身心舒畅，觉得参加会议有所收获。

（8）保证会议能带来行动，一定有结果。

（9）谨防会而不议、议而不决、决而不行、行而无人负责等情况的出现。

（三）运用传播媒介和虚拟网络

在信息化时代，运用传播媒介和网络推动社区工作是现代社区组织的一项重要工作内容。在当代社会，任何组织如果想影响和教育公众，都要借助于传媒和网络，当然也要为此承担媒介和网络带来的影响。大众传播媒介和网络强大的影响力是工作者依赖其推动社区工作的原因。工作者通过传媒和网络这个桥梁可以了解外面的世界，也让外面的世界了解社区和组织的状况，使组织的形象得以确立。因而，人们巧妙地利用传播媒介和网络去寻找更多的资源，社区也可借助传媒和网络让公众更加了解自己，支持和响应活动的号召，促成事件的改变。而良好的社区媒体形象又会激励和鼓舞社区成员热爱社区、建设社区的热情，凝聚大家的智慧和力量，推动社区工作的开展。下面重点介绍在社区工作中媒体运作的策略及具体方法。

1. 制订媒介策略，发展媒介关系

社区媒介策略是指在社区工作中如何运用传媒扩大社区影响的一整套方针和部署。由于每个社区状况不同，工作策略和重点不同，存在的问题不同，与传媒发展的关系也不同，因而会有不同的传媒运作的策略。

（1）要收集传媒工作者的资料。根据工作内容制订一份清单，在此基础上进行初步的接触。

（2）发展与媒介的关系。关系建立因工作计划、取向、手法、阶段的不同而不同。但其步骤、方法与“动员群众”大体上是一致的，即要注意和了解传媒及其工作者的工作情况，尽可能当面拜访，主动介绍自己、宣传自己，表示对其工作的兴趣，听他讲自己的工作及其感受。其中传媒与工作者的关系可能有两种，即“双向—不对称”和“双向—对称”，这也是发展的方向。“双向—不对称”：工作者十分明确什么样的新闻报道具备价值，会被传媒采用，因而主动做好新闻稿交予传媒协助刊登。“双向—对称”：组织很少提供现成的资料给传媒，而是协助传媒挖掘组织内部具有新闻价值的人和事，请传媒亲自进行采访报道，因而更具真实性、客观性。以往那种将资料和信息一厢情愿地发给传媒，不考虑对方需要和刊发可能的“单向—不对称”式的关系，应特别加以避免。

2. 制造媒介事件，吸引传媒报道

事件对媒介的吸引固然是新闻报道的重要内容，但如果事件的目标之一就是“吸引”传媒的注意，则考虑新闻的价值所在就是首要任务了，只有“对症下药”才能发挥奇效。通常能吸引传媒关注、具有新闻性的事件，具有以下特点：

（1）事件涉及的人数众多，与大众有直接关系。

（2）事情非同寻常。

（3）涉及著名人物或重要人物。

（4）有新的或权威的发现。

（5）事件的主题配合当前新闻的热点。

（6）事件具有人情味和独特性。

3. 运用传媒的途径和技巧

传媒的运用可以有多种途径，在活动中采访报道、召开记者招待会及进行人物专访、事件特写等，都可以达到宣传和扩大影响的目的。下面对常用的新闻稿撰写、举办记者招待会及个人专访作一介绍。

（1）邀请记者与撰写新闻稿。为了突出事件的重要性、扩大影响，在举办一些活动时可邀请记者出席采访。事前为了告知及吸引记者，要以口头或书面的形式联络媒体，以便对方安排人员和设备前来采访。通常在邀请记者时应告知下列事项：单位或机构名称、简况介绍（自身的历史、特色及影响）；组织的活动名称、背景和主要内容、预期效果、独特性、重要性（即新闻价值）；活动的主要议程及安排、时间、地点（交通线路）；如有重要人物到场及有进一步的资料派发应一并说明，以吸引记者的到来；注明联络人姓名、联系电话、传真、E-mail 等。

新闻稿撰写的要点：新闻稿的结构包括标题、导语、主体、背景、结论五部分。一般呈"倒三角形"结构，即将最重要的信息放在前面写，将人物或事件（who）、时间（when）、地点（where）、为什么（why）、做什么（what），放在第一、二段，按照新闻事实的重要性，由大到小依次排列，以方便编辑在版面不够时删减部分内容而不影响整体新闻价值。实例、权威统计数字、公共政策中的一些参考和比较放在第三、四段。有一些生动的例子可以增加可读性、可信性和感染力。有关背景资料可附后以做补充之用。注明稿件提供单位和联络人联络方式。

（2）举办记者招待会。记者招待会也称新闻发布会，是组织为公布重大新闻或解释重要方针政策，邀请新闻记者参加的一种特殊会议。它是组织广泛传播各类信息、吸引新闻界客观报道、搞好媒介关系的重要手段。其信息发布的形式较正规，且有高规格的特点，有利于社会组织和新闻界之间的双向沟通，对促进双方合作发挥着重要作用。开好记者招待会要做的准备包括：研究会议的必要性；确定会议主题；确定邀请记者的范围；选定时间和地点；选定主持人和发言人；根据主题准备各种材料；做好会务工作，包括发请柬、布置会场、检查设备配置、确定会议程序；必要时安排参观或会后举行茶会、酒会、便餐等招待活动；做好经费预算；做好会议效果的检核工作。

（3）接受传媒访问。社区工作者为了扩大自身工作的影响范围、宣传政策或经验，可以应邀或主动设计一些新闻采访。为了保证效果，提前的准备工作很重要，包括了解采访会在何种媒体上、什么时段向受众播发，影响时间和范围。比如，是电视、电台还是报刊？是专访还是新闻片断采访？播出时间、刊发版面如何？收集有关资料，如统计数字资料、研究资料、典型案例、有关政策或官方观点等，以加强自己的观点和说服力；选择从一两个不同的角度谈论同一个问题，并引用例子说明，以使分析和论证更具体化、形象化；将观点按重要性和逻辑关系排列起来，表达要浅显易懂；预先构想会被问及的问题，并做一定的准备；可与记者协商讨论采访的内容，做好心理准备。接受访问时，要结合谈论的问题考虑自己的立场态度，使之与内容相吻合；要考虑受众的状况，有针对性地进行表述，态度诚恳、内心平和、语言流畅、声音清晰，围绕中心进行表达，并做适当的总结。总之，有充分的准备才会有自信，才能做到应变灵活、落落大方，收到最好的宣传效果。

四、社区人力资源开发的方法

（一）社区领袖的开发

社区领袖是指能够抓住团体希望和要求的实质，代表团体意愿，为团体行动提供意见和方向的核心人物。一个好的社区领袖通常都拥有以下特点：（1）热爱人群；（2）易交朋友；（3）善于聆听；（4）易与别人建立良好的人际关系；（5）勤奋工作；（6）乐于助人；（7）表达能力强；（8）思想开放，视野广阔，改革创新，严于律己，具有历史感和前瞻性；（9）勇于面对困难，善于处理压力；（10）自我认同感强。

社区工作者应积极培养社区领袖的人际关系技巧、开会技巧、演讲技巧、组织技巧、谈判技巧、游说技巧、政治技巧、与传媒接触技巧、资源动员技巧、沟通技巧、管理技巧、战略及战术技巧、检讨技巧、小组带领技巧。社区工作者可以通过训练、实习、示范、阅读文章、录音、观看影音教材、亲身体会、观察、讨论和角色扮演等方式来加强对社区领袖的技巧训练。进行上述技巧培训时应遵守以下学习要点：（1）每次学习的内容宜小不宜大，宜少不宜多；（2）每次学习宜集中学习一两种技巧，不宜过多；（3）从经验中学习到的技巧效果最佳，故宜把学习的技巧实践于日常生活中；（4）学习的课题必须是社区领袖有兴趣的；（5）学习的目标是发挥其长处和减少其短处，故学习的内容应随领袖的不同而有不同的设计；（6）多向别人学习，从中取长补短，但不要照搬照抄。

社区工作者在培养社区领袖时，要谨防问题领袖的出现。问题领袖的问题表现为：领袖对组员不尊重；强迫组员参与，公私不分；把个人利益置于组织利益之上；不受组织约束、独裁专权；言而无信；工作过分集中于一身，形成超负荷状态及情绪问题；等等。因此，社区工作者在培养社区领袖时应做到：不应仅限于培育一两名社区领袖，而应该不断和尽量培训较多的社区领袖，只要具备领袖潜质，就应该列入培养对象；在组织内建立和完善民主参与和监察机制，定好权责分工，避免工作过分集中，使居民通过分工学习新的技能，从而成为有潜质的领袖；在组织内不断灌输民主意识和观念；建立良好的沟通和互相支持的文化，以加强彼此之间的支持。只有这样才有助于把问题领袖的影响减至最低，组织的发展才更趋健全。社区工作者在培养社区领袖时，应注重学习以下培训技巧：

（1）鼓励参与。参与是居民通向社区领袖的重要一环，故社区工作者应主动邀请有潜质的领袖参与组织工作。

（2）给予鼓励和肯定。针对居民缺乏自信、自我形象不高的特点，社区工作者应在社区领袖实践的过程中对其表现较佳的地方给予鼓励和肯定。

（3）宣传当家做主的精神。社区工作者应不断向社区领袖灌输当家做主的精神，以建立其自主和自立的意识。

（4）建立民主的领导氛围和精神。社区领袖亦应受到监察，按居民的意愿和利益而为，因此社区工作者应积极向社区领袖灌输民主意识。

（5）不断为社区领袖提供学习的机会。要社区领袖独当一面，社区工作者应按照社区领袖的能力水平而给予适当的学习机会。

（6）建立从检讨中学习改进的习惯。社区组织和社区领袖要成长，不单要从实践中学习、吸收知识与经验，也要从实践中检讨成败得失，借以发挥所长，改进不足。社会工作者应协助社区领袖养成检讨和自省的习惯。

（7）建立社区领袖合作分工意识。不少社区领袖由于不懂权责分工，往往弄得工作集于一身，甚至分工不明、权责不清而令社区领袖间出现摩擦，致使工作效率低下等。因此，社区工作者应加强社区领袖的权责分工意识和观念。

（8）培养理性讨论、充分沟通和尊重少数的领导作风。许多社区领袖把民主的精神等同于大多数人的决定，而看不到民主的原则也包括充分沟通、理性讨论和尊重少数等条件在内。因此社区工作者应注重培养社区领袖对民主原则的理解和认同。

（二）志愿者的开发

1. 招募志愿者的价值

社区工作需要很多资源，政府用于社区服务和社区建设的资源是有限的，但社区和社会蕴藏着巨大的人力和物力资源。因此开发社区和社会的志愿者是社区工作的重要内容，也是社区工作者的一项重要职责，同时是志愿者实现人生价值、提升生存意蕴的有效途径。志愿工作对社会的价值体现在两个方面。一是建立关怀互助的社会：帮助志愿者加深对社会的了解；将他们的爱心献给被服务者，这不但可以促进人际间的互助关怀，更能促进社会各阶层的融洽相处；使市民大众意识到对推动社会进步所应肩负的责任，培养其对社会的归属感。二是善用人力资源：志愿者将他们个人的能力、时间、知识及经验投入志愿工作中，令社会上有需要的人士得到帮助，使社会资源更充沛。

志愿工作对志愿者个人的价值体现在：（1）志愿者服务提供不同的学习机会，帮助个人认识自我，丰富生活经验，培养正确的价值观。（2）发展人际关系，培养领导才能。（3）使人们善用余闲，发展潜能。

2. 招募志愿者的方法

（1）志愿者介绍。志愿者可以与他们身边的亲友分享宝贵的服务经验，这样更能树立典范，鼓励更多的人投身于志愿者的行列。

（2）举办志愿者训练课程。有关机构可通过举办各种形式的个人及团体训练计划，引导及鼓励不同年龄人士，包括青少年、青壮年及老年人参与志愿者工作。

（3）活动推广。在会议、职员聚会及学校演讲等活动中，介绍志愿者工作，并配合一些宣传单、幻灯片、服务机会的宣传单及有关机构的通信，派发给参加者作参考用。这样有助于确认志愿者工作的价值和志愿者的贡献，从而吸引更多的人士参与志愿者的服务。

（4）对外宣传。利用大众传播媒介（包括电视、电台、广播、报纸、刊物、杂志）、海报、展览及车身广告等各类形式，广泛推广志愿者工作及宣传志愿者招募的信息。

（5）举办志愿者招募活动。在地区层面举办定期的志愿者招募活动，并配合对外宣传工作，在街上设立志愿者招募站，派发宣传招募单，为有兴趣参加志愿工作的市民及时办理志愿者登记手续。

（6）印制志愿者服务资料册。资料册包括志愿者工作意义、志愿者的权利、角色和责任，以及现有的志愿者服务机会及机构名单，并附设志愿者登记申请表，提供简易登记手续，让有意参与志愿工作的市民及时填写。

（7）运用互联网及电子邮件。在互联网上提供志愿者工作的网页，详列服务性质、一般服务机会、福利团体、机构资料等各项信息，并鼓励志愿者及有兴趣参与志愿者服务的人士在网页上交流，总结做志愿者的心得。

3. 甄选志愿者的技巧

（1）甄选会面前的准备事项。一是事前先要清楚考虑机构需要及服务的要求，以便勾画理想的志愿者人选，包括兴趣、技能及经验等。二是甄选会面应由机构职员与资深志愿者共同进行。这样的组合有助于平衡观点，更有利于日后安排工作及进行督导。三是设计一张详尽的志愿服务登记表，以便记录有关资料。建议内容包括教育程度、宗教信仰、技能等，其他内容包括参加志愿服务的动机、原因、期望及可服务的时间。这些资料有助于了解志愿者的背景。但机构必须小心存放及使用志愿者个人资料，不得滥用。四是可考虑应用一些简单的测验，帮助准志愿者了解自己的需要。五是要懂得因才善用，衡量应征者的体质、能力及心理状况，以配合不同的志愿者岗位。六是有系统地安排志愿者先认识他们将会负责的服务内容。让志愿者清楚机构—小组对他们的期望，并使他们有所选择。七是接见志愿者的地点及时间要做适当的安排，以示对他们的尊重，这也有助于他们对机构及职员留下好印象，有利于建立良好的合作关系。

（2）甄选会面时的注意事项。一是详细解释志愿者工作的性质及要求，包括志愿者的权力职责、机构的服务宗旨、服务对象类型等。二是说明机构给志愿者提供一定的适应期，以确定所委派的工作是否符合志愿者的志趣，好让他们决定是否继续服务或调配到另一工作岗位。三是坦诚告诉志愿者将会遇到的挑战，令他们做好心理准备及增加满足感。四是尽量提供多种工作选择。五是说明志愿者必须参加有关训练课程，以增加对志愿者工作的兴趣及了解。六是机构可于甄选会面后，安排资深的志愿者从旁以“过来人”身份，分享志愿者的乐趣和经验，从而培养新志愿者的投入感。

（3）增进招募效果。采取多种方式，吸引更多优秀人才参加应聘，增进招募的效果。

4. 志愿者的训练

训练活动的设计应考虑以志愿者不同阶段的发展需要为基本原则。简单说来，志愿者训练包括三个方面。

（1）基础训练。

对象：刚投入志愿者行列的志愿者。

活动：迎新课程。

内容：了解志愿者工作的概念、须知；了解机构及志愿者小组对志愿者工作的目标与期望；志愿者应掌握的基本技巧，如人际沟通、活动程序设计等。

（2）专题训练。

对象：已委派工作岗位的志愿者。

活动：专门技巧训练。

内容：了解服务对象的特征、需要及期望；特别技能训练，如探访技巧、急救知识、摊位设计等。

（3）进深训练。

对象：资深志愿者。

活动：领袖训练。

内容：领袖才能、服务策划及评估、团队合作技巧、资源管理。

【本章要点】

社区工作的过程是指为实现社区工作的目标而实施的一系列连贯有序的工作步骤，以及相应的方法、技巧的运用。社区工作的方法是指为完成社区工作每一个阶段的目标而采用的方式、方法、战略、策略。

社区工作有介入式和非介入式两种类型，社区工作的过程和方法也因此呈现出截然不同的取向和模式。社区工作的过程主要有准备、建立专业关系、社区分析、制订计划、实施计划、评估等六个阶段。社区工作的方法主要有建立专业关系的方法、社区收集资料的方法、社区工作组织的方法、社区人力资源开发的方法。

【关键概念】

社区工作的过程　社区工作的方法　社区需要　专业关系　社区组织　社区分析　社区人力资源开发

复习思考题

1. 介入式社区工作与非介入式社区工作有哪些异同？
2. 介入式社区工作的过程包括哪几个阶段？
3. 使用问卷法应注意哪几个问题？
4. 使用访谈法应注意哪几个问题？

5. 试述建立专业关系的方法。
6. 试述社区工作的分析方法。
7. 试述社区工作的组织方法。
8. 试述社区工作的人力资源开发方法。

推荐阅读书目

1. 徐震，林万亿. 当代社会工作. 台北：五南图书出版公司，1984.
2. 苏景辉. 社区工作：理论与实务. 台北：巨流图书公司，1997.
3. 甘炳光，梁祖彬，等，编. 社区工作：理论与实践. 香港：香港中文大学出版社，1998.
4. 莫邦豪. 社区工作原理和实践. 香港：集贤社，1994.
5. 甘炳光，胡文龙. 社区工作技巧. 香港：香港中文大学出版社，1997.
6. 吴亦明. 现代社区工作. 上海：上海人民出版社，2003.
7. 周沛. 社区社会工作. 北京：社会科学文献出版社，2002.

第一版后记

社区工作是社会工作的三大工作方法之一，是从事社区实务工作的专业人员必须具备的专业基础知识。由于其发展的历史不长，一些概念、范畴还不大确定，仍然充满着争论和多种不同的解释。但是，在以下这点上，国内外学者基本上是一致同意的，即社区工作实践的地理边界和服务对象是相当清楚的，就是社区以及在其中居住的居民。近年来，随着我国社区服务和社区建设的开展，随着社会工作学科的迅猛兴起和蓬勃发展，社区工作大有用武之地。

目前国内的社区工作开展得还不够深入，理论研究也不够成熟。这一现实既让我们这些希望了解更多该领域知识的人感到沮丧，同时又给我们留下了创作的些许刺激和动力。当然，在本书的写作过程中，我们可能是前一种感觉更多些，因为撰写中常常为专业资料的缺乏和社区工作实践经验的不足感到苦恼。

本书的成书过程是：先由主编提出全书框架，然后经过参加者的讨论确定全书的章节安排。全书初稿完成后，主编统修并定稿。

写作的分工是：

夏建中：第一、五章。

杨　荣：第二、三、四、十一章。

张宝锋：第六、七、十、十二章。

姜振华：第八、九章。

本书的写作参考了国内外包括我国港台地区学者的文献资料和观点，在此谨致诚挚的谢意。同时，对于策划编辑潘宇博士的辛勤工作也一并致以衷心的谢意。

夏建中

2005 年 2 月

第二版后记

美国著名的社区工作研究者戴维·哈德凯瑟教授指出，“社区和社区实践一直是社会工作历史及其发展的核心”，“社会系统，特别是社区，强烈地影响着人们的思考和行为。社区可以滋养环境，为个人与家庭提供基本的社会、经济和情感方面的支持”。他甚至认为，“社会工作必须更新其对社会正义和社区居民的承诺。如果我们背离了社会正义和社区，社会工作者、案主和社区就不会有高的社会地位、收入和幸福”[①]。我想，该学者的观点，应当点明了社区工作这门课程在社会工作中的重要地位，也说明了社会工作的理论和实践知识在我国当前进行社会建设方面的重要意义。

鉴于本书2005年初次出版后社区工作理论和实践的不断发展，此次再版，对书中的内容进行了更新和修改，并增加了“社区矫正”一章。

写作的分工是：

夏建中：第一、五章。

杨　荣：第二、三、四、十二章。

张宝锋：第六、七、十、十三章。

姜振华：第八、九章。

马　姝：第十一章。

最后由主编定稿。在此，再一次对中国人民大学出版社潘宇博士为此书付出的关心和辛勤工作致以衷心的谢意。

夏建中

2009年1月

---

① ［美］戴维·哈德凯瑟等：《社区工作理论与实务》，4页，北京，中国人民大学出版社，2008。

第三版后记

不知不觉，此书第一版的出版距今已经十年了，第二版出版也已经六年多了。由于读者的厚爱，现根据理论与实践的新发展对书中的一些章节再次进行更新与修改，出版第三版。

本版的各章分工没有变化，与第二版相同。付梓之际，对中国人民大学出版社潘宇博士和宋义平博士为此书付出的关心及辛勤工作致以衷心的谢意。

夏建中

2015 年 2 月

关联课程教材推荐

书号	书名	作者	定价
978-7-300-17210-1	社会学概论新修（第四版）	郑杭生	49.80 元
978-7-300-17863-9	社会研究方法（第四版）	风笑天	45.00 元
978-7-300-20344-7	社会心理学（第四版）	沙莲香	49.80 元

配套教学资源支持

尊敬的老师：

衷心感谢您选择使用人大版教材！

秉承“出教材学术精品，育人文社科英才”的出版理念，我社为教材打造配套教学资源，帮助老师拓展教学思路，革新教学方式。相关的配套教学资源，请到人文分社网站（www.crup.com.cn/rw）下载，或是随时与我们联系，我们将向您免费提供。联系人信息：

地址：北京海淀区中关村大街 31 号 211 室　龚洪训 收　邮编：100080
电子邮件：gonghx@crup.com.cn　电话：010-62515637　QQ：6130616/195761402

地址：北京海淀区中关村大街 31 号 211 室　刘静 收　邮编：100080
电子邮件：12918646@qq.com　电话：010-62515739　QQ：12918646

欢迎您随时反馈教材使用过程中的疑问、修订建议等，让我们与教材共成长。建议一经采纳，即有好书奉送。

如有相关教材的选题计划，也欢迎您与我们联系，我们将竭诚为您服务！

选题联系人：	电子邮件：	电话：
潘　宇	pany1234@gmail.com	010-62515634
宋义平	songyp@crup.com.cn	010-62511866

俯仰天地　心系人文

www.crup.com.cn/rw

中国人民大学出版社人文分社网站

欢迎登录浏览，了解图书信息，下载教学资源

图书在版编目（CIP）数据

社区工作/夏建中主编．—3版．—北京：中国人民大学出版社，2015.5
新编21世纪社会工作系列教材
ISBN 978-7-300-21231-9

Ⅰ.①社… Ⅱ.①夏… Ⅲ.①社区-工作-中国-高等学校-教材 Ⅳ.①D669.3

中国版本图书馆CIP数据核字（2015）第097994号

"十二五"普通高等教育本科国家级规划教材
新编21世纪社会工作系列教材
社区工作
第三版
主编　夏建中
Shequ Gongzuo

出版发行	中国人民大学出版社		
社　　址	北京中关村大街31号	**邮政编码**	100080
电　　话	010－62511242（总编室）		010－62511770（质管部）
	010－82501766（邮购部）		010－62514148（门市部）
	010－62515195（发行公司）		010－62515275（盗版举报）
网　　址	http://www.crup.com.cn		
经　　销	新华书店		
印　　刷	北京溢漾印刷有限公司	**版　　次**	2005年6月第1版
规　　格	185 mm×260 mm　16开本		2015年6月第3版
印　　张	18.25	**印　　次**	2025年7月第20次印刷
字　　数	359 000	**定　　价**	45.00元

版权所有　侵权必究　印装差错　负责调换